**读客中国史入门文库**

顺着文库编号读历史，中国史来龙去脉无比清晰！

# 大唐兴亡三百年 6

比《唐书》有趣，比《资治通鉴》通俗，
比《隋唐演义》靠谱，一部令人上瘾的300年大唐全史。

王觉仁 著

人民日报出版社
北 京

**图书在版编目（CIP）数据**

大唐兴亡三百年. 6 / 王觉仁著. -- 北京 : 人民日报出版社, 2018.10

ISBN 978-7-5115-5492-5

Ⅰ. ①大… Ⅱ. ①王… Ⅲ. ①中国历史—唐代—通俗读物 Ⅳ. ① K242.09

中国版本图书馆 CIP 数据核字 (2018) 第 109639 号

| | |
|---|---|
| 书　　名 | 大唐兴亡三百年 . 6<br>DATANG XINGWANG SANBAINIAN 6 |
| 作　　者 | 王觉仁 |
| 出 版 人 | 刘华新 |
| 责任编辑 | 林　薇 |
| 特邀编辑 | 汪超毅　沈　骏 |
| 封面设计 | 谢明华 |
| 出版发行 | 人民日报出版社 |
| 出版社地址 | 北京金台西路 2 号 |
| 邮政编码 | 100733 |
| 发行热线 | （010）65369527 65369512 65369509 65369510 |
| 邮购热线 | （010）65369530 |
| 编辑热线 | （010）65369526 |
| 网　　址 | www.peopledailypress.com |
| 经　　销 | 新华书店 |
| 印　　刷 | 天津盛辉印刷有限公司 |
| 开　　本 | 710mm x 1000mm 1/16 |
| 字　　数 | 308 千 |
| 印　　张 | 23.25 |
| 印　　次 | 2018 年 10 月第 1 版　2023 年 7 月第 20 次印刷 |
| 书　　号 | ISBN 978-7-5115-5492-5 |
| 定　　价 | 59.90 元 |

# 目 录

## |第三章| 太上皇李隆基、肃宗李亨驾崩



## |第四章| 内有藩镇割据，外有异族入侵



## |第五章| 一团乱麻的帝国

| 第一章 |

# 联合回纥，克复两京

## 太原保卫战

至德二载（公元757年）二月，唐肃宗李亨将临时朝廷迁到凤翔，正式打响了收复长安的帝国反击战。

二月十一日深夜，郭子仪率部进抵河东城下。

此时，驻守该城的是燕军骁将崔乾祐。他做梦也没想到唐军会这么快摸到他的眼皮底下。而更让他没料到的是，郭子仪早就在河东城中找好了内应。

唐军内应名叫韩旻，时任燕朝的河东司户。他一见唐军兵至，立刻率众击杀了守卫城门的一千名燕军，并打开城门迎接唐军。崔乾祐猝然从梦中惊醒，来不及组织防御，只好从北门翻城而逃。随后，崔乾祐逃进了驻扎在城北的燕军大营，即刻组织兵力对唐军发起反扑。郭子仪率部迎战，大败燕军，斩首四千级，俘虏五千人。崔乾祐见大势已去，只好带着残兵逃奔安邑（今山西运城市东北）。

安邑没有驻军，当地百姓见燕军败逃至此，便打开城门接纳他们。

正当崔乾祐庆幸自己命不该绝时，城门突然关闭，燕军顿时被截为两段，已进入城门的燕军全部被百姓活活打死。

崔乾祐走在队伍后面，尚未进城，侥幸又逃过一劫。他带着剩下的数百残兵拼命逃窜，最后从白径岭（今运城市西南）方向渡过黄河，一口气逃回了洛阳。

肃宗抵达凤翔十日后，陇右、河西、安西、西域的兵马也先后抵达。与此同时，江淮的钱粮、物资也陆续运抵。长安士民听说肃宗驻跸凤翔，更是络绎不绝地前来投奔。

一时间，肃宗朝廷群情振奋。

李泌乘势向肃宗重申了他此前提出的战略，要求集结重兵，直捣燕军老巢范阳。

然而，李泌的提议却遭到了肃宗的否决。

肃宗说："如今各路大军云集，钱粮物资也都有了，应该趁士气高涨之际克复两京，岂能长途跋涉数千里去取范阳，这不是绕远了吗？"

李泌一怔。他清楚地记得，去年冬天肃宗听到这项战略时，还连连称善，为何现在又出尔反尔了呢？

李泌坚持说："以现在的兵力，克复两京自然没有问题。可这么做的话，叛军势力迟早会转弱为强，我们也会再次陷入困境。总之，此非长治久安之策。"

肃宗淡淡地看了他一眼："凭什么这么说？"

李泌说："我军现在主要依靠的是西北边塞与诸胡之兵，他们生性耐寒而畏暑，若趁他们士气正盛时攻击叛军，固然可以战而胜之。但是，眼下时节已近暮春，克复两京后，天气也已转热，我军中的西北将士必定难以适应，到时候归心一动，恐怕难以挽留。而叛军逃回范阳之后，必然会厉兵秣马，等到我西北军撤离中原，他们必将卷土重来，如此，这场战争便永无休止了。臣认为，应把兵力投入燕赵的寒冷之地，扫荡叛军巢穴，令其无路可退，这样才能从根本上铲除祸乱。"

肃宗闭目不语。良久，他才缓缓地睁开眼睛，说："朕急于迎回太上皇，所以不能听从你的策略。"

李泌闻言，只好在心里一声叹息。

这是深谋远虑的一声叹息，也是历史性的一声叹息。

不久之后，虽然两京顺利光复，但是终肃宗一朝，唐军一直未能克复河北诸镇，甚至在此后的一百五十年里，终有唐一代，河北诸镇始终强藩割据，长期脱离中央，几成化外之邦……所有这一切，追根溯源，皆肇始于河北诸镇的首开叛乱与长期割据，也与肃宗李亨拒绝采纳李泌之策不无相关。

纵然李泌之策睿智且富于远见，但天子的决定没有人可以更改。

数日后，肃宗命关内节度使王思礼率部进驻武功（今陕西武功县西），兵马使郭英乂进驻武功东郊，白水军使王难得进驻西郊，随时准备对长安发起进攻。

二月十九日，驻守长安的燕将安守忠主动出击。郭英乂率先迎战，结果在激战中被一箭射穿脸颊，兵败而逃。王难得眼见郭英乂败退，不敢发兵救援，即刻率部西逃。王思礼见左右翼皆走，只好退守扶风。安守忠乘胜西进，兵锋直抵太和关（今陕西岐山县北）。此地距凤翔仅五十里。肃宗朝廷闻报，大为震恐，即日宣布全城戒严。

就在关中唐军初战失利、肃宗朝廷人心惶惶的时候，一则捷报从太原传到了凤翔，顿时让肃宗李亨感到了莫大的欣慰。

自从扫平河北后，史思明的目光就死死地盯住了太原。

他之所以盯住太原，其因有三：首先，这里的守将李光弼，是史思明最恐惧也最憎恨的天敌，史思明无时无刻不想消灭李光弼；其次，河北燕军连战连捷、士气正盛，如果能一举拿下太原，就能长驱直入朔方、河陇，与关东燕军遥相呼应，对肃宗朝廷形成南北夹击之势；最后，也是最重要的是，史思明得到情报，说李光弼麾下的精兵都留在朔方，他带到太原的士兵不满万人，而且大都是团练和义勇，简直就是一群乌合之众。

如此天赐良机，史思明岂能错过？

至德二载正月，史思明自博陵出兵，蔡希德自太行出兵，高秀岩自大同出兵，牛廷介自范阳出兵，共计十万大军，以雷霆万钧之势朝太原猛扑了过去。

战报传来，太原诸将大惊失色，纷纷提议将城墙加高加厚，以抵御史思明的十万大军。李光弼却摆了摆手，说："太原城的周长足足四十里，叛军转眼即到，我们现在筑墙，不但来不及，而且还没和敌人交手，就会先把自己累个半死。"

随后，李光弼率领部众和百姓在城墙四周深挖壕沟，同时又命人制造了数十万块土砖。没有人知道这些土砖是干什么用的。

直到燕军开始四面围攻、城墙屡屡坍塌之时，众人才发现这些土砖的妙用——燕军每攻破一处城墙，李光弼就命人用土砖把缺口堵上，令燕军无计可施。

为了加大攻城力度，史思明派了三千人回河北搬运攻城器械。当这支运输队带着器械行至广阳（今山西平定县）时，用兵如神的李光弼早就在此设置了一支伏兵。结果，三千燕军被悉数歼灭，所有攻城器械也都被付之一炬。

史思明的十万大军围着太原日夜猛攻，一直打了一个多月，可太原城却依旧岿然不动。

这实在大大出乎史思明的预料。

根据战前得到的情报，太原守军不但人少，而且没什么战斗力，史思明本以为一战便可拿下太原，没想到啃了四十多天硬是啃不下来。

随后，史思明亲自挑选了一批精锐将士，组成了一支游骑兵，叮嘱他们说："我军主力攻北门，你们就去南门；攻东门，你们就去西门。一旦发现薄弱环节，马上给我攻进去。"

可是，史思明的如意算盘很快又落空了。因为李光弼的军令异常严明，不管有没有敌人来进攻，也不管白天还是夜晚，每个守城士兵的神经都绷得紧紧的，每一段城墙上都布满岗哨，巡逻队也是到处巡逻，所以史思明的游骑兵根本无机可乘。

史思明无计可施，只好一边继续强攻，一边派人天天到城下叫骂，企图激怒李光弼，逼他出城决战。然而，让史思明十分纳闷的是，他派去打口水仗的那些士兵不但没把李光弼引出来，反而一个个都莫名其妙地失踪了——活不见人，死不见尸！

史思明带着满腹困惑亲自到第一线去察看，只见那些骂阵的士兵刚刚还仰着脖子破口大骂，可眨眼间身子一陷，整个人就掉进土里去了。

史思明恍然大悟。

原来李光弼在跟老子玩地道战！

是的，李光弼就是在打地道战。

早在燕军刚刚围城之时，李光弼就在军中重金悬赏有特殊技能的人。只要有一技之长，而且对守城有帮助，李光弼就立刻予以重用。后来有三个人自告奋勇，说他们会挖地道。李光弼如获至宝，马上命令他们开挖，从城内一直挖到了城墙外。每当燕军士兵前来叫骂，躲藏在地道中的唐兵就突然掀开覆盖物，把敌兵一下拽进了地道。

来一个，拽一个；来两个，拽一双！让燕军心惊胆战，防不胜防。

后来，燕军士兵攻城的时候，眼睛都不敢朝上看，而是死死盯着自己的脚下，生怕一不留神又做了“土行孙”。随着地道越挖越多，燕军的云梯也都靠不上城墙，因为一接近，地面随即塌陷，云梯上的人也顷刻间全被活埋。

除了地道，李光弼还让人制作了大型的投石机，每一颗巨石抛出去都可以砸死二三十人，让燕军吃尽了苦头。

最后，史思明只好命大军退后，一直退到投石机的射程之外，才敢安营扎寨。

燕军虽然减缓了攻城力度，后撤了一段距离，但仍然四面环绕，把太原围得密不透风，显然是想把唐军困住，一直困到粮草耗尽的那天。

让史思明喜出望外的是，没过几天，李光弼果然就撑不住了，派人出城请降，并约定了日期出城缴械。

约定的日子一到，唐军果然大开城门，列队进入燕军营寨，乖乖地缴械投降。燕军士兵都兴高采烈地跑来围观。正当他们看得目不转睛的时候，营地中间轰然发出一声巨响，大片土地塌陷，当场就有一千多名燕军官兵被活埋。

史思明登时傻眼。

原来李光弼已经把地道挖到了他的大营下面。

顷刻间，燕军营寨大乱，李光弼乘势出击，斩杀并俘虏了一万多名燕军。

史思明无论如何也没有想到李光弼会以诈降的方式主动出击。

他此时的心情就跟当初在河北屡战屡败的时候一模一样。

换句话说，他现在心里只剩下一个念头——既生明，何生弼?

是安庆绪的一纸诏令把史思明从痛彻骨髓的羞愤中拯救了出来。

这一年二月初，燕朝新皇帝安庆绪的诏书送抵太原，命史思明率部回镇范阳，留下蔡希德等人继续围攻太原。

直到这一刻，史思明才知道安禄山死了。

作为一个和安禄山从小玩到大的好友，安胖子之死固然令史思明生出了些许伤感，然而，作为一个拥兵一方的大将，安禄山的暴毙却让史思明的内心忽然生出了某种蠢蠢欲动的东西。

说白了，那就是野心——就是图谋天下、位居九五的野心!

在史思明眼里，那个庸懦无能的安庆绪根本不配做大燕朝的皇帝!

史思明回到范阳不久，安庆绪为了笼络父亲这个最得力的旧部，连忙下诏任命他为范阳节度使，封妫川王。

然而，史思明并不买安庆绪的账。

因为，他现在已经是范阳的主人，就算没有安庆绪的任命状，他也是当之无愧的主人！而且，他手中又握有燕军最精锐的铁骑，他凭什么要遵奉安庆绪的号令呢？更何况，自从安禄山起兵后，从长安、洛阳两京掳掠的所有财富全都运回了范阳，此刻的史思明俨然坐在了一座金山上，俨然成了天下最富有的军阀，他为什么不能藐视安庆绪呢？

“思明拥强兵，据富资，益骄横，浸不用庆绪之命；庆绪不能制。”（《资治通鉴》卷二一九）

安禄山之死，无疑为刚刚建立的燕朝埋下了一个致命的隐患。即便安庆绪凭借“父死子继”的规则继承了大位，可这并不等于他就能拥有号令百官的大权。换句话说，纯粹依靠权谋和暴力建立起来的政权，是不可能依赖“父死子继”的宗法制度完成权力更迭的。决定其权力归属的最终方式，仍然只能是权谋和暴力。

从这个意义上说，燕朝皇帝的大位注定是史思明的。

安庆绪的败亡，只是或迟或早的事而已。

史思明撤回范阳后，留在太原的蔡希德等人就更不是李光弼的对手了。这一年二月下旬，燕军因久攻太原不下，锐气尽丧，军心动摇。李光弼瞅准时机，亲率敢死队出城攻击，大破燕军，“斩首七万余级”，取得了前所未有的大捷。

显而易见，李光弼这则“斩首七万余级”的捷报是掺了不少水分的。但不可否认，当这则捷报送到凤翔的时候，起到了强心剂的作用。因为，在肃宗决意大举反攻长安的前夕，且在唐军初战失利的情况下，没有什么东西能比这则捷报更能振奋人心、鼓舞士气了。

只要能达到振奋人心的目的，捷报掺水分又何妨呢？

就算李光弼不掺，肃宗李亨也会掺。

## 长安光复，李泌归山

为了斩断长安与洛阳的联系，对长安形成合围之势，郭子仪决定先行克复潼关。

至德二载二月下旬，他派遣其子郭旰、兵马使仆固怀恩、兵马使李韶光、大将王祚率部从河东渡过黄河，进攻潼关。守关燕军抵挡不住，扔下五百多具尸首仓皇退却。

安庆绪闻报，急命安守忠火速援救潼关。

燕军的反扑非常有力。结果唐军战败，一万多人阵亡，李韶光和王祚战死，郭旰和仆固怀恩渡过渭水，退守河东。三月下旬，安守忠乘胜进击河东。郭子仪亲自指挥战斗，击退了安守忠，斩获首级八千、俘虏五千人。

第一回合，双方互有胜负。

四月，求胜心切的肃宗李亨决定集中兵力，一举克复长安，遂擢升郭子仪为司空、兼天下兵马副元帅，命其移师凤翔。四月底，郭子仪部与王思礼部在咸阳西南的西渭桥会合，而后进驻潏水（渭水支流）西岸。燕将安守忠、李归仁立刻率兵屯驻长安西郊的清渠。两军对峙七天七夜，唐军始终未能前进一步。

五月初六，安守忠佯装后撤，郭子仪命令全军出击。燕军以九千精锐骑兵组成长蛇阵，待唐军攻其腹部，首尾瞬间变成两翼，将唐军合围。此战唐军大败，伤亡惨重。将领韩液、监军宦官孙知古被俘。唐军抛弃所有军资器械，退回武功。肃宗的驻跸之地凤翔不得不再度戒严。

第二回合，唐军惨败。

经此一役，郭子仪深感燕军的战斗力仍然十分强大，便劝肃宗再次向回纥求援，请他们发精兵相助。这一年九月，回纥的葛勒可汗派遣其子叶护、将军帝德率四千余名精兵抵达凤翔。肃宗大喜过望，当即设宴犒劳，并赏赐大量财帛。广平王李俶还和叶护结成了兄弟。

至德二载九月十二日，肃宗发布了总攻的命令，由天下兵马元帅广平王李俶率朔方、西域、回纥等部共计十五万人，号称二十万，从凤翔浩浩荡荡向东挺进。

九月二十七日，唐军进抵长安西郊的香积寺，以河西节度副使李嗣业领前军，郭子仪领中军，关中节度使王思礼领后军。同日，燕将安守忠、李归仁也率十万大军在香积寺以北摆开了阵势。

这是自安史之乱爆发以来，唐、燕两军规模最大的一次会战。

这场战役将决定长安的命运，也将决定帝国的命运。

燕将李归仁率先出阵挑战，唐军的前锋部队迎击，将其击退，旋即挺进燕军阵地。燕军全军出动，很快逼退了唐军，并直扑唐军的辎重部队。唐军阵脚大乱，纷纷向后溃退。前锋主将李嗣业对左右说："今日若不以身挡贼，我们就全完了！"随即脱掉铠甲，赤裸上身，跃马横刀立于阵前，厉声命令士兵们不许撤退。可在燕军凌厉的攻势之下，士卒们还是争先恐后地往后跑。李嗣业大怒，挥舞长刀左砍右劈，将那些逃兵连人带马砍得血肉横飞，一连砍翻了数十人，总算稳住了阵脚。

随后，李嗣业重新集合前军部众，命他们结成长刀阵，横向排开，如墙而进。而且，李嗣业还带着前军的所有将领冲在士卒前面，率先杀进了燕军军阵。

在主将身先士卒的激励之下，唐军士气大振，战场上的形势随之逆转，燕军开始节节后退。

在这场决定帝国命运的战役中，不仅是李嗣业这种勇冠三军的猛将表现出了一贯的英勇，就连半年前在武功不战而逃的唐将王难得也拿出了难得的勇气。混战中，他为了救一个身陷重围的副将，被燕军一箭射中眉骨。王难得狠狠把箭拔掉，结果皮开肉绽，额头上的一块皮还垂下来遮住了眼睛。王难得大怒，干脆把皮也撕了，带着满脸鲜血，仍旧奋勇拼杀，一直往前突进。

两军开战前，安守忠知道自己的兵力比唐军少，便在战场东面埋伏了一支精锐部队，准备趁双方激战正酣时，再出其不意，绕到唐军背后突袭。唐军斥候侦察到了这支伏兵，立刻禀报中军主将郭子仪。郭子仪即命左厢兵马使仆固怀恩带上一支回纥骑兵，直扑燕军埋伏之处，迅速将这支伏兵歼灭。

得知伏兵全军覆没的消息后，燕军士气顿时大挫。李嗣业乘势与回纥兵团一起迂回到敌军阵后，阻断了燕军的退路，与郭子仪的中军对燕军形成了前后夹击。

至此，燕军终于全线崩溃。

这一仗，从午时（中午十二时）一直打到了酉时（下午六点），燕军一共被斩首六万余级，跌入沟堑被压死和踩死的也不计其数，唐军大获全胜。

安守忠和李归仁带着残部逃回长安后，自知长安必失，于是当天夜里便与燕朝西京留守张通儒、京兆尹田乾真等人弃城而走，一口气逃到了陕郡（今河南三门峡市）。

至德二载九月二十八日，唐军浩浩荡荡地开入城中，宣布了长安的光复。

自去年六月燕将孙孝哲入踞长安，迄今共一年三个月。

广平王李俶带着大军进入长安时，受到了老百姓的夹道欢迎。他看见每个人的脸上都挂满了泪水，那是劫后余生、悲喜交加的泪水。

长安光复了，而兑现诺言的时刻也到了。

“克城之日，土地、士庶归唐，金帛、子女皆归回纥！”

面对夹道欢迎的百姓，广平王李俶的脸上一直挂着和煦的笑容，可他心里却像灌了铅一样沉重。从李俶踏入长安的那一刻起，他心里就不停地想起父皇李亨向回纥郑重作出的这句承诺。

怎么办？要不要兑现诺言？

当初为了得到回纥之援，当然可以不顾一切地许诺，可眼下，假如真的兑现承诺，长安百姓必然又要遭受一场可怕的浩劫。倘若如此，长安百姓还会拥戴父皇李亨吗？还会承认这个在灵武自行即位的新皇帝吗？如果夺回了京城，却失去了民心，那么李唐朝廷日后还能理直气壮地号令天下吗？

可是，倘若违背诺言，唐军在接下来的平叛战争中不但不能得到回纥援手，反而会因此结怨于回纥。眼下洛阳未克，伪燕朝未灭，岂能又在自己背后树立一个新的强敌？

最后，左右为难的李俶终于想到了一个两全其美的办法。

虽然这个办法不能从根本上解决问题，但至少可以让李俶暂时摆脱这种两难困境。

当回纥王子叶护面带微笑地来到李俶面前，婉转地要求他兑现承诺的时候，李俶立即翻身下马，向叶护纳头便拜，说："现在刚刚克复西京，如果遽然劫掠金帛子女，恐怕东京洛阳的人心都会倒向叛军，并且替叛军固守城池，使我们难以攻克。所以，我希望等到克复东京后，再向贵军兑现承诺。"

叶护一见广平王向他施以大礼，慌忙下马回拜，说："愿从殿下之言。"

听说广平王帮长安化解了一场灾难，百姓们纷纷簇拥在李俶马前，频频拜谢说："广平王真华夷之主也！"（《资治通鉴》卷二二〇）

九月二十九日，克复长安的捷报传至凤翔，文武百官当即入朝恭贺，肃宗李亨激动得泪流满面，忍不住赞叹："广平王的智勇，是朕所不能及的啊！"

当天，肃宗便遣使入蜀，上表奉迎太上皇李隆基回銮。

随后，肃宗召见李泌，说："朕已经呈上一道奏表，请上皇东归长安，同时朕向上皇请求，一旦銮驾回京，朕就回东宫当太子，继续恪尽人子之责。"

李泌一听，忽然表情大变，急着问："奏表还追得回来吗？"

肃宗一脸迷惑："使者已经走远了。"

"上皇不会回来了。"李泌斩钉截铁地说。

肃宗大惊失色，忙问李泌何故。李泌答："陛下建有大功，却不欲居皇位，上皇自然也不会回京坐皇位，这是情理之中的事。"

"那该怎么办？"

李泌沉吟片刻，说："由百官联名，再上一道奏表，详细陈述'马嵬请留''灵武劝进''克复长安'之种种情状，然后表示陛下深切思念上皇，渴望早晚在膝下问安，请上皇尽快回京，以成全陛下孝顺奉养之心，这就可以了。"

肃宗闻言，赶紧让李泌起草奏表，写完后拿来一看，不禁泪下，说："朕原本怀着至诚之心，希望将大位还给上皇，现在听了先生之言，才知道这种想法很不妥当啊。"（《资治通鉴》卷二二〇："朕始以至诚，愿归万机，今闻先生之言，乃寤其失。"）

很显然，李亨是在作秀。

所谓"愿归万机"、回东宫当太子云云，都不可能是真心话。

道理很简单，作为一个乱世即位的中年皇帝，李亨的智商绝对不会低于常人。所以，他不可能不知道第一道奏表是"很不妥当"的。可他又故意要那么写，然后让李泌帮他出主意，最后又不厌其烦地再写一道奏表，目的就是为了向世人表现出他那"愿归万机"的"至诚"之心。换言之，李亨是希望给人们造成这样一种印象—— 一个如此孝顺、如此谦恭、如此真诚的人，怎么可能从他父亲手中抢班夺权呢？

李亨总是不遗余力地把自己打扮得很傻很天真。

这正是他的高明之处。

在这个充满机心、诡诈和权谋的世界上，聪明外露的人八成是笨蛋，而善于装傻的人往往才是真正的智者。李亨虽然不一定称得上是智者，但他肯定不是连奏表都写不好、连太上皇都请不回来的笨蛋。

就在帮肃宗写完奏表的数日之后，李泌忽然向肃宗提出了辞职请求。他说：“臣已经报答了陛下的恩德，应该回去过闲云野鹤的生活了。”

在李泌看来，长安既然已经光复，他出山的目的便达到了。更重要的是，辅佐肃宗的短短一年多来，李泌已经身不由己地卷入了权力斗争的旋涡，把肃宗最宠幸的张良娣和李辅国往死里得罪了，如果不及时逃离这个是非之地，他迟早会步建宁王李倓之后尘。

可是，肃宗却不想放李泌走。他说：“朕与先生共历忧患，如今正要同享安乐，为何这么快就要走呢？”

“臣有五条不可留的理由，愿陛下准许臣离开，让臣免于一死。”李泌的态度异常坚决。

“哪五条理由？”

“臣遇陛下太早，陛下任臣太重，宠臣太深，臣功太高，迹太奇。此其所以不可留也。”（《资治通鉴》卷二二〇）

李泌的担忧是有道理的。就在长安光复后的这几天里，肃宗为了表示对他的感激和信任，便天天拉着他一块饮酒，每晚还与他“同榻而寝”。天下有哪一个臣子，敢心安理得地享受这样的恩宠呢？如此绝无仅有的深宠，又岂能不让宫中的各色人等眼红？

别人暂且不说，就在几天前，掌管宫禁大权的宦官李辅国就假惺惺地要把宫中的符契锁钥交给李泌。当然，李泌说什么也不肯接受，并极力向肃宗声明——只有李辅国才是执掌宫禁之权的不二人选。后来肃宗发话，李辅国才作出一副勉为其难的样子，把那些东西收了回去。

李辅国此举醋意十足。李泌很清楚，无论外朝还是内廷，像李辅国这样对他又妒又恨的人绝不在少数。倘若不尽早脱身，日后必定死无葬身之地！

面对李泌列举的五条不可留的理由，肃宗无力反驳，只好悻悻地说：“朕困了，赶紧睡觉，此事改日再议。”

李泌却不依不饶："陛下今日在臣的卧榻之上，尚且不同意臣的请求，何况来日在御案之前？陛下不让臣走，就是杀臣！"

肃宗摇头苦笑："没想到卿会如此怀疑朕，像朕这样的人，又怎么可能会杀害卿呢？莫非卿把朕当成了昏君？"

"正因陛下尚未杀臣，臣才能提出要求，倘若真到了那一天，臣还有什么话好说！再者，杀臣者并非陛下，而是臣方才列举的五条理由。一直以来，陛下待臣如此之厚，臣有些事情尚且不敢进谏，何况天下安定之后，臣就更不敢开口了。"

肃宗一脸不悦，沉默良久，才缓缓地说："卿是怪朕没有听从你的北伐之谋吧？"

"非也！"李泌鼓起勇气说，"臣所不敢言者，乃建宁王也。"

肃宗一怔，随即俯首长叹："建宁，朕之爱子，自小英勇果敢，马嵬北上时建有大功，朕岂能不知！可正因为他自恃有功，遂被小人所教，欲加害其兄长，图谋储君之位，朕为了顾全社稷大业，不得已而除之，卿难道不知朕的苦衷？"

"假如建宁王真有不轨之心，广平王必然会心生怨恨，可事实并非如此。广平王每次和臣说起建宁王的冤情，无不痛哭流涕，悲不自胜。臣只因决意要走，才敢跟陛下谈及此事。"

肃宗闻言，脸色越发难看，可嘴里还坚持说："你不知道，建宁曾在深夜潜入广平王府邸，企图行刺。"

李泌冷笑着说："这种话都是出自谗人之口，像建宁王如此孝顺友爱、聪明智慧之人，岂能做出如此卑劣而愚蠢之事！陛下应该还记得，当初您曾想任命建宁王为元帅，是听了臣的谏言，才改任广平王。如果建宁王真有夺嫡之心，一定会因此记恨于臣，可他非但不记恨，反而认为这是出自臣的忠心，待臣愈发友善。仅此一事，陛下便足以鉴察其心。"

听到这里，肃宗的两行清泪已经夺眶而出。他无言以对，只好连连摆手说："先生说得对，可过去的事就让它过去吧，有道是既往不咎，朕不想再听了。”

“臣之所以提起此事，非咎既往，而是希望陛下警戒将来……”李泌看了看肃宗，心里犹豫着要不要说出下面的话，最后还是把心一横，朗声说道：“昔日武后有四个儿子，长子是太子弘，当时武后企图临朝称制，对李弘的聪明十分戒惧，遂将其鸩杀，立了次子雍王李贤。李贤担心步李弘之后尘，常怀忧惧，便写了一首《黄瓜台辞》，希望以此感动武后。可武后不为所动，最后还是将李贤赐死于黔中。《黄瓜台辞》说：‘种瓜黄台下，瓜熟子离离。一摘使瓜好，再摘使瓜稀，三摘犹为可，四摘抱蔓归！’如今陛下已然一摘，慎勿再摘！”

肃宗大为愕然，说：“怎么会有这种事！你把这首辞抄下来，朕当留在身边，以便随时警醒。”

“陛下只要记在心里就行了，何必形之于外！”

李泌知道，今天这一席话，让身为皇帝的李亨极为难堪，可他如果不在临走之前把这番逆耳忠言说出来，广平王李俶就很可能会有性命之忧！因为肃宗宠幸张良娣，而张良娣又是个野心勃勃的女人，她不但自己想正位中宫，而且一心想把她的儿子拱上储君之位。因此，当她和李辅国联手除掉建宁王李倓、逼走李泌之后，接下来必然会把矛头指向广平王李俶。

其实，早在建宁王李倓刚刚遇害时，广平王李俶就已经明显感受到了张良娣对他的威胁，所以他当时就产生了和建宁王一样的想法——先下手为强，除掉张良娣和李辅国。

但是，李泌阻止了他。

李泌说：“难道王爷还想重蹈建宁王之覆辙？”

李俶忧心忡忡地说：“我担心的不只是自己，也包括先生。”

“我和皇上有约，等到京师光复，我就归山，自然能消灾免祸。”

“先生走了，那我岂不是更加危险？”

对于这个问题，李泌心里也很无奈。他只能安慰李俶说：“王爷但尽人子之孝。至于张良娣，不过是一介妇人，王爷只要委曲顺从她，相信她也不能把你怎么样。”

话虽这么说，可李泌心里跟李俶一样没底。

他知道，像张良娣这种女人其实什么事都干得出来！

正因为此，所以在归山之前，李泌无论如何都要把这些话跟肃宗挑明了——这既是出于对广平王的关爱，也是为了维护李唐社稷的稳定。

李泌执意归山，肃宗屡屡挽留，两个人为此打了半个多月的太极。直到这一年十月，肃宗实在拗不过李泌，才不得不让李泌归隐衡山，同时命当地官员在山中给李泌修筑了一座宅子，并赐予他三品官待遇。

李泌来得从容，走得潇洒，因为他没有功名利禄的牵绊。在他眼中，人格的独立与心灵的自由是生命中最可宝贵、最值得珍视的东西，世界上没有任何事物可与之相提并论。

世人惯于用权力的大小、身份的尊卑、地位的高低、财富的多寡去看待一个人，可李泌深知，这是很可笑的。因为在这个诡谲无常、变幻莫测的世界上，谁也不敢保证自己会永远保有权力和富贵。更何况，在追逐并占有这些东西的过程中，你还要不断付出代价——你必须为之殚精竭虑、牵肠挂肚、如临如履、患得患失。而就在这样的过程中，你不仅丧失了独立的人格和自由的心灵，甚至有可能丧失生命！

## 唐室再造：渐渐消逝的狼烟

光复长安后，郭子仪乘胜挥师东进，又收复了潼关及华阴（今陕西华县）、弘农（今河南灵宝市北）二郡。

安庆绪惊闻长安失守，立刻调集洛阳的所有兵力，命严庄率领，火速增援陕郡，准备死守这个洛阳门户。严庄抵达陕郡后，与败逃至此的张通儒等人合兵一处，共计步骑十五万人。

至德二载十月十五日，广平王李俶率唐回联军进至曲沃（今三门峡市曲沃镇）。郭子仪亲自充当前锋，率部突进，在新店（今三门峡市西南）与燕军遭遇。两军随即展开激战，由于燕军依山布阵，有居高临下的优势，因而唐军渐渐不支，开始向后退却。燕军顺着山势俯冲而下，准备对唐军施以致命一击。

就在这千钧一发之际，燕军突然发现身后卷起了漫天黄尘。

滚滚尘埃中刚刚射出十几支箭，燕军士兵便已相顾骇然。

他们知道，最让人恐惧的对手来了。

回纥骑兵来了！

原来，回纥兵团趁燕军从山上往下冲的时候，已经沿着山脚绕了过来，从后背对燕军发动突袭。腹背受敌的燕军官兵再也无心恋战，纷纷溃逃。郭子仪回师反攻，与回纥兵团前后夹击，将燕军杀得尸横遍野。经此一战，十五万燕军死的死，逃的逃，已经所剩无几。严庄和张通儒等人只好抛弃陕郡，带着残部逃回洛阳。

看着从战场上侥幸捡回一命的严庄，安庆绪知道大势已去，遂于十六日深夜与严庄等人逃出洛阳，亡奔河北。

至德二载十月十八日，东京光复。

广平王李俶率军入城后，正在担心如何兑现承诺，洛阳百姓就献上了早已准备好的一万匹罗锦。李俶又惊又喜，赶紧把罗锦送到了回纥人手中，总算避免了一场劫掠。

二十一日，郭子仪分兵攻克了河阳（今河南孟州市）、河内（今河南沁阳市）二郡。同一天，安庆绪的逃亡队伍中有一个人掉队了。他带着一脸弃暗投明、诚惶诚恐的表情，来到郭子仪的军营中，向唐朝投降了。这个人就是严庄。短短一个月后，严庄就摇身一变，成了唐朝的司农卿。

什么叫识时务者为俊杰？

严庄就是。

该造反的时候就造反，该投降的时候就投降；该弑君的时候就弑君，该背叛的时候就背叛。所以，严庄总能逢凶化吉，遇难呈祥。这就是乱世的生存法则。在此后一百五十年的唐朝历史上，从一而终的人当然不是没有，但类似严庄这种墙头草似的“俊杰”却遍地都是。

至德二载十月二十三日，唐肃宗李亨终于回到了阔别一年四个月的长安。

百姓纷纷出城迎驾，从城门一直排出了二十里外，人人手舞足蹈，高呼万岁。

肃宗李亨的銮驾进入大明宫后，御史台立刻将那些曾经投降燕朝的文武官员集中到一起，命他们脱下冠帽鞋袜，赤脚立于含元殿前，捶胸顿首向天子请罪。他们的周围，环立着一队队全副武装的士兵。同时，跟随肃宗从凤翔回到长安的文武百官们，也奉命来到含元殿前围观，接受“以危害祖国为耻，以背离人民为耻”的现场教育。

十月二十五日，以陈希烈为首的三百多名变节官员也从洛阳被押回长安。御史台照旧命他们跟西京的降官们一样，在含元殿前示众了一回，然而分别关进大理狱和京兆狱。

二十八日，肃宗本着“惩前毖后，治病救人”的原则，亲临丹凤门，颁布了一道诏书，宣布：“所有士绅百姓，凡受贼官禄、为贼所用者，由三法司分别查实奏报。其中，凡作战中被俘或有其他特殊原因的，只要向官府自首，一律赦免。”

十一月初，广平王李俶和郭子仪从洛阳返回长安，肃宗感慨万千地对郭子仪说：“吾之家国，由卿再造！”（《资治通鉴》卷二二〇）

数日后，肃宗封回纥王子叶护为司空、忠义王，并再次向他许诺，从今往后，唐朝每年向回纥赠送两万匹绢。

从这一刻开始，一直到唐武宗时期，这笔开支每年都会列入唐朝中央的财政预算，成为一项债务性的财政负担。不仅如此，唐代宗宝应元年（公元762年），回纥再次出兵，帮唐军收复了被史朝义占领的洛阳，唐朝又与回纥约定，今后每年向回纥购买数万至十万匹马，每匹马支付绢四十匹，病弱之马照价支付。这就是唐与回纥的"绢马贸易"。

绢马贸易其实早在安史之乱前就已经有了，但起初是一种互惠互利的经贸活动。自安史之乱后，这项贸易活动就再也不是平等交易了。因为唐朝是以数量大、价值高的丝绢，从回纥购回量小质劣的马匹。

这与其说是贸易，还不如说是堂堂天可汗在向昔日的藩属国纳贡。

这项所谓的绢马贸易，让中唐以后的历届唐朝政府背负了沉重的经济负担和巨额的财政赤字。回纥几乎是用倾销的手段，每年都向唐朝输送大量劣马，而唐朝输入回纥的丝绢始终不抵那些劣马的价钱，只好一再拖欠，"中国财力屈竭，岁负马价"（《新唐书·食货志一》）。

至德宗建中元年（公元780年），唐朝积欠的马价绢已高达180万匹。直到宪宗元和二年（公元807年），唐朝才一次性还清了历年积欠，但此后回纥又送来大量劣质马匹，唐朝只好继续欠债。直到武宗会昌二年（公元842年），唐朝趁回鹘（回纥改名）衰弱之际出兵将其平灭，这项带有屈辱印记的历史性债务才被一笔勾销。

十二月初，太上皇李隆基从成都千里迢迢地回到关中，进抵咸阳。

肃宗李亨带上御用的车马仪仗，亲自前往望贤宫接驾。

入宫前，李亨特意脱下天子专用的黄袍，换上了普通的紫袍。玄宗当时在望贤宫的南楼休息，李亨一到南楼楼下，立刻下马，迈着小碎步向前慢跑，在楼前拜舞叩首。玄宗赶紧下楼，亲手扶起李亨，抚摸着他的脸庞，禁不住老泪纵横。李亨也是捧着上皇的双足，涕泣不止。

随后，玄宗命人取来黄袍，亲自披在李亨身上。李亨匍匐在地，一再叩首推辞。玄宗说："天意、人心都已归属于你，能够让朕安度晚年，就是你的一片孝心了！"李亨推辞不过，才勉强穿上黄袍。

由于离长安还有一段路，父子二人都必须在此留宿一夜，但谁居正殿，谁居偏殿，就成了一道难题。父子俩又是一番谦让。玄宗说："正殿是天子之位，必须由你居住。”李亨则坚决不同意，最后亲自扶着玄宗登上正殿，坐上御榻，玄宗才没有再谦让。稍后传膳，李亨每一道菜都亲自尝过，感觉鲜美可口的，才命人给上皇递上去。

次日，车驾启程回京，李亨亲自为玄宗整理马鞍和缰绳，并扶玄宗上马，然后又亲手为玄宗牵马。没走几步，玄宗连忙阻止了他。李亨这才乘上自己的坐骑，在前面为玄宗引路，可一路上却不敢走驰道（御用大道），而是始终靠边而行。

看见自己的儿子当上皇帝后还如此仁孝，玄宗大为感动，对左右说：“我当了五十年的天子，算不上尊贵；如今当了天子的父亲，才是真正的尊贵啊！”（《资治通鉴》卷二二〇：“吾为天子五十年，未为贵；今为天子父，乃贵耳！”）

这话是由衷的吗？

当然不是。这是说给他儿子听的。

回到长安后，玄宗马上住进了兴庆宫（位于皇城外的兴庆坊，由李隆基登基前的藩邸扩建而成，称为“南内”）。肃宗李亨一再上表，声明自己要回东宫居住，请上皇移居大明宫。当然，他的上表最后都被玄宗一一驳回了。

这父子俩别后重逢的一幕，看上去实在是感人至深。尤其是肃宗李亨的表现，一言一行皆堪称完美。

当然了，首先我们要承认，经历一番生离死别后，任何一对父子重逢之时，都有可能出现这种催人泪下的场面，所以我们不能全盘否定李亨的真诚。

但是与此同时，我们却不难发现，李亨的言行举止都显得太过夸张和煽情了，以致充满了“表演”的意味。尤其值得注意的是，李亨的表演一直是围绕着“天子名分”在做文章的。不管是“衣紫袍”“居偏殿”，还是“避驰道”“归东宫”，时时处处都在表明自己不想居天子之位。

其实，李亨越说自己不想要，越证明自己很想要；表面文章做得越漂亮，越证明自己心很虚。

这就叫欲盖弥彰，也叫作此地无银三百两。

有道是知子莫若父。玄宗当然很清楚李亨要的是什么，所以一直与李亨默契配合。李亨衣紫袍，他就亲手给李亨披黄袍；李亨牵马执辔避驰道，他就强调自己是天子父，所有尊贵皆因天子而贵；李亨口口声声要让出大明宫，他就坚持要住在兴庆宫。如此种种，其实都是玄宗对李亨的天子身份及其权力合法性的追认，而且是反反复复的追认。

说白了，李亨要的就是这个。

只有玄宗一次又一次反复追认，李亨那来路不正的天子之位才能一遍又一遍得到正名，并得到巩固。

安庆绪仓皇逃离洛阳后，一口气跑到了邺郡（今河南安阳市）。当时，他身边只剩下骑兵不到三百人、步兵不到一千人。安庆绪很沮丧，他觉得自己马上就要玩完了。尤其是心腹重臣严庄的降唐，更是让他有一剑穿心之感。

不过，让安庆绪庆幸的是，数日后，蔡希德、田承嗣等将领便各率所部纷纷归来，实力迅速恢复。不久，安庆绪又从河北诸郡紧急招募了一批人，兵力很快增至六万，军声复振。随后，安庆绪把邺郡改为安成府，同时改元“天成”。

做完这一切，安庆绪连日来的沮丧和恐惧才逐渐被东山再起的决心所取代。

既然还有本钱，老子就能接着玩！

然而，一想到老巢范阳掌握在史思明手里，安庆绪就止不住有些脊背发凉。

乱世之中，人心叵测，史思明虽然是父亲最信任、最倚重的左膀右臂，可在唐军大举反攻、燕军节节败退的情况下，史思明会不会像严庄那样幡然易帜、倒戈降唐呢？

有可能，很有可能！

安庆绪越想越觉得史思明靠不住。

为此，安庆绪想了一个办法。他把刚任命的宰相阿史那承庆和亲王安守忠找来，命二人前去范阳征调史思明的军队，以此对其进行试探。安庆绪叮嘱他们：如果史思明仍然忠于燕朝，肯交出军队，那当然最好；万一他心生异志，就想办法干掉他，以绝后患！

安庆绪的怀疑没错，史思明确实已经心生异志，准备降唐了。

就在安庆绪仓皇逃离洛阳时，史思明的心腹幕僚便力劝他叛燕归唐。他们说："如今唐室再造，安庆绪只不过是树叶上的一颗露珠，转瞬即灭！将军何苦陪着他一块灭亡呢？"

史思明觉得幕僚们的话有道理，眼下唐军兵锋正锐，所向披靡，如果继续顽抗，最后只能陪着安庆绪一块玩完。与其如此，还不如暂时归唐，保存实力，静待时变。

更重要的是，归降唐朝，只不过是换几杆旗帜的颜色和名称而已，地盘和实力一点也不会少；倘若继续留在燕朝，势必会被满腹猜疑的安庆绪釜底抽薪，变成一个光杆司令，甚至随时有可能脑袋搬家！

所以，史思明很快做出了决定。

当阿史那承庆和安守忠率五千精骑抵达幽州城下时，史思明立刻带着数万兵马亲自出城"迎接"。两军相距一里左右的时候，不约而同地勒住了缰绳。

幽州城外的原野顿时陷入一片宁静。

那是一种怪异的宁静。

片刻后，史思明阵中突然飞出一骑，驰至阿史那承庆阵前，高声喊道："相公和王爷远道而来，敝处将士不胜欣喜。但边兵怯懦，惧怕相公兵马之盛，不敢上前迎接。请贵部暂时卸下武器，以安众心。"

阿史那承庆和安守忠顿时面面相觑。

卸下武器？史思明想干什么？莫非他真想造反不成？可是，脚踩在人家的地头上，数万人马又剑拔弩张地挡在前面，不卸也不行啊……

卸就卸吧，谅你姓史的也翻不了天！

阿史那承庆和安守忠没有办法，只好命部众卸下武器，然后赤手空拳地走进了幽州城。

史思明当即设宴为他们接风洗尘。美酒佳酿很快洗却了他们的满面风尘，也消除了他们的满怀戒心。与此同时，另一种清洗活动也在悄悄进行。史思明命手下人告诉邺城来的士兵们：想回家的送你们盘缠，愿意留下的重重有赏。

被缴了械的士兵，就如同被拔了牙的老虎。这五千骑兵虽说是阿史那承庆和安守忠的麾下精锐，可此时此刻，他们已经成了史思明砧板上的鱼肉，除了上面的两条路，他们已经别无选择。

于是，一支军队就这样无声无息地蒸发了——想回家的都走了，更多的人留了下来，当天就被编进了史思明的军营。

酒足饭饱的阿史那承庆和安守忠在驿馆睡了一夜，第二天醒来就成了史思明的阶下之囚。

至德二载十二月二十二日，范阳使者抵达长安，向唐肃宗李亨献上了降表。表上写明，史思明愿率辖下的十三个郡，八万士兵，外加燕朝河东节度使高秀岩部，向朝廷投诚。

肃宗大喜过望，即日封史思明为归义王、范阳节度使，并将他的七个儿子全部任命为高官。同时，肃宗给史思明下达了一条指令——讨伐安庆绪。

随着史思明的归降，唐肃宗李亨欣喜地发现，曾经笼罩大半个帝国的烽火狼烟已经渐渐消逝，海晏河清的那一天似乎马上就要到来……

至德二载岁末的日子，肃宗李亨做了两件大事：一是惩治和处决了两京失陷时投降燕朝的一批逆臣，二是册封并擢升了平叛期间的所有立功之臣。

对于逆臣的处理，肃宗朝廷经过一番激烈的讨论，最后决定依情节轻重，“以六等定罪”。具体是：一等重罪者在闹市斩首示众，二等罪赐自尽，三等罪重杖一百，最后三等分别予以流放、贬谪等处罚。其中，原河南尹达奚珣等十八人被判一等重罪，于长安西南独柳下斩首；前宰相陈希烈等七人被判二等罪，赐死于大理寺狱。

功臣方面，广平王李俶晋封楚王（次年五月被立为太子，稍后更名为李豫），郭子仪晋升司徒，李光弼晋升司空；所有“蜀郡、灵武扈从立功之臣”，分别予以“进阶、赐爵、加食邑”等封赏。此外，张良娣晋封淑妃（次年三月被立为皇后），肃宗的其他九个皇子也均有晋爵，如南阳王李係晋封赵王，新城王李仅晋封彭王，颍川王李僩晋封兖王。

最后，值得一提的就是在平叛战争中英勇捐躯、壮烈殉国的那些烈士。肃宗朝廷开列了一张名单，如颜杲卿、袁履谦、张介然等人，皆被追认为功臣，本人追赠官爵，子孙也都恩荫授官。

对于名单上的绝大多数烈士，人们并没有不同意见。然而，其中却有一个人引起了满朝文武极大的争议。挺他的人认为他功勋卓著，足可名垂青史；贬他的人却认为他有罪，罪名很简单，只有两个字：吃人。

直到今天，关于这个人物的功罪是非，仍然是聚讼纷纭，难有定论。而聚讼的焦点，仍然是那两个字：吃人。

这个千古争讼的人物，就是张巡。

## 雍丘之战：可怕的张巡

张巡，蒲州河东（今山西永济市）人，史称其“博通群书，晓战阵法”，志气高迈，不拘小节，“所交必大人长者，不与庸俗合，时人叵知也”（《新唐书·张巡传》）。

张巡于开元末年登进士第，天宝中期入仕，初任太子通事舍人，不久出任清河（今河北南宫县东南）县令。在此任上，张巡扶危济困，选贤任能，取得了显著的政绩。任职期满后，张巡回京待职。当时杨国忠专权，有人劝他去走杨国忠的后门，以求留任京官。张巡不屑地说："如今朝纲不振，何必在朝为官？"

就因为这句话，张巡失去了难得的留任京官的机会，再度被外放，出任真源（今河南鹿邑县东）县令。

安史之乱爆发后，张巡的顶头上司、谯郡（今安徽亳州市）太守杨万石投降了安禄山，逼迫张巡也跟他一起投降。张巡愤而起兵，率领本县吏民数千人，毅然揭起了反抗安禄山的大旗。

当时，附近的雍丘（今河南杞县）县令令狐潮准备投降，遭到当地官吏和百姓的反对，令狐潮大怒，逮捕了一百多名反抗者。不久燕军来攻，令狐潮出城迎降，被他关押的吏民趁机逃出监狱，然后关闭城门，抵拒令狐潮，并派人邀请附近的张巡帮他们守城。

天宝十五载二月，张巡进入雍丘，斩杀了令狐潮的妻子儿女，随即加紧修筑防御工事。数日后，令狐潮引燕军来攻城，被张巡击退。三月初，令狐潮又会同燕将李怀仙、杨朝宗等人率四万大军，突然进抵雍丘城下。守军大为恐惧，人心动摇。张巡对守城将士说："此次来攻的叛军乃精锐之师，必然有轻我之心。倘若我们利用这一点，出其不意，发动突袭，敌人必定溃退。只有让其兵锋受挫，这个城池才守得住。"

随后，张巡派一千人登城防守，同时亲率一千人，分成数队，突然冲出。张巡身先士卒，直扑燕军阵营。燕军猝不及防，被砍杀了一大片，只好暂时后撤。

次日，燕军再度攻城，出动了一百架大型投石机，把雍丘城团团包围，然后万石俱发，片刻后便将城楼和雉堞轰毁无遗。紧接着，敌军就像蚂蚁一样纷纷攀上了城墙。

张巡命将士在城墙上设置木栅，用以阻挡敌军，同时搬出事先准备好的一捆捆蒿草，灌上油脂，点燃之后投向敌军，把正在攀登城墙的燕兵们烧得焦头烂额。后面的大军见状，吓得不敢前进半步。张巡抓住战机，又率众杀出，再次击退了来势凶猛的燕军。

接下来的日子，燕军虽然将雍丘围得水泄不通，却始终攻不下来。每当燕军稍有松懈，张巡就会率众突袭，令燕军防不胜防。尤其是在夜深人静的时候，张巡经常派出敢死队进行夜袭，更是让燕军不胜其扰。

双方就这样对峙了六十多天，经历了大小三百余战。张巡以区区数千之众，死死挡住了令狐潮的四万大军。他和将士们一样，无论吃饭还是睡觉都不卸甲，身上受了伤，随便包扎一下就再度投入战斗，其顽强的斗志令燕军无不胆寒。

最后，燕军官兵锐气尽丧，令狐潮不得不下令撤军。就在燕军后撤之时，张巡再度率众出击，将殿后的燕军杀得丢盔弃甲，并俘虏了两千多人。

五月，不甘失败的令狐潮再度引兵来攻。强攻数日后，雍丘城仍旧纹丝不动，令狐潮万般无奈，就想招降张巡。他与张巡是旧交，所以便邀请张巡到城下会晤，对他说："李唐天下气数已尽，足下坚守危城，图的是什么呢？"

张巡冷笑："足下平生以忠义自许，今日之举，忠义何在？"（《资治通鉴》卷二一八）

令狐潮无言以对，只好惭悚而退。

随后，令狐潮围着雍丘又打了四十多天，还是徒劳无功。就在令狐潮一筹莫展的时候，关中传来消息，说潼关和长安已相继被燕军攻克，玄宗也已流亡巴蜀。令狐潮欣喜若狂，立刻修书一封，派人送给张巡，再度劝他投降。

当时，雍丘已被围困数月，与外界彻底失去了联络，更无从得知西京沦陷、玄宗流亡的消息。令狐潮的劝降信一到，城中将士顿时人心惶惶，很多人都丧失了斗志。有六名高级将领一起找到张巡，劝他说：雍丘守军兵力薄弱，难以长期抵抗，如今皇帝是死是活也没人知道，不如投降燕军算了。

张巡看了看他们，无奈地点了点头。

次日，张巡将玄宗画像悬挂在大堂上，然后领着所有文武官员一起朝拜。大家都以为这是最后一次朝拜唐朝天子了，心中百感交集，无不泣下沾襟。就在此时，张巡忽然厉声大喝，命人将那六个将领当场逮捕，先是责以君臣大义，然后便把他们全部斩首。

看着这突如其来的一幕，所有文武官员都惊呆了。本来想投降的人彻底死心，再也不敢说半个“降”字；而那些不愿投降的人则群情振奋，于是士气更坚。

然而，雍丘毕竟是一座被围数月的孤城，长期得不到后勤补给，所以很快就出现了一个严重问题——箭没了。

经过“斩六将”的事情之后，虽然将士们的战斗意志比以前更为坚定，但是光凭意志是没法打仗的。面对器械精良的燕军，没有箭的唐军就像是被剪断了利爪的苍鹰，只有被动挨打的份了。

将士们为此愁眉苦脸，可张巡却气定神闲。

没有人知道他葫芦里卖的什么药。

几天后的一个夜晚，巡夜的燕军士兵忽然发现，雍丘城头冒出了密密麻麻的黑衣人，粗略估计不下于一千人。只见他们纷纷从城头上缒下，行动迅速，悄无声息，显然又是来偷袭的。巡逻兵立刻禀报了令狐潮。令狐潮当即召集所有弓箭手，命他们列阵于营前，朝着雍丘城头万箭齐发。

不知道过了多久，令狐潮也记不清弓箭手已经射出了多少支箭，反正城头上那一千多个黑衣人身上像刺猬一样扎满了箭，却一个个纹丝不动——既不出声，也不躲避，既不前进，也不后退，简直跟稻草人一模一样。

稻草人……

就在这三个字跃入脑海的同时，令狐潮也意识到——自己中计了！

气急败坏的令狐潮急忙下令士兵停止射击。

可是，一切都晚了。因为张巡已经得到他想要的东西了。

当守城将士兴高采烈地把一千多具稻草人拉上城楼后，清点战果，居然得箭数十万支。

这就是历史上真实的“草人借箭”的故事。必须声明，张巡先生这一招绝不是从孔明先生那里学的，因为所谓的“草船借箭”纯属罗贯中先生的文学虚构，是压根没影的事。如果一定要说张巡的借箭之计是从古人那里学的，那他的老师也不是诸葛亮，而是孙权。

据《三国志·吴书·吴主传第二》裴松之注，建安十八年（公元213年）正月，曹操与孙权对垒于濡须（今安徽巢县西）。初次交战，曹军大败，于是坚守不出。有一天，孙权乘轻舟亲自来到曹军前沿，观察曹军部署。为迷惑曹操，孙权故意鼓乐齐鸣。曹操生性多疑，见孙军甲仗威武整肃，而孙权又如此悠然自得，担心有诈，不敢出战，只喟然长叹道：“生子当如孙仲谋！”随后，曹操下令箭弩齐发，射击吴船。片刻后，孙权的轻舟因一侧中箭太多，船身倾斜，有翻覆的危险。孙权下令调转船头，使另一侧再受箭。很快，箭均船平，孙权安全返航。

由此可见，罗贯中先生在《三国演义》中描写得绘声绘色的“草船借箭”，其故事原型正是出自孙权。说不定，罗贯中也读过张巡“草人借箭”的故事，所以就把张巡和孙权的故事合二为一，创作出了“孔明草船借箭”的千古经典。

令狐潮折腾了一夜，非但没杀死半个唐兵，反而送给了张巡数十万支箭，心里着实懊恼。他暗暗发誓，今后一定要擦亮眼睛、提高警惕，再也不上张巡的当了。

数日后的一个夜晚，巡逻兵又来报告，说雍丘城头又缒下五百余名黑衣人。令狐潮冷笑着对左右说：这回八成又是稻草人！不用管他！

可是，令狐潮万万没有料到——张巡这回出动的不是稻草人，而是敢死队！

五百多名敢死队员犹如下山的猛虎一样直扑燕军军营，把毫无防备的燕军士卒砍得人仰马翻。令狐潮大惊失色，慌忙弃营而逃。张巡率众一直追出了十几里，方才勒马回城。

尽管令狐潮一再上当受骗、损兵折将，可他还是不死心，很快就又带着援兵卷土重来。

有道是兵不厌诈，令狐潮现在算是彻底领教张巡之诈了。

有一天，令狐潮率众攻城，发现一个叫雷万春的唐将异常勇猛。令狐潮忽然计上心来，决定以其人之道还治其人之身。他带着一队弓箭兵来到城下，假装向雷万春喊话。雷万春不知是计，刚和令狐潮说了几句，一排箭矢就突然向他射来。雷万春猝不及防，被射中多箭，仅脸上就中了六箭。

据《资治通鉴》和《新唐书》记载，雷万春中箭后，居然还直挺挺地站着，一动也不动，实在是让人匪夷所思。令狐潮十分纳闷，怀疑张巡又拿个稻草人来诈他，赶紧命人趋近查看，得到的回答是：没错，城上之人确是雷万春。

关于雷万春“面中六矢而不动”之事，《资治通鉴》和《新唐书》都写得煞有介事，但它的真实性却很值得怀疑。

因为，人毕竟是血肉之躯，无论如何英勇，也不可能在“面中六矢”的情况下屹立不动。退一步讲，就算这事是真的，雷万春也应该当场身亡。可事实是雷万春居然没死，几个月后又生龙活虎地参与了睢阳之战。这就足以说明，所谓“面中六矢”极有可能是传统史家的文学夸张，目的是为了表现雷万春的忠勇。不过，尽管此事有虚构之嫌，但雍丘守军在敌众我寡的情况下所表现出的英勇和顽强，却依然是有目共睹、不容置疑的。

稍后，令狐潮对着城上的张巡遥遥喊话，说：“方才看见雷将军，才知道贵军果然军纪严明，人皆效死，令在下十分敬佩。不过，李唐气数已尽，足下又如何能改变天道呢？”

张巡仰天狂笑，远远扔给他九个字：“君未识人伦，焉知天道？”（《资治通鉴》二一八）随后，张巡趁敌不备，再度率众出战，擒获燕军将校十四人，斩首百余级。

令狐潮连吃败仗，不得不率部撤往陈留（今河南开封市陈留镇），数月间不敢复出。

十月初，经过数月休整的令狐潮又率一万多人进攻雍丘。张巡出城迎战，再次大破燕军，斩杀数千人，迫使令狐潮再度遁逃。

至此，令狐潮终于不得不承认——张巡是他这辈子见过的最可怕的对手！

雍丘之战，是古代城邑保卫战中以少胜多、以弱胜强的经典战例。张巡本人及其所率领的这支军队，也因此声名大振。

随后，燕朝的河南节度使李庭望亲自出马，又与令狐潮一起攻打雍丘，结果还是久攻不克。最后，李庭望和令狐潮只好改变战略，准备采取“围而不攻”之策，把张巡和一城军民活活困死。他们先是在雍丘城北修筑了一座新城，以此阻断雍丘的粮道；其后，李庭望又出兵攻陷了雍丘外围的鲁郡（今山东兖州市）、东平（今山东东平县）、济阴（今山东定陶县）等郡；而后，李庭望又命大将杨朝宗率步骑两万进攻雍丘东南面的宁陵（今河南宁陵县），企图彻底切断张巡的后路。

张巡很清楚，一旦宁陵失守，雍丘就会陷入四面受敌、独木难支的困境，迟早会落入燕军手里。所以，张巡决定退出雍丘，撤往宁陵固守，粉碎燕军四面合围的战略企图。

十二月初，张巡率众进入宁陵。

与此同时，另一个人也率部赶到了宁陵助战。

他就是睢阳太守许远（高宗朝宰相许敬宗之曾孙）。睢阳（今河南商丘市）位于宁陵东面，与宁陵相距不过四十里，两城唇齿相依。也就是说，一旦宁陵失陷，睢阳必难自保，所以许远跟张巡一样，也不会坐视宁陵陷落。

张巡与许远两军刚刚会合，杨朝宗便已兵临城下。

张巡与许远率众出战，与杨朝宗激战了整整一个昼夜，终于大破燕军，斩首一万余级。燕军的尸体塞满汴水（流经宁陵城南），杨朝宗带着残部连夜向北遁逃。

至德二载正月，刚刚即位的安庆绪为了进军江淮，打开唐朝财赋重镇的大门，遂任命大将尹子奇为河南节度使，命他克期攻下睢阳。尹子奇赴任后，用最快的速度集结了十三万大军，兵锋直指睢阳这个江淮门户。战报传来，许远立刻遣使向张巡告急。正月末，张巡带着麾下仅有的三千人进驻睢阳。此时，许远的人马也只有三千八百人。也就是说，张巡与许远的兵力加起来，总共也不过区区六千八百人，却要迎战尹子奇的十三万大军！

历史上著名的睢阳之战就此拉开序幕。

很显然，这将是一场前所未有的恶战。

这一战，将比雍丘之战更悲壮、更惨烈、更为艰苦卓绝，也更为惊心动魄……

## 死守睢阳

敌人开始攻城了。

十三万燕军像铺天盖地的洪水一样漫上了睢阳城头。看那架势，仿佛一天就会把小小的睢阳城淹没。

然而，城头上站着张巡。

有他在，六千八百个士兵就会变成六千八百道铜墙铁壁，让志在必得的燕军每靠近睢阳城墙一步，都要付出惨重的代价！

在张巡的亲自督战和指挥下，唐军昼夜苦战，击退了燕军一次比一次更为猛烈的进攻。最多的时候，一天击退敌人二十次进攻。十六天下来，燕军在睢阳城下扔下了两万多具尸体，被唐军俘虏的将领更是多达六十余人，可睢阳城依旧傲然屹立在燕军主帅尹子奇的面前。

第十六天夜里，尹子奇不得不悄然拔营而走。

伤亡太大了，士气更是受到了严重挫伤，所以他需要休整。

当然，这只是短暂的休整。

因为把拳头缩回来，是为了更有力地打出去！

挫败燕军的第一阶段进攻后，许远已经对张巡佩服得五体投地。他对张巡说："我性情懦弱，不习兵戎，将军则智勇双全，我愿把指挥权交予将军。"

此后，许远只负责粮草、军械等后勤事宜，守城御敌的指挥权则全盘交给了张巡。

两个月后，尹子奇卷土重来。张巡激励将士说："我等荷国厚恩，而今自当一死报国！"将士们群情激奋，皆愿死战。张巡遂下令杀牛宰羊，慰劳三军，随后率军出战。燕军见唐军只有可怜巴巴的几千人，却贸然出城和他们决战，顿时一个个捧腹大笑。

张巡要的就是这个效果。

因为骄兵必败，哀兵必胜！

这是千古不易的战争铁律。

张巡亲执战旗，一马当先，率众直冲燕军军阵。唐军将士人人奋勇争先，无不以一当十。燕军的阵脚一下子就被冲乱了，纷纷向后退却。唐军趁势在燕军军中左冲右突，纵横驰骋，旋即大破燕军，斩杀三十余将，击毙士卒三千余人，并乘胜追击了数十里。

尹子奇虽然屡屡受挫，但是他并不灰心。因为他在兵力上占据了绝对优势，所以他耗得起。

随后的日子，尹子奇仍然围着睢阳日夜猛攻。张巡站在千疮百孔的城楼上，望着黑压压一眼望不到头的燕军，心中若有所思。

当天傍晚，张巡命将士在城中擂鼓呐喊，并集合队伍，作出一副马上就要夜袭敌营的样子。燕军得到情报，立刻加强警戒，从黄昏到次日凌晨，一个个枕戈待旦，丝毫不敢松懈。可天亮之后，张巡却下令停止擂鼓，并把集合的队伍全都解散了。

尹子奇闻报，亲自登上飞楼（瞭望敌情的高塔），仔细观察城内的情况，发现唐军根本没什么动静，于是紧绷了一夜的神经才放松下来，下令官兵各自回营休息。尹子奇自己也揉着通红的双眼，回中军大帐睡觉去了。

就在这一刻，张巡已经和他的麾下骁将南霁云、雷万春等十余人，各率五十骑精锐，从城门冲出，像离弦之箭射向了燕军大营。

要命的是，这十几支箭全都瞄准了燕军的心脏——尹子奇的中军大帐。打蛇打七寸，擒贼先擒王！

这就是张巡站在城楼上若有所思的东西。

燕军官兵都熬了一个通宵，此刻正奉命回营睡觉，万万没想到唐军会在此刻来袭。当他们一个个睡眼惺忪地跑出营帐时，脑袋刚好撞上唐军寒光闪闪的刀锋。

一时间，张巡等人如入无人之境，犹如砍瓜切菜一般，一连斩杀了五十多个敌将和五千多名士卒。燕军大营一片大乱，根本挡不住呼啸而来的唐军。张巡等人不费吹灰之力就杀到了尹子奇的大帐前。

此时的尹子奇早就惊醒了，已经在亲兵的簇拥下逃出了大帐，开始气急败坏地组织反扑。

由于到处都是敌军惊慌乱窜的身影，张巡他们根本无法在千军万马中认出尹子奇。

时间在一点一滴地流逝。

南霁云、雷万春等人一直在焦急地四处张望。

如果不能在最短的时间内找出尹子奇并把他干掉，人多势众的燕军一旦回过神来，必然会进行疯狂的反扑，把人数不多的唐军包围歼灭。

情急之下，张巡忽然想到了什么，马上命人找来一些细木棍，把头削尖，然后当成箭一样射向敌军。被射中的燕兵大为惊喜，以为张巡的箭用完了，纷纷跑去向尹子奇报告。

远远望去，那个骑在高头大马上、对着士兵咿咿呀呀指手画脚的将领忽然变得十分醒目。

张巡笑了，回头看了身后的南霁云一眼。

南霁云心领神会，当即搭箭上弦。嗖的一声，羽箭划破清晨的薄雾，不偏不倚地射入尹子奇的左眼。尹子奇一声惨嚎，跌下马背。南霁云拍马冲了上去，准备在尹子奇的脖子上补上一刀。

但是，南霁云没有得手。

因为尹子奇的亲兵们纷纷挡在他前面，还有人把尹子奇扶上马背，簇拥着他迅速逃出了南霁云的视线……

侥幸未死的尹子奇一直跑出了很远，才气喘吁吁地回过头来，用剩下的那只独眼，久久地凝视着远处的睢阳城。

我会回来的。尹子奇说。

七月初，尹子奇从后方调来数万生力军，兵力又恢复到十几万人，随即再度南下围攻睢阳。

经过数月休整的燕军，不仅补充了兵员，士气复振，而且粮草、辎重、军械等等也得到了极大补充，可谓兵精粮足。相形之下，长期得不到后勤补给的睢阳却已逐步陷入粮尽援绝的困境。

睢阳原本有屯粮六万石，那都是许远为了长期坚守睢阳而多方筹集、苦心积攒的。可就在燕军围攻睢阳的不久前，时任唐河南节度使的虢王李巨却命许远拨出一半给濮阳（今山东鄄城县）、济阴（今山东定陶县）二郡。许远拒不从命，可李巨却再三强迫。许远无奈，只好忍痛交出三万石粮食。不久后，济阴太守高承义举城投降燕军，许远刚刚拨给他的一万五千石粮食也白白落入了燕军手中。

燕军从正月开始围攻睢阳，至今已断断续续地围了半年多，睢阳城中的三万石粮食逐渐耗尽，又得不到丝毫补充，形势日益严峻。于是，从七月开始，张巡和许远不得不实行严格的配给制度，规定每个将士每天只能分到一合米（相当于二两）。可想而知，这点粮食根本就不够吃，所以将士们只好羼杂着树皮、茶叶、纸张来充饥。

经过半年多的苦战，睢阳守军歼灭了燕军的数万精锐，可自己也付出了五千多的伤亡，至今只剩下一千六百人。而且，这一千多名将士又是连肚子都填不饱、“饥病不堪斗”的羸兵！所以，此刻的唐军再也不能像前一阶段那样频频出击了。面对百倍于己的燕军精锐，他们除了被动挨打、困守待援之外，已经没有任何退敌之策了。

睢阳之战进入了最后的死守阶段。

尹子奇用他的独眼望着那满目疮痍、被战火熏得焦黑的城墙和雉堞，嘴角露出了一抹狞笑。

随后，燕军不断加大攻城力度，并且出动了云梯。所谓云梯，并不是普通的梯子，而是下面装有轮子，高度与城墙齐高的大型攻城器械。史载这种云梯“势如半虹”，可“置精卒二百于其上”，相当于一座可移动的“高塔”。这种高塔一旦靠上城墙，塔内的士兵可直接跳上城头，对守军展开进攻，具有很强的威胁性。假如有两三座这样的攻城塔一起靠上城墙，睢阳十有八九就要失守了。

当然，张巡是不会让它轻易靠过来的。

为了对付这种可怕的攻城器械，张巡命人在城墙上凿了许多隐蔽的洞口，每三个洞口对付一座云梯。燕军的云梯一靠过来，第一个洞口就伸出一根长木棍，末端绑着铁钩，将云梯钩住，让它不能后退；第二个洞口也伸出一根木棍，死死抵住云梯，让它不能前进；第三个洞口再伸出一根木棍，末端绑着铁笼，笼中燃着熊熊烈焰，用它将云梯点燃。

张巡的这个办法很管用。每当云梯一接近城墙，很快就会从中间烧断，而藏于其上的燕军士兵则尽数着火，纷纷坠亡。

时值盛夏，睢阳守军为了避免烈日暴晒，就在城头上搭了一座座“棚阁”，用以遮阳避暑。尹子奇随即出动“钩车”，专钩城上棚阁，“钩之所及，莫不崩陷”。面对燕军的钩车，张巡针锋相对，设计了一种“吊车”，以木头、铁链、铁环组合成“吊臂”。每当燕军的铁钩一出现，立刻用吊臂末端的铁环将其套住，然后连钩带车一起吊上城头，斩断铁钩，再将车扔下城去。

云梯和钩车都废了，燕军只好又出动“木驴”。所谓木驴，估计原理跟特洛伊木马差不多，就是把士兵藏在里面，避免冲锋时受到箭矢攻击。这种木驴的表面包裹了一层湿牛皮，所以一般的火攻战术奈何不了它。

火攻不行，张巡便采取了“水攻”。

当然，这不是普通的水，而是银水和铜水。每当燕军的木驴成群结队地冲到城下时，唐军就将银水、铜水当头浇下，把所有木驴和它们肚子里的燕军士兵瞬间烧成了焦炭。

在足智多谋的张巡面前，燕军的“秘密武器”全都成了没用的摆设。尹子奇勃然大怒，只好使出最后一招——修筑“磴道”。他命人在睢阳城的西北角（树木比较茂密的地方）大量砍伐树木，然后把木材堆积在城墙下，又在其上堆积沙土袋，打算修筑一条坚实宽阔的梯形长堤，以便大军对睢阳发起集团式冲锋。

在燕军修筑磴道的十几天里，张巡一直不动声色。

当然，他只是在白天不动声色。一到夜里，他就命人偷偷出城，把大量的松明、蒿草等易燃物塞在沙土下面的木材里。前后十几天，燕军都没有察觉。到磴道筑成的那一天，还没等燕军顺着磴道发起冲锋，张巡就命将士们抛出了无数支火把，瞬间就把整条磴道全部点燃。尹子奇和燕军官兵们眼睁睁地看着他们十几天的劳动成果被付之一炬，也只能无可奈何地望火兴叹。

冲天的大火一直燃烧了二十多天才渐渐熄灭。至此，尹子奇终于黔驴技穷。

张巡超乎常人的应变之智令他无比愤怒，也令他不得不折服。

最后，尹子奇放弃了强攻的战术，命士兵们在睢阳四周挖掘了三道壕沟，并设置木栅，以此阻挡唐军突围，准备把唐军困死在城中。

尹子奇知道，唐军粮草将尽，他只需要再耐心地等待一段时间，睢阳必然到手。

七月中旬，睢阳城中的粮食彻底被吃光了，连每人每天二两都成了一种奢望。

此刻的守军只剩下六百人，张巡和许远各领三百人分别驻守：张巡守东门和北门，许远守西门和南门。张巡和许远在城头上和士卒们同食共寝。而他们最后的食物，只有树皮、茶叶和纸张。

最惨的是，连这三样东西也快吃光了。

如果援军和补给再不来，他们还能吃什么？

当时，有三支唐军距离睢阳都不算远：许叔冀驻扎在谯郡（今安徽亳州市），尚衡驻扎在彭城（今江苏徐州市），贺兰进明驻扎在临淮（今江苏泗洪县南）。其中贺兰进明的兵力最强，可他们为了保存个人实力，却无视睢阳危急，全都拥兵不救。

现在，睢阳已经到了最后的关头，既然他们都不来援，那张巡就只能主动求援了。

张巡把任务交给了南霁云。他给了南霁云三十名精锐骑兵，让他拼死突围，前往临淮向贺兰进明求援。南霁云等人出城后，数万燕军蜂拥来攻，南霁云“直冲其众，左右驰射”，令“贼众披靡”，以阵亡二人的微小代价，硬是冲出了燕军的包围圈。

南霁云怀着满腔期望，马不停蹄、星夜兼程地赶到临淮后，见到的却是贺兰进明冷若冰霜的脸。

贺兰进明冷冷地说："你们出来的这些天，说不定睢阳已经失陷，再发救兵有何用处！"

南霁云激愤地说："睢阳若陷，霁云愿一死以谢大夫（贺兰进明的中央官职是御史大夫）。更何况，倘若睢阳失守，叛军的下一个目标必是临淮。睢阳与临淮唇齿相依，大夫岂能坐视不救？"

贺兰进明不为所动。但是对南霁云的忠勇，他心里却非常欣赏，所以决定把他留在麾下。当天，贺兰进明大摆宴席，还特意安排了乐队奏乐，希望能以声色之娱留住南霁云。

可是在宴会上，南霁云却滴酒未沾，连筷子都没有动。见贺兰进明毫无出兵之意，南霁云死心了。他悲愤地对贺兰进明说："我来的时候，睢阳的人已经断粮一个月了，我虽然很想单独享受眼前的美食，但无论如何难以下咽。大夫坐拥强兵，却眼睁睁看着睢阳失陷，没有半点扶危救难之心，这岂是忠义之士所为？"

紧接着，南霁云忽然拔出佩刀，猛然砍断了自己的一根手指。在场众人，包括贺兰进明在内，无不大惊失色、悚然动容。他们听见南霁云说："霁云既然不能完成主将交给的任务，只能留下这根手指，以证明在下已经尽力。"

随后，南霁云连夜离开临淮，赶到了离睢阳不远的宁陵，会同这里的守将廉坦，率领城中仅有的三千步骑，火速东下增援睢阳。

张巡进驻睢阳时，曾交给部将廉坦三千人，命他留守宁陵。此刻睢阳危急，固守宁陵已经毫无意义，所以南霁云只能把这支部队拉出来救援睢阳。

八月初三夜，南霁云率三千援军回到睢阳，立刻杀入燕军重围，一路杀到睢阳城下。经过一番血战，南霁云虽率众突破了燕军军营，杀伤了大量敌兵，但自己也阵亡了两千人，只剩下一千人进入城中。

看着满身血污的南霁云和这一千人马，睢阳城中的将士们顿时绝望。难道，这就是他们望眼欲穿的援兵？

是的，这就是他们的援兵，第一支也是最后一支援兵。

意识到这一点的时候，将士们再也抑制不住内心的愤怒和绝望，纷纷仰天恸哭。

男儿有泪不轻弹，只是未到伤心处！

## 战火中的人间地狱

最后的时刻到了。尹子奇知道睢阳守军的外援已经彻底断绝，立刻加紧了对睢阳的围攻。

面对这毫无希望的困境，将士们提议：放弃睢阳，撤往江淮一带。张巡和许远也不得不考虑弃城的可行性。但是他们讨论到最后，得出的共同结论仍然是——坚守。

他们认为，睢阳是江淮的门户，一旦弃守，叛军必定长驱直入，到时候帝国的财赋重镇将全部落入敌手。更何况，如今将士们都饿得走不动路了，未必能够突出重围。张巡和许远相信，就算是在战国时代，原本敌对的诸侯在危难之时尚且相互救援，更何况坐拥大军的贺兰进明等人呢？所以，张巡和许远的结论就是——继续坚守，等待援军。

可是，将士们没有吃的，如何坚守？城中的树皮早就扒光了，连茶叶和纸张也都吃完了，接下来还能吃什么？

张巡和许远的回答是：吃马。

很快，马也吃完了，将士们只能"罗雀掘鼠"。没过几天，麻雀和老鼠也都吃光了，将士们只好瞪着一双双饿得发绿的眼睛，直愣愣地盯着张巡。

张巡默默地看了看他们，忽然转身走下城楼。

片刻后，张巡回来了，肩上扛着一只沉甸甸的麻袋。将士们迫不及待地解开麻袋，冒着绿光的眼睛霎时变得通红。

因为他们看见——麻袋里装着一堆肉。

那是人肉。

准确地说，那是一个女人的肉。

从那堆血肉模糊的残肢断臂中，个别细心的将士认出来了——那是张巡的女人，是他的爱妾！

将士们愕然了一瞬，惭愧了一瞬，也感动了一瞬。然而，短短的一瞬过后，他们就像一群饿狼一样扑向了那堆肉……

他们太饿了。

在饥饿面前，惊愕算什么？愧疚算什么？感动又算得了什么？

张巡的爱妾转眼就被分吃一空了。紧接着，许远也扛来了好几个大麻袋——里面装着被他杀死的几个家奴。

然而，几个人的肉是远远不够吃的。

接下来的日子，将士们开始捕杀城中的女人。不管她们藏身何处，最后都会被抓出来一一烹吃。女人吃光了，就吃男人中的老人和小孩……

或许刚一开始，将士们多少还有一些不良的心理和生理反应，可到了后来，大伙也就习惯成自然了。因为吃多了、吃久了，那种难以下咽、恶心欲吐的感觉自然就消失了。最终他们得出一个结论——其实吃人并没有想象中的那么困难。

睢阳就这样变成了一座人间地狱。

每当夜幕降临、燕军攻势退去时，睢阳城里就会燃起一堆堆篝火。只见士兵们三五成群地聚在火堆边，每个人手上都抓着一只手或一只腿在啃咬。火光把他们的身影拉长，令他们看上去就像一群张牙舞爪的鬼魅。在他们身边，散落着一根根或长或短、或粗或细的白骨。原本万家灯火的睢阳城，此刻只剩下一片黑暗和死寂。每一座宅子，每一条小巷，每一个角落，都散发着腥膻、腐臭的气息。惨白的月光下，到处可见被士兵们随意丢弃的一颗颗老弱妇孺的头颅，以及大大小小、沾满血污的手掌和脚掌……

从八月到十月，以张巡、许远为首的睢阳守军，就是以这种“同类相食”的残忍方式，维持着一种令人难以想象的生存。据《新唐书·张巡传》所载，睢阳守军在这最后的两个月里，被吃掉的老弱妇孺多达三万人。

与此同时，燕军也一直没有停止攻城。到了十月初，睢阳的一千多名守军又陆续战死，最后只剩下四百个人。

准确地说，是剩下四百个疾病缠身、气息奄奄的病号。

他们的生命力和战斗力，已经被这场旷日持久的战役彻底耗尽了。

十月初九，当燕军像潮水一样涌上睢阳城头时，唐军将士再也无力举起手中的刀枪。

张巡绝望了。他向西遥拜，大声喊道：“臣力竭矣，不能全城，生既无以报陛下，死当为厉鬼以杀贼！”（《资治通鉴》卷二二〇）

随后，燕军生擒了张巡、许远等人。尹子奇命人把张巡押到跟前，用他的独眼久久凝视着这个令人恐惧的对手，忽然咧嘴一笑，说：“听说您每次作战都会把牙齿咬碎，为什么？”

张巡仰天狂笑：“我志在生吞逆贼，只恨力不从心！”

尹子奇当即用刀撬开张巡的嘴，果然看见牙床上只剩下三四颗牙齿。尹子奇顿时肃然起敬。他有心想留张巡一条命，然后招降他，可左右却坚决反对。他们说：“张巡是一个把气节看得比生命更重的人，不可能为我所用。而且，他深得军心，如果留下他，必为后患。”

尹子奇思来想去，觉得此言不无道理，最后只好将张巡、南霁云、雷万春等三十六名唐将全部斩首。许远被押赴洛阳，未久也不屈而死。

张巡终年四十九岁。

据说他死时，“颜色不乱，扬扬如常”，不愧是一个铁骨铮铮、顶天立地的汉子。

睢阳之战，历时十个月，前后大小四百余战，张巡、许远以不足万人之众（*初六千八百人，后增兵三千人*），抵挡了尹子奇的十几万大军（*初十三万，后增兵数万*），且斩杀敌将三百、毙敌十二万人，堪称中国古代战争史上以寡敌众、以弱制强的经典战例。

张巡之所以取得如此骄人的战绩，首先当然是因为唐军将士的同仇敌忾和英勇顽强，另外还有很重要的一点，就是张巡临敌时的机变无穷。

张巡作战时，从不墨守成规，甚至不依照古代兵法，而是让他的麾下将领各随己意指挥士兵。有人对此深感不解，张巡解释说："燕军主力都是胡人，他们作战，历来是'云合鸟散，变态不恒'，仅仅数步之间，情势就有很大差异，因此必须在刹那之间作出反应，如果事事禀报主帅，那就什么都来不及了。所以，我尽量做到让士卒了解将领的个性，将领熟悉士卒的心理，如此一来，他们到了战场上，就能像手掌指挥手指一样运用自如。士卒与将领一旦相知相习，就能做到人自为战，也才能做到临机应变，出奇制胜。"

张巡作为中国古代最杰出的将领之一，新旧《唐书》和《资治通鉴》都对他作出了很高的评价，称他："推诚待人，无所疑隐；临敌应变，出奇无穷；号令明，赏罚信，与众共甘苦寒暑，故下争致死力。"

然而，张巡为了坚守睢阳而不得不吃人之事，却在他身后引起了轩然大波，而且千百年来一直饱受争议。首先，肃宗朝廷在是否该追认他为功臣这件事上，就产生了很大争议。贬张者认为"张巡以守睢阳不去，与其食人，曷若全人"；挺张的人则认为"巡以寡击众，以弱制强，保江、淮以待陛下之师，师至而巡死，巡之功大矣"（*《资治通鉴》卷二二〇*），而且吃人之事实在是不得已而为之，所以应该为他记一大功，并且要树碑立传。

这场争议很快就有了结论。

挺张的人赢了。"众议由是始息"，张巡当之无愧地成了大唐王朝的功臣。

可是，李唐朝廷对张巡的承认，并不能消除后世对他的指摘。明末清初思想家王夫之对这件事的看法，应该是比较有代表性的。他首先也承认张巡“捐生殉国，血战以保障江淮”的功绩，可同时他也认为，“守孤城，绝外援，粮尽而馁，君子于此，惟一死而志事毕矣”，“过此者，则愆尤之府矣，适以贼仁戕义而已矣，无论城之存亡也，无论身之生死也，所必不可者，人相食也”。因此，他的结论是：“其食人也，不谓之不仁也不可。”（《读通鉴论》卷二三）

时至今日，“贬张派”和“挺张派”依然是针锋相对。前者认为，张巡为了保全自己的忠义，不惜以平民的生命为代价，是一种典型的为了理想而拿别人献祭的做法，与法西斯无异。后者则认为，每个时代都有不同的价值观，今天的人不应该以“人权”观念去苛责古人，因为在当时那种极端的情况下，张巡的做法实属情有可原。

那么，我们又该如何评价张巡呢？

一方面，就像王夫之所说的那样，我们应该充分肯定张巡死守睢阳的战略意义。因为睢阳是江淮门户，而江淮是帝国的财赋重镇，一旦睢阳失守，燕军必定长驱直入，横扫江淮。到那时候，像贺兰进明、许叔冀、尚衡这种拥兵自重、见死不救的家伙，断然是非败即降。倘若如此，远在西北贫瘠之地的肃宗朝廷立刻会失去江淮地区的钱粮供给，届时非但没有实力收复两京，甚至连肃宗朝廷本身都会有瓦解之虞。因此，张巡在睢阳坚守十个月，并牢牢牵制燕朝十几万大军，就具有十分重大的战略意义。假如张巡早早就败了、逃了，或是像王夫之说的那样“一死”以明志，那么整个战争的形势必会全然不同，李唐朝廷收复两京的日程也将被无限期地推迟。

另一方面，我们却不得不说，张巡以人肉充当军粮的做法虽然情有可原，但却理无可恕！实际上，不需要用今天的人权观念去苛责古人，只需用古代的儒家思想，就很容易发现张巡此举在道德上的缺失。众所周知，儒家思想的核心就是“仁者爱人”，是“己所不欲，勿施于人”。而被张巡他们吃掉的三万老弱妇孺，肯定不是自愿的，所以张巡的做法显然已经突破了人类的道德底线，所以王夫之才会说："其食人也，不谓之不仁也不可"。也就是说，无论古今中外，无论在一般情况还是在极端情况下，张巡吃人的做法都是应该受到谴责的。换言之，张巡此举虽然可以理解、值得同情，但他并不能因此逃避道德审判。这道理就跟过失犯罪一样，可以酌情减刑，但绝不能宣判无罪。

| 第二章 |

# 藩镇大裂变

## 史思明复叛

公元758年阴历二月，唐肃宗李亨将年号改为“乾元”，同时把使用了十多年的“载”改为“年”。

当初，唐玄宗李隆基在天宝三载（公元744年）改年为载，是为了向世人宣告他的盛德大业已可媲美于尧舜（尧舜时代大多用“载”表示纪年），然而后来发生的事实却给了玄宗无情的嘲讽，也给李唐王朝带来了几近覆灭的厄运。

所以，从肃宗李亨灵武即位的那一刻起，他很可能就一直想把纪年名称改回来，可一则因为他刚刚即位、权力不稳，二则因为他正忙于平定叛乱、收复两京，所以就把此事暂时搁置了。直到此刻，他才能趁着改元的机会，把这个让人无比纠结的“载”字改回来。

肃宗启用的新年号“乾元”，顾名思义，就是重新开局、一切从头再来的意思。

很显然，两京的顺利光复给了肃宗很大的信心和希望。在他看来，以安庆绪为首的一小撮叛乱势力已经穷途末路了，天下很快就会平定，李唐的中兴也已指日可待！

这个新年号，无疑就是这种心境的表白。

和肃宗李亨一样，满朝文武似乎也对此充满了乐观情绪，只有少数人不敢掉以轻心。

比如李光弼。

他有一种很强的预感，预感某个刚刚归降朝廷的人一定会再叛。

谁？

史思明。

作为战场上的老对手，李光弼很了解史思明。他知道，史思明的投诚只是迫于时势而采取的一种权宜之计，一旦形势有变，他必会再叛！

经过一番深思熟虑后，李光弼向肃宗表明了自己的忧虑，并进而献策，让肃宗派一个史思明信得过的人，代表朝廷前往范阳宣旨慰问，借机除掉史思明。

李光弼推荐的人选是乌承恩，并建议事成后就任命乌承恩为范阳节度副使。

乌承恩的父亲曾是史思明的老上级，对史有提携之恩。两年前，时任信都太守的乌承恩举城投降了史思明。由于有过去的这层关系，史思明对乌承恩非常信任。肃宗朝廷收复两京后，乌承恩便是力劝史思明反正的心腹之一。

要除掉史思明，乌承恩是不二人选。

李亨采纳了李光弼之策，即命乌承恩前往范阳。

这一年六月，乌承恩抵达幽州（范阳治所），受到了史思明的热情款待。乌承恩宣完圣旨后，史思明马上安排他住到了自己的府上。当时，乌承恩有一个儿子在史思明帐下任职，史思明还特意吩咐他去看望一下父亲。

当天夜里，乌承恩父子二人见面。乌承恩当即屏退下人，紧闭门窗，然后激动不已地对儿子说："我奉朝廷之命除掉这个逆贼，事成之后，我就是这里的节度使！"

可是，还没等乌承恩的儿子表达出和父亲同样激动的心情，房间的某个地方就传出了两声冷笑。

有两个人已经在黑乎乎的床底下埋伏了大半夜了，专等着乌承恩露出马脚。

当然，这两个人是史思明安排的。

其实乌承恩一来到范阳，史思明就已经起了疑心，可他却不动声色，而且表现得极为殷勤，目的就是要麻痹乌承恩。

乌承恩的计划就此败露。随后，史思明从他的行李中搜出了许多东西：有李光弼的牒文，文中让乌承恩邀同阿史那承庆一起刺杀史思明，同时还有事成后准备赏赐给阿史那承庆的免死铁券，另外还有一本小册子，上面列满了乌承恩准备策反的史思明麾下将士的名字。

史思明指着这些东西问乌承恩："我哪里对不住你，你要这么干？"

乌承恩早已吓得面无人色，只好不停磕头："我有罪！我该死！这都是李光弼的阴谋。"

翌日，史思明集合了范阳的所有文武官员和幽州百姓，面朝西方，痛哭流涕："臣以十三万众降朝廷，何负陛下，而欲杀臣？"

这一天，史思明当众打死了乌承恩父子，并连坐处死了跟乌承恩有牵连的二百多个文武官员，然后向肃宗上表鸣冤。肃宗赶紧把责任推得一干二净，遣使宣慰说："此非朝廷与光弼之意，皆承恩所为，杀之甚善！"

史思明吞不下这口恶气，叫幕僚耿仁智再度上表，其中有一句话说："陛下不为臣诛杀李光弼，臣只好自己带兵到太原杀了他！"没想到表文装函之前，这句话却被一意归唐的耿仁智偷偷删了。等到史思明发觉，表文已送出。史思明一怒之下，杀了这个跟随他近三十年的心腹，而后再度揭起了反旗。

安庆绪自从逃到邺城后，虽然地盘和实力都比从前小了许多，但毕竟还据有七郡六十余城，钱粮、兵源等等也还算充足，所以安庆绪便又故态复萌，天天纵情声色，大肆营建宫室楼船，把政务都交给了心腹大臣高尚和张通儒。

安庆绪不问政务，高、张二人自然都想趁机掌控大权，于是天天明争暗斗，很快就把这个流亡邺城的燕朝小朝廷搞得乌烟瘴气。大将蔡希德为人比较刚直敢言，看不惯二人的所作所为，便屡屡向安庆绪进言，因而得罪了张通儒，不久就被张通儒随便找个借口杀了。蔡希德一死，他的麾下部众大为心寒，先后有数千人逃离了邺城，留下来的那些将领也是满腹怨恨，渐渐跟燕朝小朝廷离心离德。随后，安庆绪把兵权交给了崔乾祐，任他为“天下兵马使，总内外兵”。崔乾祐为人刚愎自用，残忍好杀，士卒都对他非常不满，于是军心日渐涣散。

伪燕朝上下离心、将相不睦的消息很快就传到了长安。

肃宗李亨动心了。

本来，他是想把消灭安庆绪的任务交给史思明的，如今史思明既已复叛，那肃宗只能自己动手了。此刻叛军内部矛盾重重，正是将其彻底歼灭的最佳时机。

乾元元年九月二十一日，肃宗颁布诏令，命朔方节度使郭子仪、河东节度使李光弼、北庭节度使李嗣业、关内节度使王思礼等九大节度使，共集结步骑兵二十余万人，即日起从各个方向向邺城进发，准备一举歼灭安庆绪。

可令人费解的是，肃宗李亨并没有为这二十多万大军设置一个元帅，而是设置了一个所谓的“观军容宣慰处置使”。

这个新鲜的头衔是肃宗的一项发明。担任这个职务的人就是天子特使，拥有统辖、调遣九路大军的最高指挥权，与元帅无异。

荣膺此职的人，是内侍宦官鱼朝恩。

之所以把如此重要的职务交给一个宦官，李亨的解释是：郭子仪和李光弼皆为功臣元勋，谁统御谁也不好，所以干脆不要设置元帅，来个“观军容使”就解决问题了。

理由自然是冠冕堂皇的。

而通常我们都知道，冠冕堂皇的理由往往不是真正的理由。

真正的理由是——李亨害怕。

这年头，想当皇帝的人太多了。随便一个乡下出来的阿猫阿狗，吆喝数百号弟兄，扯一面带字的布，胸中就会油然而生打天下的欲望了，何况是把这二十多万兵马交到一个节度使手上！更何况，还会有源源不断的后续部队将陆续集结。这是什么概念？这是倾天下之力集于一人之手啊！几年前的安禄山仅凭河北三镇就几乎倾覆整个李唐了，要说今天的某个节度使一夜之间握有天下兵权而不会生出当皇帝的野心，不会突然间掉转矛头反戈一击，李亨还真不敢相信。

所以，李亨只能把这个可怕的力量交给宦官。这种以伺候人为职业的奴才长年与天子朝夕相处，无论如何也比那些以征战杀伐为职业的将帅更让皇帝感到放心。

理由如此充分，足以说明唐肃宗李亨之所以把兵权交给宦官，绝非一时心血来潮，而是深思熟虑的结果。

然而，肃宗李亨似乎没有想到，让一个久居深宫的宦官去统率身经百战的九大节度使，肯定是难以服众的，即便鱼朝恩再有能力，他也缺乏应有的军事经验。

外行领导内行，其结果可想而知。

所以，从肃宗任命鱼朝恩为观军容使，把讨伐安庆绪的数十万大军交到他手里的这一刻起，邺城会战的结局就已经注定了。

十月，郭子仪率领大军渡过黄河，攻击获嘉（今河南获嘉县），大破燕军守将安太清，毙敌四千人，俘虏五百人。安太清带着残部撤至卫州（今河南卫辉市），郭子仪乘胜进军，将其包围。

安庆绪闻报，立刻与大将崔乾祐、田乾真共率七万大军来援。郭子仪命三千神箭手在营垒之内设伏，然后率部与安庆绪接战，随即佯装败退。

安庆绪大喜，下令追击。郭子仪率部退入营垒时，燕军追兵紧随而至，埋伏的神箭手突然出现，瞬间箭如雨下。燕军慌忙后撤，郭子仪挥师反击，大破燕军，擒杀安庆绪的弟弟安庆和，进而一举克复卫州。

安庆绪一路向邺城逃窜，见唐军穷追不舍，便集结残部，在愁思冈（今河南安阳市西南）一带匆忙组织了一次反击，却再度被郭子仪击溃。燕军前后被杀三万人，被俘一千余人。安庆绪仓皇逃回邺城。二十几万唐军随即将其团团围困。

安庆绪知道这回是凶多吉少了。

现在天底下只有一个人能救他，那就是史思明。

安庆绪即刻遣使向史思明求救，并声称愿意把燕朝皇位让给他，只求他出兵援救。

接到安庆绪的求救信时，史思明笑了。

他发出的是冷笑。

不过，冷笑归冷笑，史思明还是及时出兵了。

邺城是范阳的屏障，要是邺城丢了，范阳就会暴露在唐军的眼皮底下，所以史思明必须援救邺城。

当然，史思明要救的只是邺城，不包括安庆绪。

史思明亲率十三万大军南下，命前锋将领李归仁领步骑一万进驻滏阳（今河北磁县），接着又在这一年十二月从唐军手里夺取了魏州（今河北大名县），然后就在魏州城里按兵不动了。

前锋李归仁所驻的滏阳距邺城仅仅六十里，可他得到的命令却是：只准摇旗呐喊，不准轻举妄动。

史思明的态度明摆着——等安庆绪和唐军鹬蚌相争，斗得两败俱伤，他再后发制人，坐收渔翁之利！

## 邺城之战

乾元二年（公元759年）正月初一，史思明忽然做出了一个出人意料的举动，在魏州筑坛祭天，自立为"大圣燕王"。

史思明是什么意思？他为何早不称王晚不称王，偏偏在唐军与安庆绪激战正酣的这个节骨眼上称王呢？

其实原因很简单，因为安庆绪马上就要完蛋了，燕朝也必然会陷入群龙无首的境地，史思明在此时称王，就等于是向燕朝的文武百官宣布——从今往后，我就是燕朝新的政治权威，我就是你们的老大！

说白了，史思明是在为称帝作铺垫。

自从史思明挥师南下的那一刻起，李光弼就有了一种芒刺在背的感觉。此后史思明进抵魏州却按兵不动，摆明了就是在坐山观虎斗，李光弼就更是如坐针毡。他担心的是：如果唐军久攻邺城不下，史思明趁唐军师老兵疲发起进攻，后果将不堪设想。

李光弼随即向鱼朝恩提议，分兵北上进逼史思明，就算不能取胜，与之相持，也足以解除唐军腹背受敌的危险。

可鱼朝恩却断然拒绝。

他当然要拒绝。一个堂堂的观军容宣慰处置使，岂能让麾下的一个节度使指手画脚？更何况，在鱼朝恩看来，唐军拥有数十万之众（除了刚开始的二十多万，随后又有大量兵马陆续前来），攻克邺城根本不在话下，因此没必要如此忌惮史思明。等到拿下邺城，再集中兵力挥师北上，定能将史思明一举击溃！

然而，鱼朝恩太自信了。

邺城并没有他想象中的那么好打。

从乾元元年十月到次年二月，数十万大军将邺城团团围困、日夜猛攻，可耗时将近半年，就是拿不下这块弹丸之地。

唐军久攻不克，最后只好采取水攻之策，在漳水（流经邺城北）上筑了两道堤坝，挖了三条壕沟，硬是把汹涌的河水灌进了邺城。

顷刻之间，邺城“井泉皆溢”，成了一片水乡泽国。燕军官兵就在水上搭建木屋。围城日久，粮食逐渐耗尽，城里的人就吃老鼠。鼠肉行情立刻暴涨，一只鼠卖到四千钱。实在连老鼠都吃光了，人们就抠墙上的泥土，把原来筑墙时羼杂进去的麦壳淘洗出来，再从马粪中淘取尚未嚼烂的纤维，就这样混起来吃。

最后的时刻，原本离心离德的燕军官兵竟然表现出了惊人的顽强，这一点实在大大出乎唐军的意料。当然，也有很多人想要投降唐军，可城里城外到处都是大水，让他们根本就出不了城。

乾元二年二月末，史思明终于出手了。

通过将近半年的冷眼旁观，史思明已经彻底摸清了唐军的底细。他知道，唐军的兵力虽然庞大，但是号令不一，进退无据，基本上就是一群乌合之众。而之所以如此，皆因其统帅是一个宦官——一个自负而愚蠢的军事盲。

一想到李唐天子居然把这么多精锐唐军交到一个宦官手上，史思明就忍不住想对李亨说声“谢谢”。要不是李亨走出这步臭棋，把郭子仪、李光弼这些可怕的对手置于一个军事盲的指挥下，史思明又怎么有机会战胜他们呢?

对于一心准备称帝的史思明来说，李亨的这个错误决策无疑帮了他一个大忙。

史思明亲率大军从魏州出发，命各将领进至邺城五十里处扎营，每营分发三百面战鼓，日夜擂动，虚张声势。随后，史思明又命每营遴选精锐骑兵各五百人，到唐军大营附近打游击。若唐军不备，他们就劫掠骚扰；

唐军一出动，他们就四散逃跑，各回本营。如果唐军白天防备，他们就晚上偷袭；要是唐军晚上防备，他们就白天偷袭。总之，这些游击队严格贯彻史思明提出的“敌疲我扰，敌进我退”的战术思想，把唐军搞得疲于奔命，苦不堪言。那些日子，唐军每天都有相当数量的官兵、牛马或辎重遭到劫掠，很多小兵甚至只是出去砍个柴、割个草，也会被燕军的游击队员悄无声息地抹了脖子。

除了对唐军日夜进行骚扰之外，史思明还有更损的一招。

那就是劫粮。

当时，李唐朝廷几乎倾尽全力在攻打邺城，陆续前来邺城集结的唐军最后竟然多达六十万，所以这六十万人的粮饷补给就成了一项浩大的工程。从江、淮（华东）和并、汾（山西）等地，天天都会有大量的车队和船队络绎不绝地往邺城运送粮食。史思明就让他的游击队化装成唐军，四处拦截唐军的运粮队，以速度缓慢、延误时日为名，将负责押运的官兵和民夫全部砍杀，然后把那些粮食付之一炬。

对于这些神出鬼没，来去无踪的燕军游击队，唐军伤透了脑筋，却又束手无策。因为他们全都穿着唐军军装，就算大摇大摆地从唐军面前走过，也没人能认出他们。

一段时间以后，唐军粮草不继，军心大为涣散。

到了这一年三月，史思明感到时机成熟，遂亲率大军进抵邺城城下，摆出与唐军决一死战的架势。

三月初六，唐军与史思明在邺城外展开了决战。

唐军步骑六十万全部出动，在安阳河（流经邺城北）北岸布阵，史思明仅率精锐骑兵五万迎战。唐军望见燕军兵少，以为不是史思明的主力，顿生轻敌之心。

史思明率先发起进攻，唐军的李光弼、王思礼、鲁炅等人率部接战。一开始，双方不分胜负，伤亡大致相等。不久，鲁炅被流箭射伤，仓皇率部后撤。郭子仪的朔方军刚好在他身后，一下子被冲乱了阵脚。

就在这时，令人意想不到的事情发生了。原本晴朗的天空突然变得一片漆黑。紧接着狂风大作，飞沙走石，刹那间天昏地暗，咫尺莫辨。见此情景，所有人全都吓坏了，于是不约而同地掉头而逃——唐军向南逃，燕军向北逃，一个个奔跑如飞，只恨爹妈少给自己生了两条腿。

双方都只顾着逃命，铠甲、武器和辎重被扔得到处都是。燕军规模小，损失自然也较小，而唐军则遭受了巨大损失——"战马万匹，惟存三千，甲仗十万，遗弃殆尽。"（《资治通鉴》卷二二一）

九大节度使中，只有郭子仪还保持着相对冷静。他担心史思明稳住阵脚后，会趁势南下进攻洛阳，于是率部退守河阳（今河南孟州市），以确保洛阳无虞。其他的八个节度使，也只有李光弼部和王思礼部在撤回本道的时候秩序井然，既没有骚扰地方，也没有出现逃兵。剩下的各道兵马，建制全都丧失，军纪更是荡然无存。逃兵们所过之处，大肆抢劫百姓钱粮，地方官吏丝毫不敢制止。沿途州县经受了十几天的严重骚乱，等到数十万乱兵过境后，才算消停了下来。

洛阳的官吏和百姓听说六十万官军顷刻间星流云散，吓得魂都没了，于是纷纷出逃，躲进了附近的山区。东京留守崔圆、河南尹苏震等官员逃得更远，一口气逃到了襄州（今湖北襄阳市）、邓州（今河南邓州市）等地。

这场讨伐安庆绪的邺城之战，就这样以必胜的姿态高调开局，却以六十万人的大溃逃黯然收场。

虽然唐军不是败在史思明手上，但此次惨败无疑在客观上助成了史思明的强势崛起。

史思明退至沙河（今河北沙河市北），得知唐军已全部南逃，遂集合部队回到邺城，在城南扎营。他既没有进城去见安庆绪，也不向南追击唐军，而是天天在营中饮酒作乐，犒赏三军，要看安庆绪作何反应。

准确地说，史思明是想看看安庆绪如何兑现"让位"的诺言。

唐军走后，安庆绪命人搜罗了唐军遗弃的六七万石粮食，然后紧闭城门，一声不响，仿佛根本没有意识到史思明的存在。

安庆绪如此冷落史思明，令邺城的大多数文武官员相当不满。高尚、张通儒等人就对安庆绪说："史王远道而来，解除了邺城之围，臣等理应出城迎谢，不该避而不见。"

安庆绪知道，从他死乞白赖地求史思明来救命的那一刻起，自己的结局就已经注定了。关键倒不在于那个出让皇位的许诺，因为诺言从来都是很不靠谱的东西，天底下自食其言、出尔反尔的人多了去了，何止我安庆绪一个？

问题在于——胆敢食言的人必须有实力做后盾。

说白了，安庆绪之所以出现权力危机，归根结底就是他的实力跟史思明差得太远。没有实力做依托，不管你有没有许下出让皇位的诺言，结果都是一样的。如今，高尚、张通儒等人之所以帮史思明说话，并不是因为他们平时做人都很高尚，认为既然许诺就不能食言，而是因为他们看出了史思明的实力，所以一心想要改换门庭、另投明主了。

其实安庆绪比谁都清楚，请史思明来解围纯粹是引虎驱狼之计，可他又有什么办法呢？从他逃到邺城的那一天起，他就只能走一步算一步、挨一天算一天了。现在的处境也是一样，明知道这么拖下去不是办法，他也只能拖一天算一天。

事已至此，安庆绪只能有气无力地对高、张二人说："随便，你们想去就去吧。"

史思明见到高尚和张通儒后，立刻痛哭流涕，大倒苦水，作出一副忠心救主却遭人猜忌的冤枉状，然后送给二人一笔厚礼，恭恭敬敬地送他们回城。

实际上到了这一步，燕朝的人心基本上已尽归史思明了。三天后，史思明又秘密约见了安庆绪的心腹安太清，命他想办法诱安庆绪出城。

安太清随即回城大造舆论。最后，在文武百官的同声谴责，甚至是软硬兼施之下，安庆绪不得不命安太清向史思明上表，向他俯首称臣。不过，安庆绪还是不打算出城。他让安太清转告史思明，请他“解甲入城”，说自己将亲自“奉上玺绶”。

解甲入城，亲奉玺绶?

听到这样的话，史思明在心里发出了一串冷笑：我要是真的解甲入城，恐怕还没见到皇帝玺绶，就先见到刀斧手了吧?

史思明很快就给安庆绪回了一封信，说：“愿为兄弟之国，更作藩篱之援。鼎足而立，犹或庶几；北面之礼，固不敢受。”（《资治通鉴》卷二二一）然后把称臣表一同送还给了安庆绪。

史思明这段话的意思是：你我今后就做兄弟之国吧，一有情况就互相支援。大家鼎足而立就好了，至于面北称臣之事，我绝不敢接受。

看见史思明的回信后，安庆绪生出了一丝侥幸心理。他觉得史思明这番话说得蛮真诚的，应该不是什么圈套，于是又惊又喜地要求与史思明见面，并请求双方歃血为盟。

史思明随即向安庆绪发出了热情的邀请。

数日后，安庆绪仅率三百名亲兵，高高兴兴地进入了史军大营。史思明命那三百人全留在大帐外等候，然后亲切地领着安庆绪进了大帐。

一进入帐中，安庆绪就向史思明纳头便拜：“臣无能，弃失两都，久陷重围，没想到大王能念在太上皇的旧情，千里迢迢赶来救援，让臣死而复生，臣摩顶放踵，无以报德！”

安庆绪觉得，既然自己的性命和皇位都保住了，那不妨把身段放低一点，拍拍史思明的马屁，自己身上也不会掉块肉。再者说，把史思明哄高兴了，日后邺城再有危急，定能再次得到“兄弟之国”的“藩篱之援”。

然而，事实证明——这只是安庆绪的幻想。

当他跪在地上声情并茂地拍完马屁后，头上突然响起史思明震耳欲聋的怒喝：“弃失两都，亦何足言！尔为人子，杀父夺其位，天地所不容！吾为太上皇讨贼，岂受尔佞媚乎？”（《资治通鉴》卷二二一）

安庆绪绝望地抬起头来，看见史思明的怒容后面分明是一张得意而狰狞的笑脸。

姜还是老的辣。

安庆绪最终还是玩不过史思明。

当天，史思明就把安庆绪和他的四个弟弟，连同高尚、孙孝哲、崔乾祐等人全部斩杀，同时把张通儒、安太清、李庭望等人收入了麾下，分别授予了他们新的官职。

高尚与张通儒长久以来的明争暗斗，至此也算有了一个了局。

随后，史思明率军进入邺城，打开府库犒赏将士，紧接着派人分赴各地，顺理成章地接收了安庆绪辖下的各个州县及其部众。史思明本欲乘胜南下，进攻洛阳，但转念一想，自己刚刚夺取大权，根基未稳，于是留下他的儿子史朝义镇守邺城，自己率部返回范阳。

乾元二年四月中旬，史思明在范阳自立为大燕皇帝，改元顺天；立其妻辛氏为皇后，立其子史朝义为怀王，任命周挚为宰相，李归仁为大将军，改范阳为燕京。

史思明称帝的消息传至长安，肃宗李亨顿时感到了一阵剧烈的眩晕。本以为天下指日可定，岂料转瞬间风云再起，一切又都脱离了他的掌控。

李亨百思不得其解：这场该死的叛乱为何就像春天里的韭菜，割了一茬又长一茬呢？安禄山后面是安庆绪，安庆绪后面是史思明，天知道这个史思明背后，还会有多少人想称王称帝？天知道这种兵连祸结、动荡不安的日子，要到哪一天才是个头……

## 李光弼的手段

邺城惨败无疑给刚刚恢复了一点元气的唐帝国再度造成了重创。

帝国要再花几年时间，才能集结这么多兵马，筹集这么多钱粮，打这么一场大规模的平叛战役？

没有人知道答案。

不是不会算这笔账，而是不敢算。

很显然，这场始料未及的失败令肃宗李亨至为心痛，也让朝野上下失望已极。所以，肯定要有人来担这个责任。

当然了，观军容使鱼朝恩是不会担这个责任的，他想都没想就把黑锅扣在了郭子仪头上。鱼朝恩很早就在嫉妒郭子仪的军功，看他很不顺眼，这回刚好抓他当替罪羊。

鱼朝恩回京之后，就日夜不停地在李亨耳边唠叨，说两军刚刚交战，他就亲眼看见郭子仪率先逃跑了，若不追究郭子仪的责任，无以正朝廷纲纪。

郭子仪没有辩驳，他愿意背这个黑锅。

原因很简单，鱼朝恩是天子跟前的红人，若得胜还朝，功劳自然归他；如今战败，责任也自然是九大节度使的。而郭子仪身为九大节度使之首，他不背这个黑锅，还有谁能背，还有谁肯背？

乾元二年七月，肃宗把郭子仪从洛阳前线召回长安，让李光弼取代他的朔方节度使之职，并表示要让李光弼担任天下兵马元帅。李光弼很敏感也很谨慎地提议，还是派一个亲王来当元帅，自己当副职就可以了。肃宗听了很满意，随即任命赵王李係（李亨次子）为天下兵马元帅，李光弼为副元帅。

郭子仪就这样被解除了所有职务。他离京的那一天，朔方将士们涕泣不已，纷纷拦在道上不让他走。郭子仪强忍眼泪，对他们说："我今天是要替一个离京的朋友饯行，暂时还不走。"将士们信以为真，让开了一条路。郭子仪立刻挥鞭，头也不回地疾驰而去。

郭子仪走后，其兵权全部转移到了李光弼手上。

也就是说，此时的李光弼已经成了帝国的王牌部队——朔方军的一把手。

不过，兵权固然可以在一两日内移交，可朔方将士的军心却没那么容易移交。

李光弼深知，郭子仪这些年为帝国立下了汗马功劳，且宽仁待众，深受朔方将士拥戴，如今因邺城之败而背了黑锅，又被自己一朝取代，朔方将士必然不服。虽然朝廷授予了自己朔方节度使之职，但这并不等于他会自动获得将士们的拥戴。换句话说，要想当朔方军的老大，不仅要凭朝廷的一纸任命状，更要凭自己的本事和手段！

为了防范朔方将士在他进驻洛阳接管军队时要什么花样，李光弼不敢在白天公开进城，而是满怀警惕地带着五百河东骑兵，在某个深夜悄悄进入了洛阳。

李光弼赴任后，立刻大刀阔斧地进行整顿，接连颁布了一道道严厉的军令。数日之间，洛阳守军的军容焕然大变，无论是士卒的精神面貌，还是营垒的布局结构，甚至连旗帜插在什么地方，都鲜明地刻上了李光弼的烙印。

郭子仪治军向来以宽仁著称，而李光弼治军则以严整见长。现在新官上任三把火，李光弼更是要处处表现出与郭子仪的不同。

如此一来，将士们自然是越发怀念郭子仪，也越发排斥李光弼了。

就是这种普遍的排斥情绪，差点激起了一场兵变。

当时，朔方军的左厢兵马使张用济驻守在河阳，李光弼传檄让他到洛阳晋见。张用济本来就对李光弼心存抵触，后来听说他到洛阳赴任时还玩了一下手段，顿时大发牢骚："朔方军又不是叛军，李光弼居然乘夜而入，为何疑心到这种地步？"

现在，李光弼忽然召他晋见，张用济自然是满腹狐疑。

他怀疑，李光弼很可能听说了他那些牢骚怪话，所以就想拿他开刀，杀一儆百。

思虑及此，张用济决定抗命。他马上召集众将领，打算组织一支精锐部队突入洛阳，驱逐李光弼，迎回郭子仪。

张用济是火爆性子，说干就干。突击队很快就集结完毕，人人全副武装，刀剑出鞘。眼看一场兵变就要爆发，时任朔方都知兵马使的仆固怀恩阻止了张用济。他说："邺城兵败，郭公确实负有一定责任，所以朝廷才罢其兵权。今日你若是驱逐了李光弼，强行迎回郭公，就是抗拒朝廷，就是谋反！"

同时，另一个大将也力劝张用济："你发动兵变迎请郭公，朝廷必然怀疑是郭公在幕后指使，你这么干，等于是害他家破人亡！试问张君，郭公一家百口哪里对不住你了，你要置他们于死地？"

张用济闻言，顿时意识到了问题的严重性，只好悻悻作罢。

这场兵变虽然没有爆发，但是张用济闹出这么大动静，李光弼当然不会不知道。

数日后，李光弼带着数千骑兵，以巡视防务为名离开洛阳，沿着黄河走到了汜水（今河南荥阳市西北），等着看张用济作何反应。张用济知道自己躲得过初一躲不过十五，只好硬着头皮前往行营叩见。李光弼二话不说，当即以违抗军令为由，命人将张用济推出辕门斩首。

张用济没有及时前往洛阳晋见，自然是违反了军令，但无论如何罪不至死，了不起也就是打几十军棍而已。现在，李光弼之所以如此小题大做，对张用济痛下杀手，目的就是要杀戮立威，以此震慑三军。

这就是李光弼的手段。

有道是出头的椽子先烂，意气用事的张用济很不幸地当了这根出头的椽子。

张用济前脚刚被推出辕门斩首，仆固怀恩后脚也进了李光弼的行营。作为朔方军的主要将领之一，他当然也要来拜见这位新老大。

李光弼面无表情地请仆固怀恩入座。两人还没说上几句话，李光弼的卫兵就一脸惊惶地入内禀报，说有五百个胡人骑兵直闯大营，现在已经到了大帐门口了。

李光弼顿然变色。

不用想也知道，这些人是仆固怀恩的手下。

仆固怀恩不动声色地瞥了李光弼一眼，赶紧起身来到门口，指着那些骑兵厉声斥责："我一再告诉你们不要来，为什么偏偏还来？"

李光弼明白了，这是仆固怀恩和他手下人设计好的一出戏，目的是对他进行武力威慑，以防他大开杀戒，把仆固怀恩变成第二个张用济。

李光弼面带笑容地拍了拍仆固怀恩的肩膀，说："士卒跟随主将，这是人之常情嘛，何必怪罪他们呢！"说完即刻命人搬出酒肉，设宴款待仆固怀恩一行。

那五百胡骑大为意外，一时颇有些受宠若惊之感。

就这样，李光弼并没有花多大力气，也没有花多长时间，就用恩威并施的手段收揽了朔方将士的心。尽管还有不少人打心眼里不服他，但至少在表面上，他们不得不接受李光弼指挥和调遣，从此再也没人敢随便违抗他的军令。

乾元二年（公元759年）九月，经过六个月的养精蓄锐之后，史思明终于点燃了南征的战火。

史思明命少子史朝清镇守范阳，然后兵分四路：一路由将军令狐彰从黎阳（今河南浚县）出发，进攻滑州（今河南滑县）；他本人亲率一路出濮阳（今河南濮阳市），史朝义率一路出白皋（今河南滑县北），周挚率一路出胡良（今河南浚县东），分别渡过黄河，从三个方向围攻汴州（今河南开封）。

十几万范阳铁骑掀起漫天黄尘，在惊天动地的战鼓声中汹涌南下。

一切就跟四年前的那一幕如出一辙。

唯一的区别只是——当初的主角是安禄山，如今的主角是史思明。

此时，李光弼正在黄河南岸巡察防务，得到燕军大举南下的战报后，立即赶赴汴州，对驻守汴州的守将许叔冀说："你只要坚守十五天，我一定发兵来救。"

这个许叔冀，就是当初龟缩在江淮拒不援救睢阳的那个家伙。别说坚持十五天，就算让他坚持三天恐怕都办不到。当然，许叔冀是不敢对李光弼这么说的。他当场猛拍胸脯，对李光弼赌咒发誓，说自己无论如何也要与城池共存亡。

但是，后来的结果可想而知。史思明大军一到，这个缩头乌龟很快就败了，旋即毫不犹豫地举城而降。史思明马上任命许叔冀为中书令，命他仍旧镇守汴州，随即乘胜西进，兵锋直指郑州和洛阳。

李光弼意识到洛阳无险可守，便与东京留守韦陟商议说："史思明乘胜而来，兵锋甚锐，我军利于坚守，不利于速战，洛阳易攻难守，韦公有何良策？"

韦陟听出来了，李光弼的意思是想暂时放弃东京，只是身为军队统帅，这种话不方便说，只能由他这个东京留守来说。尽管韦陟很不情愿放弃洛阳，可他也很清楚，从战略上来讲，李光弼的想法是正确的。

韦陟随后提议，大军撤出东京，分一部驻守陕郡，主力则退入潼关固守。

李光弼听完后淡淡一笑，摆摆手说："暂时撤退肯定是必要的，但也不能退得太深。倘若无故弃守五百里地，敌人的气焰势必更加嚣张。而今之计，不如退守河阳，跟北方的泽潞战区遥相呼应，形势有利则主动进攻，形势不利则依险固守，让史思明不能向西前进半步。韦公啊，要论政治上的事情，我不如你；可在军事方面，你不如我啊。"

其实，李光弼这话未免太谦虚了。

他这个"撤离东京、退守河阳"的战略，恰恰是把军事和政治两方面都兼顾到了。我们都还记得，当初高仙芝和封常清之所以掉了脑袋，就是因为只单纯考虑军事，从洛阳一下子退到潼关，"无故弃守五百里"，丝毫没有顾及到这么做在政治上犯下了多么严重的错误。假如李光弼没有汲取前车之鉴，势必重蹈高、封二人的覆辙。

李光弼说完后，韦陟没有反驳，但另一个将领却提出了质疑："洛阳是帝京，岂能如此轻易就放弃了？"

李光弼用眼角的余光扫了他一眼，说："若要守洛阳，则汜水、崿岭（今河南登封县南）、龙门（今河南洛阳市南）等要害之处皆应派重兵布防，你身为将军，你倒是说说看，依目前的形势该怎么守？"

那人眨巴了半天眼睛，却一句话也说不出来。

李光弼随即发布军令，命韦陟带着东京的所有文武官员及其家眷，即刻西行入关；命河南尹李若幽负责疏散百姓，出城避难；最后，李光弼又命将士把城中所有的重要物资全部运往河阳。

李光弼的意图很明显，就是要把洛阳变成一座空城。

洛阳军民有条不紊地撤离时，李光弼亲率五百名骑兵殿后。当时，史思明的前锋已经逼近洛阳东门的石桥。将士们请示李光弼该走北门还是走石桥，李光弼神色自若地说：石桥。

当天夜里，李光弼命全军燃起火把，保持着威严整肃的军容，缓缓向河阳方向行进。燕军的前锋部队在后面紧追不舍，却始终保持着一段距离，不敢迫近。最后，燕军只能眼睁睁地看着唐军渡过黄河，从容进入河阳。

这一年九月二十七日，史思明兵不血刃地占领了东京洛阳。

然而，他得到的只是一座空城。

史思明也知道洛阳无险可守，便在白马寺附近扎营驻守，并在黄河南岸修筑了一座月城（半圆形的堡垒），与李光弼对峙。

冤家路窄。

这两个老对手又见面了。

史思明来势汹汹，志在必得，一心想速战速决。

而李光弼则气定神闲，坚守不出，准备跟史思明打一场持久战。

## 魔高一尺，道高一丈

说实话，对于李光弼这个老对手，史思明还是心存忌惮的。他打了大半辈子仗，佩服的人不多，畏惧的人更少，而让他又恨又怕的，也许就只有李光弼一个了。

不过，李光弼也不是没有弱点。

相对于擅长野战的史思明而言，李光弼更善于守城，野战方面并不占优势。在史思明看来，只要能把李光弼诱出城外决战，自己就有很大的把握取胜。所以，他并不急于攻城，而是派人天天到河阳城下骂阵。

当时，史思明麾下有个叫刘龙仙的将领。此人自恃骁勇，特别嚣张，常常单人独骑在河阳城外叫骂，把李光弼的十八代祖宗挨个问候了一遍，而且骂人时还摆出了一个非常夸张的姿势——把一条腿跷到了马脖子上，另外那条腿还一晃一晃的，一脸欠抽的表情。

刘龙仙的挑衅很快就把唐军将士给惹毛了，可李光弼却不愠不怒，对此视若无睹，置若罔闻。

当然，李光弼不生气，不等于他对刘龙仙没有办法。

一连几天，李光弼只是冷冷地站在城头上欣赏刘龙仙的表演。直到身边将士都快忍不住了，李光弼才忽然开口，问左右说："谁能干掉这小子？"仆固怀恩马上请战。李光弼说："杀鸡焉用牛刀！这不是大将该干的事。"左右随即推荐了一个叫白孝德的偏将。片刻后，白孝德奉命前来，坚决要求出战。

李光弼问："你要多少人？"

白孝德答："在下一人足矣。"

李光弼很赞赏他的勇气，可还是坚持让他带兵出战。白孝德略为沉吟，说："那我就带五十个骑兵做后援吧。另外，请大军擂鼓呐喊，为我助威。”

李光弼拍拍他的后背，亲自送他出城。

白孝德手提长矛，策马从浅水处涉河而过。他刚走到一半，城楼上的仆固怀恩就对李光弼说：“白孝德赢定了。”李光弼说：“还没交手，你怎么知道？”仆固怀恩说：“看他跨马揽辔时气定神闲的样子，就知道他已成竹在胸了。”

刘龙仙望见河阳城中慢条斯理地走出一骑，压根没放在眼里。等到白孝德靠近，刘龙仙正准备拍马迎战，却见白孝德向他摇手示意，好像不是要来过招的。刘龙仙满腹狐疑，只好停在原地。白孝德继续走，一直走到离刘龙仙大概十步远的地方，才勒住缰绳，开口跟刘龙仙说话。

刘龙仙耐着性子听了几句，还是没搞明白他想干什么，索性扯开嗓子接着骂。白孝德沉默良久，突然圆睁双目，厉声喝问：“叛贼，你可识得我？”

“你是谁？”

“我，白孝德也。”

“嘿嘿，”刘龙仙冷笑，“白孝德是哪里来的猪狗？”

白孝德大喝一声，手中长矛飞动，身下坐骑像离弦之箭一样冲向刘龙仙。见白孝德动手，河阳城头上立刻响起震天战鼓，早已等在城门后的五十骑也紧跟着飞驰而出。刘龙仙大惊失色，想射箭也来不及了，只好掉转马头，企图绕过河堤逃跑。

可是，他已经逃不掉了。

白孝德距他只有十步远，拍马一跃就到了他的身后。刘龙仙只听见背后响起扑哧一声，然后下意识地低头一看，一杆长矛已经从他的胸口穿出……

片刻后，白孝德策马回到了河阳城下。他回来时还是跟出去时一样，气定神闲，不慌不忙，只是手上已经多出了一样东西——刘龙仙的首级。

河阳城上的唐军顿时欢声雷动。

而在南岸远远观望的燕军官兵则目瞪口呆，一脸惊骇。

他们亲眼目睹了刘龙仙被白孝德斩杀的全过程。仿佛就在电光石火之间，这个自恃悍勇的“骁将”便已身首异处了。

看来，刘龙仙充其量就是个“嚣将”，而不是骁将。

史思明的诱敌战术被挫败后，很快又想出了一招。

这一招叫心理战术。

燕军的战马大多膘肥体壮，史思明就命士兵从中挑出了一千多匹，让他们每天牵着这些战马到黄河南岸的沙洲洗澡，以此炫耀燕军铁骑的战斗力。

为了表示自己战马的数量很多，史思明就让士兵们每次只牵几百匹出去，然后一批一批轮流洗。如此从早到晚，循环往复，哪怕每匹马都洗上几十遍、洗脱了皮也在所不惜。此外，为了体现战马的壮硕，史思明还特意交代：一定要挑选公马。

看着对岸那些膘肥体壮的北地良马，河阳城上的唐军官兵都恨得牙痒痒。可他们还是不得不承认——燕军骑兵的优势的确远远胜过唐军。

可是，忽然有一天，史思明的士兵却哭丧着脸回来报告，说今天一大早，所有战马一跳进水里就争先恐后地游向对岸，然后撒着欢儿跑进了河阳城，一匹也没剩下。

史思明勃然大怒，惊问缘由。

士兵说，唐军把他们的马也牵出来洗澡了。

史思明百思不解。他们洗他们的，咱们洗咱们的，为什么咱们的马偏偏就要撒着欢儿跑进人家的城里？

士兵接下来的回答让史思明一下子恍然大悟。

士兵说：因为人家牵出来的是母马。

士兵还说：人家的母马还一个劲地叫唤。

史思明目瞪口呆，半天说不出一句话。

此刻，李光弼正在河阳城里一边拍着那些北地良马的肥膘，一边笑得嘴歪。

唐军牵出去洗澡的那些母马之所以会拼命叫唤，是因为李光弼叮嘱士兵们，一定要挑那些刚刚下过马驹的母马。所以母马们出城后，其实是在呼唤自己的马驹，并不是在跟对岸的公马唱情歌。可那些公马偏偏会错了意，受不了声声呼唤的“诱惑”，因此才会急不可耐地涉水而来，主动“投奔”了唐军。

史思明聪明反被聪明误，顿时恼羞成怒，决定对河阳发起进攻。

不过，在对河阳发起强攻之前，史思明决定先出动水军，烧毁唐军铺设在黄河上的浮桥。

史思明之所以打浮桥的主意，跟河阳城的独特结构有关。

河阳不只有一座城，而是有三座：北城、中潬城、南城；北城位于北岸，中潬城位于黄河中间一块较大的沙洲上，南城位于南岸；三座城以浮桥相连，彼此呼应。历史上称之为“河阳三城”。

自河阳三城渡桥而南，可直逼东京洛阳；渡桥而北，可直趋上党、太原；往东北方向，又可直趋邺城，进入燕、赵。河阳具有如此独一无二的地理位置和城池结构，所以自古以来就是兵家必争之地，更有学者将河阳称为“中古时代南北交通之第一要津”。

因此，只要烧毁黄河上的浮桥，史思明就能切断河阳三城之间的联络，然后将唐军各部各个击破。

数日后，史思明出动了数百艘战船，从黄河上游顺流而下。在这些战船前面，是一整排燃烧着熊熊大火的“火船”。按照史思明的计划，这些火船一靠上浮桥，便可迅速将浮桥引燃，紧随其后的数百艘战船再一拥而上，就能把中潬城团团包围，从而让河阳三城的唐军陷入各自为战的境地。

不过，李光弼是不会让史思明得逞的。

他早就料到史思明会打浮桥的主意，所以事先命人准备了数百根长杆，每根的长度都超过百尺，末端固定在浮桥的巨木上，长杆尖端裹上了坚硬的铁叉。

当燕军火船靠近浮桥时，长杆尖端的铁叉立刻叉住火船，令其动弹不得。片刻间，燕军火船立马“玩火自焚”，全都烧成了灰烬。后面的战船一到，照旧被铁叉死死叉住。而唐军早就在浮桥上设置了投石车，一块块巨石砸向燕军战船，要么把燕军士卒砸成肉酱，要么将战船砸出一个个大洞。最后，燕军战船大部被击沉，剩下的几艘慌忙掉头，灰溜溜地逃了回去。

史思明一连出了三招，可每一招都被李光弼轻而易举地化解了。

这就叫兵来将挡，水来土掩。

这就叫魔高一尺，道高一丈！

史思明还有没有第四招？

有。经过一番痛定思痛，史思明又出了第四招——断唐军粮道。

当时，河阳的粮草和补给都是从关中运来的，史思明为了截断唐军粮道，出兵扼守了河阳西面的河清（今河南济源市南黄河渡口）。李光弼得到情报，立刻率部进驻野水渡（今河南孟津县北黄河渡口），在北岸安营扎寨，与南岸的燕军遥遥相望、针锋相对。

一听说李光弼亲自出马，史思明忍不住发出了一阵狂笑。

李光弼啊李光弼，没想到你这只老马也有失蹄的时候。

他当即召来麾下猛将李日越，说：“李光弼擅长守城，短于野战，而今突然出现在野外，要活捉他有如探囊取物。你率五百名精锐骑兵，连夜渡过黄河，给我把他抓住，抓不到就别回来见我。”

然而史思明并不知道，就在他自以为得计的时候，李光弼已经布置停当，悄悄返回了河阳。

就在离开野水渡前，李光弼特意交代守将雍希颢：“敌军的李日越、高庭晖都是力敌万人的勇将，史思明必定派他们其中一人前来劫我。我现在就走，你们在此设下埋伏。敌军一来，你们无须与之交战；敌将投降后，就带他一道来见我。”

雍希颢闻言，不禁暗笑。

不用跟敌人交战，敌将就会自动投降？李大人啊，您是不是被暂时的胜利冲昏了头脑了，天下哪有你说的这等便宜事？

然而，雍希颢做梦也不会想到——天下居然就有这种便宜事！

次日凌晨，当李日越带着五百骑兵偷偷摸到唐军营寨前的时候，四周突然响起一片喊叫声和口哨声。李日越知道，中埋伏了。他想起史思明的命令，无奈地向唐军喊话："司空（李光弼的中央官职）在不在？"

雍希颢笑着说："昨晚就走了。"

李日越问："营里有多少人？"

雍希颢答："一千人。"

李日越又问："将领是谁？"

雍希颢报上自己的名字。李日越沉吟良久，对部下说："今天活捉不到李光弼，就算抓到雍希颢回去，我们也死定了，不如归顺。"

看着李日越和他的五百部众放下武器走进唐营的时候，雍希颢不得不承认——一切都被李光弼料中了。

李日越投诚后，李光弼马上将其引为心腹。很快，高庭晖也率部来降。事后有人问李光弼："为何那么容易就收服了史思明的两员大将？"李光弼说："人之常情。史思明一直深憾他没有机会跟我野战，听说我在野外，料想定能将我俘虏，所以对部将下了死令，而李日越抓不到我，势必不敢回去，只有投诚一路；至于高庭晖，他的勇气和才干都在李日越之上，听说李日越深受我的信任，自然不愿落于其后，所以只能跟着归降。"

由于李光弼的保荐，降唐后的李日越连跳数级，被朝廷封为右金吾大将军。高庭晖也受封为右武卫大将军，官秩是正三品，而他在史思明帐下时，只不过是一个小小的五台府果毅，官秩是正六品。

## 鏖战河阳

史思明连连受挫，偷鸡不成反蚀了好几把米，其愤怒可想而知。

十月中旬，史思明终于下令对河阳发起强攻。

他的首攻目标是河阳南城。

当时，南城的唐军守将是郑陈节度使李抱玉。李光弼问他："将军能不能为我坚守南城两天？"

李抱玉没有回答，而是反问："两天后怎么办？"

李光弼说："两天后救兵不到，任你弃城。"

李抱玉当即允诺。原本他还以为李光弼一定会给他下死守的命令，没想到居然只要求守两天。李抱玉顿时如释重负——两天一晃就过了，这任务太容易了！

然而，直到燕军开始攻城，李抱玉才意识到这两天有多么漫长。因为燕军在此前频频受挫，自上而下都憋了一肚子闷气，如今一开打，郁积多日的怒火发泄出来，其战斗力远远超出李抱玉的意料，完全可以用"可怕"两个字来形容。

燕军像疯了一样，攻势一波接着一波，完全不给唐军丝毫喘息的机会。从这天清晨到黄昏，燕军的进攻一刻也没有停止。尽管李抱玉一直率众奋力死战，可坚持到夜幕降临的时候，唐军的防线还是被撕开了好几个缺口，燕军从缺口处纷纷涌入……

李抱玉万万没想到——原来坚守两天的任务是如此艰巨！

因为他连一天也没守住。

眼看城陷在即，摆在李抱玉面前的只有两种选择：要么战死，要么投降。

情急之下，李抱玉近乎绝望的脑中忽然灵光一闪，发现自己还有第三种选择。

他随即派人去向燕军请降，说："我军粮草已尽，请允许我们明晨出降。”

史思明闻言大喜，当即下令停止进攻。

然而，到了第二天早上，唐军既没有竖起降旗，也没有打开城门。史思明在城外等了老半天，才意识到自己被李抱玉忽悠了。

是的，就利用这一个晚上的时间，李抱玉已经在城防的几个缺口处重新修筑了防御工事。安心休息了一夜的唐军官兵也已精神抖擞地进入阵地，在各自的战斗岗位上严阵以待。

史思明咬牙切齿地下达了再度进攻的命令。

可这一天，战场上的形势已经发生了显著变化。因为燕军经过昨日疯狂的进攻之后，士气已有所衰竭；而唐军官兵都相信只要再坚守一天，援军必到，所以人人斗志昂扬。

观察到燕军士气已经大不如昨时，李抱玉决定放开手脚，大干一场。他一边率众抵挡燕军的进攻，一边大胆地派出一支精锐骑兵，悄悄绕到了燕军的背后。当这支奇兵对燕军发起突袭的同时，城中守军也随之杀出，迅速对燕军形成前后夹击之势。

史思明万万没料到，昨天被他打得毫无还手之力的唐军居然还敢主动出击。他暴跳如雷，匆忙组织反击。可在唐军的前后夹攻之下，燕军的建制一下子被打散了，兵找不到将，将找不到兵，最后被唐军打得大败，只好纷纷溃逃。

史思明拿不下南城，只好命宰相周挚率部转攻中潬城。

此城由李光弼亲自驻守。中潬名义上叫城，事实上并没有像普通城池那么高的城墙。它四周仅有高度及人肩的矮墙，称为“羊马城”。所以，从严格意义上讲，中潬城不能算城池，充其量只是一座营寨。

仅靠低矮的羊马城，肯定是阻挡不了敌人的进攻的。作为辅助的防御手段，中潬城外四面皆围有一重栅栏，栅栏外还环绕着一条深、广各二丈的壕沟。可即便有壕沟、栅栏和矮墙的三重防守，中潬城在河阳三城中的防御力仍然是最薄弱的（这也就是李光弼亲自驻守中潬的原因）。所以，要想守住中潬城，就必须立足于战，而不能仅仅依靠消极防守。

十月十二日，燕军开始进攻中潬。

李光弼命部将荔非元礼率精锐士卒在羊马城布防，自己则登上中潬城的东北角，在一处瞭望台上纵观整个战场，用一面小红旗进行指挥。

燕军凭借人多势众，同时从三个方向发起进攻。每个方向各有八支纵队，每支纵队前面由士卒铲土填沟。一填平，后面载有攻城器械的车辆就紧跟上来，士卒继而砍伐栅栏，开出一条进军通道。

眼看着燕军从三个方向迅速逼近，而荔非元礼却还按兵不动，瞭望台上的李光弼急了，连忙派人去质问他："你眼睁睁地看着敌人填平壕沟、砍开栅栏，为什么动也不动？"

荔非元礼回话："大人是想守，还是想战？"

李光弼说："当然想战。"

荔非元礼说："既然想战，敌人耗费体力替我们填沟开栅，何必阻拦？"

李光弼闻言，忍不住笑了，看来自己也有轻率急躁的时候。荔非元礼显然是想以逸待劳，然后趁燕军疲惫之际发动进攻。他命人给荔非元礼回话，说："很好，我倒没想到这一层，你伺机而动吧。"

片刻后，各路燕军已相继砍开栅栏，从缺口处源源不断地涌入。荔非元礼抓住战机，率领敢死队迅速出击，一下子把燕军逼退了数百步远。然而，随着后续部队的到来，燕军很快稳住了阵脚，力战不退。荔非元礼不知道后面赶来的燕军到底有多少战斗力，于是也不恋战，马上率众后撤，准备等摸清情况后再行出击。

一见荔非元礼退兵，瞭望台上的李光弼顿时又惊又怒。

中潬城的三重防御工事已经被燕军破坏了两重，剩下的那道羊马城几乎只是一道摆设，根本无法有效阻挡燕军的进攻。如果荔非元礼退回城中，那中潬城必定陷落。

李光弼情急之下，立刻遣传令官去召荔非元礼，准备将他军法从事，然后再换人上去打。

荔非元礼听到传令官召他，没好气地说："战况正急，召我干什么？"说完就不理睬传令官了，自行率众退回了栅栏内，然后密切关注燕军的下一步动作。

燕军虽然人多势众，但是被荔非元礼刚才那一番突击，士气已经折损了大半。所以唐军撤回栅栏后，燕军也不敢进攻，而是停留在栅栏外犹疑观望。

见此情景，荔非元礼心里就有数了。

他重新集合了麾下的所有精锐部众，却不急于出击，而是继续耐心等待。

栅栏外的燕军既不敢攻，也不敢退，胶着在那里，不久就出现了烦躁不安的阵阵骚动。荔非元礼立刻下令擂动战鼓，全军出击。这一次，燕军终于没能挡住唐军凌厉的攻势，被杀得丢盔弃甲，大败而逃。

望着潮水般退去的燕军，李光弼脸上露出了欣慰的、也略带惭愧的笑容。

毋庸讳言，李光弼在这一仗中接连犯了两次错误，要不是荔非元礼两度抗命，这一仗的结果就很难设想了。由此可见，两军对弈，拼的绝不仅仅是两个主帅的智谋和战略，而是上自主帅，下至每一个将领，甚至每一个士兵在临敌时的机智、胆识和战斗力。不论是荔非元礼组织的中潬城之战，还是李抱玉负责的南城守卫战，都足以证明这一点。

在中潬城战败后，燕军重新调整部署，由史思明亲率一部继续进攻南城，由周挚率一部转攻北城。

李光弼得到情报，迅速率众进入北城。他登城观察了一下燕军阵势，然后胸有成竹地对部将说："敌军虽多，但军容不整，不足畏也！我向诸君保证，过不了中午，定能将其击败。"

随后，李光弼命诸将同时出战，但是一直打到这一天中午，双方却依旧难分胜负。李光弼召回众将，问道："这一上午打下来，诸位觉得敌军阵营哪里最强？"

有人答："西北角。"

李光弼即命部将郝廷玉攻西北角。郝廷玉请求拨给他精骑五百，李光弼给了他三百。接着李光弼又问哪里是次强的，有人答东南角，李光弼命部将论惟贞出战。论惟贞要求拨给精骑三百，李光弼给了他两百。

最后，李光弼对众将说："诸位听从我的令旗指挥，若旗帜摇动缓慢，你们自行判断攻击方向；若旗帜快速摇动，并三次朝下指向地面，则万众齐进，不惜一切代价攻入敌阵。若有退者，定斩不赦！"

下完命令，李光弼从卫兵手中拿过一把短刀，插在靴中，大声说："战争就意味着死亡，我身为国之三公（司空），不可死于敌手，万一战事不利，诸君死于敌阵，我必自刎于此，不令诸君独死而我独活！"

众将随即出战，各率所部冲向燕军军阵，双方很快就绞杀在一起。片刻后，郝廷玉突然脱离战场，跑回城下。李光弼大惊失色，对左右说："廷玉一退，情势就危险了。"说完即命传令官去取郝廷玉首级。郝廷玉大喊："我的马中箭了，不是后退！"传令官回禀，李光弼才长长地松了一口气，赶紧命他换了坐骑，返身再战。

稍后，又有两名将领在燕军的进逼下逐步往后退却。

他们是仆固怀恩和仆固玚父子。李光弼又命传令官去取他们首级。仆固怀恩父子望见城中驰出一骑，提刀直奔他们而来，赶紧率部重新杀入敌阵。

就在战斗进行到最激烈的当口，河阳城头的令旗开始急剧摇动，并三触于地。唐军各部不约而同地发出惊天动地的喊杀声，全力攻击燕军。燕军抵挡不住，全线崩溃，被斩首一千余级，掉进黄河溺死者一千余人，另有五百多人被俘；燕军大将徐璜玉、李秦受被生擒，周挚仅率数骑仓皇逃窜，燕将安太清也带着残部逃回怀州（今河南沁阳市）。

周挚大败后，史思明不知战况，仍在进攻南城。直到唐军把五百多个燕军俘虏押到南城的城头上，他才知道周挚已败，不得不解围而去。

无论史思明是否愿意承认，李光弼始终是他的天敌。

河阳之战，彻底粉碎了史思明速战速战、西进潼关的企图。随后的日子，史思明一直被李光弼牢牢牵制在中原战场上，根本无暇西进，更不用说要攻取长安了。

一种巨大的挫折感在史思明的全身上下弥漫……

此时的史思明当然不会知道，没过多久，李光弼就将败在他的手中。而且败得很惨。

## 江淮之乱：不再安宁的后院

自从安史之乱爆发后，帝国的大片山河都遭到了叛军铁蹄的蹂躏，战火燃遍大河南北，狼烟笼罩东西两京，唯独帝国的财赋重镇——江淮地区，幸运地躲过了战祸的荼毒，始终保持着相对安宁。无论是当初永王李璘的短暂叛乱，还是燕军一次次向江淮进兵，最终都没能打破这片“帝国后院”的安宁。

然而，到了上元元年（公元760年），江淮地区的安宁还是被一场突如其来的叛乱打破了。

叛乱者名叫刘展，时任淮西节度副使兼宋州（今河南商丘市）刺史。严格说来，刘展是被逼反的。

因为他一无谋反动机，二无叛乱形迹，之所以走上这条不归路，其实是因为无处不在的官场斗争。

刘展有一个同僚兼好友，名叫李铣，时任御史中丞兼淮西节度副使，两个人都是淮西节度使的副手。按照官场的游戏规则，刘展和李铣是不能走得太近的，否则必会引起顶头上司的猜忌。可问题是，刘、李二人的性格都不是那种小心谨慎、温和内敛型的，而是锋芒毕露、我行我素的，所以根本不管这一套。这两人不但成了私交甚笃的铁哥们，而且还是配合默契的政治拍档。他们从不把顶头上司放在眼里，甚至经常联手把上司架空。历任淮西节度使都对这两个桀骜不驯、狂妄自大的家伙深恶痛绝，可又拿他们没办法。后来，有一个狠角儿来到了淮西节度使的任上，于是好戏就开场了。

这个狠角儿叫王仲升。他可不是一盏省油的灯，更不会像前几任节度使那样心慈手软。上任不久，王仲升就以“贪暴不法”的罪名将李铣逮捕，旋即奏请朝廷，毫不留情地砍掉了李铣的脑袋。

除掉李铣后，王仲升又迅速把矛头转向了刘展。

当时，民间盛传一首谣谶，其中一句是“手执金刀起东方”。王仲升就将谣言附会到刘展身上，然后授意监军宦官邢延恩入朝奏报，称刘展一贯犯上抗命，且“刘”姓应验谣谶，应尽早将其铲除，以绝后患。

邢延恩回京后，极力向肃宗进言，说：“刘展和李铣是一伙的，如今李铣既除，刘展惧不自安，若不趁势除掉，恐怕会生变乱。但是刘展手握重兵，必须用计除之。奴才斗胆建言，不妨擢升刘展为江淮都统，让他接替原都统李峘，等他交出兵权，前往广陵赴任时，再于途中将其逮捕。”

肃宗依计而行，下诏任命刘展为江淮都统（即一人兼任淮南东、江南西、浙西三道节度使），同时下了一道密诏，命原江南西、浙西节度使李峘，原淮南东道节度使邓景山联手除掉刘展。

邢延恩自以为这个调虎离山的计划万无一失，可他万万没有料到——他的自作聪明最后竟引发了一场席卷江淮的叛乱！

当邢延恩带着皇帝诏书来到宋州时，刘展马上嗅出了危险的气息。他对邢延恩说：“我自从投身军旅，短短几年间就官至刺史，可以说是骤然大贵了。江淮是帝国的财赋重镇，都统之职更是举足轻重，我既没有什么功勋，又不是皇室宗亲，突然得到皇上这么大的恩典，实在是受宠若惊，更觉得有些匪夷所思。莫非……”刘展顿了顿，然后直视着邢延恩的眼睛，说，“莫非有奸佞小人从中挑拨离间，给刘某设下了圈套？”

说完这番话，刘展忽然作出一副委屈之状，紧跟着眼泪就簌簌地掉了下来。

看来这小子已经起疑心了。邢延恩心里掠过一阵忧惧，可他还是强作镇定，说：“刘公素有才望，皇上深为看重，正是考虑到江淮的重要性，才破格提拔您。可您反倒起了疑心，这是为何？”

刘展收起眼泪，又直直地盯着邢延恩看了片刻，说：“如果这不是一场骗局，那我是不是可以先拿到印信符节？”

邢延恩没想到刘展会来这么一手，可他的反应也很快，马上说：“当然可以。”

为了消除刘展的疑心，邢延恩只好赶赴广陵（今江苏扬州市），把情况告诉了李峘，然后将印信符节拿过来交给了刘展。

邢延恩以为这么做一定可以稳住刘展，可他错了。

刘展不是笨蛋。事实上，从邢延恩向刘展宣读任命诏书的那一刻起，他的计策就已经被刘展识破了，而且就在同一刻，刘展已经下定了反叛的决心——既然皇帝都把刀架到他脖子上了，他又何惜跟朝廷拼个鱼死网破呢？

刘展之所以没有当场跟邢延恩撕破脸面，目的就是想将计就计，把江淮都统的印信符节搞到手，以便调动兵马，号令州县，增加他反叛的筹码。

说白了，自作聪明的邢延恩还没来得及把刘展装进套里，自己就先被对方装进去了。

刘展拿到他想要的东西后，装模作样地给肃宗上了一道谢恩表，然后马上以江淮三道节度使的身份，给遍布江淮的亲信故旧分别颁发了任命状，委以要职，倚为心腹。与此同时，江淮三道的官员也纷纷派出使者，带上本州县的簿册图籍来到宋州，向这位新上司表示祝贺，并恭迎他走马上任。

刘展笑了。

上元元年十一月初，刘展拉上麾下的七千人马，在那些州县使者的簇拥下，浩浩荡荡、风风光光地向广陵进发。

“江淮之乱”就此拉开序幕。

直到此时，邢延恩才意识到自己犯下了一个多么愚蠢的错误。

他慌忙抢在刘展之前赶到了广陵，与李峘、邓景山一起调兵遣将，准备御敌，同时移檄州县，宣布刘展起兵造反的消息。可令人啼笑皆非的是，就在同一刻，刘展也向各州县发出了几乎一模一样的牒文，唯一不同的就是——造反者变成了李峘。

各州县长官顿时傻了眼。

老上司和新上司各自宣称对方造反，这到底要听谁的？

随后，李峘和邓景山仓促集结兵马，分别进驻润州（今江苏镇江市）和徐城（今江苏盱眙县西北），摆出严阵以待的架势。然而对刘展来讲，这两个人根本不足为虑。因为刘展治军严整，在江淮一带素有威名，否则他也不可能在短短几年内从一个小兵干到刺史，所以他的军队还没到，整个江淮地区早已陷入一片恐慌了。

刘展进抵徐城后，马上派人质问邓景山：“我奉命前来上任，你这些兵是干什么的？”同时又派人到城下喊话：“你们都是我的属地之民，不要阻挡我的军队！”

此刻，邢延恩也在邓景山的军营里。他完全可以想象，刘展在命人传这些话时，脸上是怎样一副讥嘲和得意的表情。

是的，刘展就是在玩他们。其实他要击败李峘和邓景山简直易如反掌，可他之所以还要“先礼后兵”，无非就是想跟他们玩一玩猫吃耗子的游戏。

随后，刘展命部将孙待封、张法雷开始攻城。

不出所料，邓景山根本不是刘展的对手。两军刚一交战，官军就自行崩溃，邓景山和邢延恩仓皇弃城，逃奔寿州（今安徽寿县）。刘展不费吹灰之力就占据了广陵，随后又派部将王暅等人分兵攻取濠州（今安徽凤阳县东北）、楚州（今江苏淮安市）、淮西（淮河上游）等地。

李峘惊闻广陵失陷，赶紧移兵至润州北面的北固山，进逼广陵。刘展立即出兵白沙，在瓜洲（扬州市南的长江中小岛）一带大布疑兵，白天擂战鼓，晚上燃火把，一连数日，做出要袭击北固山的样子。李峘赶紧集结全部精锐部队，准备迎敌。可就在这个时候，刘展已亲率主力绕到上游，突然渡江袭取下蜀（今江苏句容市北），一下子截断了李峘的后路。官军顿时闻风丧胆，还没等到刘展来攻，当下便哗然四散。李峘惊惶无措，只好带着几百个亲兵逃奔宣城（今安徽宣州市）。

十一月初八，刘展乘势进据润州。

同日，升州（今江苏南京市）官军一万五千人忽然哗变，起兵响应刘展。当地节度使弃城而逃，把守城御敌之责交给了兵马使。可他前脚刚刚出城，兵马使后脚就投降了刘展。

十二月，刘展派将领傅子昂进攻李峘栖身的宣州，当地节度使照样不战而逃，李峘有如丧家之犬，慌忙又逃奔洪州（今江西南昌市）。

在随后的日子里，原本安宁富庶的江淮地区遭遇了一场前所未有的浩劫。叛军兵锋所向，官军望风而逃，苏州、湖州、常州等地相继陷落。紧接着，叛军在两个方向上节节挺进：南路，傅子昂进据南陵（今安徽南陵县），准备南下进攻江州（今江西九江市），进而夺取江南西道（今江西省）；北路，王暅等人接连攻陷濠州、楚州、舒州（今安徽潜山县）、和州（今安徽和县）、滁州（今安徽滁州市）、庐州（今安徽合肥市）等地。

短短两个月间，叛军横扫江淮，如入无人之境……

在刘展叛军横行江淮的过程中，唐军官兵上上下下都恍如惊弓之鸟，几乎没有做出任何有力的抵抗。尤其是那些平日里养尊处优的封疆大吏，风闻叛军一到，都在第一时间撒丫子逃跑，使得原本便已低迷的士气更加涣散，同时也极大地助长了叛军的嚣张气焰。

由此足以见出，虽然安史之乱的烽火已经在大唐的土地上燃烧了五年之久，可侥幸未被波及的江淮地区却仍然沉浸在脆弱而虚幻的盛世余绪中，所以这些手握重兵的封疆大吏才会如此贪生怕死，而他们麾下的官兵也才会如此不堪一击。

从这个意义上说，帝国最可怕的敌人其实并不是安禄山、史思明，更不是这个小小的刘展，而是自上而下普遍存在的虚骄、怠惰、贪图享乐、安而忘危的风气和心态。

在整个江淮地区的高级官员纷纷放弃职守、争相逃命的时候，唯一不抛弃、不放弃的人，也许就只有李峘的副手李藏用了。

早在李峘准备逃离润州之时，李藏用就对他说："大人身居高位，食朝廷重禄，临难而逃，是不忠；掌数十州之兵马钱粮，凭三江、五湖之天堑险要，竟然一矢不发就全盘放弃，是不勇。不忠不勇之人，又何以为国尽职？李某虽不才，却愿集合残兵在此坚守，抵御叛军。"

毫无疑问，李峘并没有被李藏用的这番痛切之言打动，他甚至很庆幸有人留下来替他擦屁股，所以赶紧把所有善后事宜全都丢给了李藏用，然后迫不及待地向南跑了。

李藏用集合了前线退下来的残兵，满打满算才七百余人。随后，李藏用又前往苏州招募了两千余人，继而在郁墅（今苏州西北）与叛军张景超部会战，结果战败，只好退守杭州。

邓景山和邢延恩败逃寿州后，一边遣使飞报朝廷，请求援兵，一边派人前往任城（今山东济宁市），向驻守此地的平卢兵马使田神功求救，并郑重许诺：克复淮南之日，金帛、美女任由田神功处置。

一听说有金帛和美女，田神功和他的部众们顿时两眼放光。数日后，肃宗的诏书也送抵任城，命田神功出兵江淮，征讨刘展。田神功随即倾巢南下，于十二月末进驻彭城（今江苏徐州市）。

得知田神功挥师南下的消息，刘展不禁感到了一丝恐惧。

因为田神功跟李峘、邓景山这些酒囊饭袋根本不可同日而语。此人原在安禄山麾下，素称骁勇，安禄山起兵时他不愿反叛，率众归朝，数年间一直在河北抵抗叛军。后来，田神功奉命驻守陈留，因寡不敌众败于史思明，被迫投降。史思明随即命他与南德信等人攻掠江淮，田神功趁机袭杀南德信，再度率部反正。

总之，此人驰骋沙场多年，性情诡谲多变，军事经验极为丰富，其麾下部众也都是百战之兵，绝对是个让人头疼的对手。

刘展不敢大意，立刻亲率八千部众北上，并遴选两千精锐将士为前锋，渡过淮河，在都梁山（今江苏盱眙县南）迎击田神功。但是，就像刘展自己预料的那样，平卢兵的战斗力确实远在他的宋州兵之上。两军交战后，刘展的前锋很快就被击败。刘展为了保存实力，赶紧率众退至天长（今安徽天长市），命五百名精骑在一座桥上殿后。田神功紧追而至，全歼刘展的殿后部队，继而大败刘展主力。刘展全军覆没，仅带一骑渡过长江，仓皇南逃。

田神功随即克复广陵、楚州。

然而，令江淮士民做梦也没有想到的是——刘展叛军入城时，城头上只不过变换了一杆大王旗，百姓的生活并未受到多大影响；可当田神功的官军进城后，城中的商人和百姓却遭遇了一场灭顶之灾。

“神功入广陵及楚州，大掠，杀商胡以千数，城中地穿掘略遍。”（《资治通鉴》卷二二一）所谓“商胡”，就是胡商，亦即在此经商的胡人。没有人知道田神功为什么要杀死数以千计的胡商。唯一比较合理的解释是——安禄山和史思明都是胡人，而田神功恨他们，所以就屠杀胡人泄愤。至于城中的土地为何会被“穿掘略遍”，也许是因为田神功和他的人把看得见的财富洗劫以后，还不满足，怀疑商人和百姓把更多的财富藏在了地底下，所以才掘地三尺，把广陵和楚州翻了个底朝天。

上元二年（公元761年）正月，刘展部将张景超、孙待封数度进逼杭州，却因李藏用的顽强抵拒而始终未能得逞。

正月下旬，田神功兵分四路，大举反攻刘展：命部将杨惠元攻击淮南的王晅；命部将范知新从白沙出发，攻击下蜀；邓景山率部从海陵（今江苏泰州市）渡江，进攻常州；田神功和邢延恩进驻瓜洲，准备渡江南下，直取刘展。

刘展集结步骑一万余人，在蒜山（镇江市西）列阵。二十六日，田神功率众开始渡江，不料当天江面上大风骤起，五艘运兵船被风吹到了金山（镇江市北长江中小岛），刚好暴露在刘展的眼皮底下。刘展立刻发起进攻，把其中两艘船上的士卒全部砍杀，并凿沉了另外三艘船。田神功无法渡江，只好撤回瓜洲。

就在刘展暗自庆幸“天助我也”的时候，范知新已经从白沙渡江，进抵下蜀，忽然截断了刘展的后路，其手法就跟当初刘展对付李峘的时候一模一样。

刘展慌忙回师迎击范知新，但激战多时，始终不能取胜。他的弟弟刘殷劝他东逃入海，说留得青山在，不愁没柴烧。可最后的时刻，刘展却表现出了视死如归的勇气。他说：“若明知大事不成，何必多杀人家的父子？无非一死而已，早晚都是一样的。”

随后，刘展继续率众力战。混战中，刘展被唐将贾隐林一箭射中眼睛，立刻栽落马下。贾隐林冲上去一刀砍下了他的首级。叛军群龙无首，顿时溃散，刘殷等人全部战死。

随后，唐军杨惠元部在淮南击败叛将王晅，王晅带着残部逃到常熟，感觉没有希望，遂投降唐军。叛将张景超原已集结了七千余人，准备再度进攻杭州，听说刘展已死，便把部队交给了部将张法雷，然后只身逃往海上，从此失踪。张法雷随即率众攻击杭州，被李藏用击败，只好投降。与此同时，叛将孙待封也投降了李藏用。

至此，刘展之乱宣告平定。

但是，江淮的祸乱却远远没有终结。

据说平定刘展之乱后，田神功的平卢军又在江淮“大掠十余日”，捞了个钵满盆满。史称“安、史之乱，乱兵不及江、淮，至是，其民始罹荼毒矣！”（《资治通鉴》卷二二二）

其实，这样的“荼毒”才只是刚刚开始。

自刘展之乱后，江淮地区就再也不是那个安宁和富庶的帝国后院了。在此后的一百多年里，尽管它始终是帝国的财赋重镇，但无情的战火将“一视同仁”地在这片土地上熊熊燃烧。换言之，当后来的整个中晚唐历史都充斥着流血、杀戮和死亡的时候，绝对没有任何一个地方，可以成为“幸运的例外”。

## 又一幕弑父篡位的闹剧

史思明被李光弼耗住了。

这一耗整整耗了一年零四个月。

从乾元二年（公元759）十月到上元二年（公元761年）二月，史思明使出浑身解数，企图战胜李光弼或至少摆脱他的牵制，但最终被证明只是一场徒劳。

早在河阳战败不久，亦即乾元二年末，史思明就曾派遣大将李归仁率五千铁骑悄悄西行，准备出其不意袭取陕州（今河南三门峡市），进而威胁潼关。可当李归仁行至礓子阪（三门峡市南）时，却遭到驻守陕州的神策军节度使卫伯玉的迎头痛击。后来，卫伯玉与神策军兵马使李忠臣密切配合，牢牢扼守在永宁（今河南洛宁县北）与莎栅（洛宁县西）之间，屡屡击败李归仁，使其不得向西前进半步。

上元元年二月，李光弼亲自率部袭取怀州，其意图非常明显，就是想截断燕军的北归之路，让史思明既不能进也不能退，把他死死困在无险可守的洛阳。史思明当然不能让怀州落在李光弼手里，于是立刻驰援，却在沁水遭到李光弼伏击，被斩首三千余级。

三月，李光弼又破怀州守将安太清于城下；四月，史思明与李光弼战于河阳西面，再败，被斩首一千五百余级；六月，史思明遣将东进，企图进军江淮，却在郑州被田神功击败。

同年冬，李光弼再度发兵进攻怀州，历时一百余日，终于将其攻克，生擒安太清。

怀州的陷落无疑让史思明的处境雪上加霜。

如果不能在短时间内扭转战局，燕军军心必然会产生极大动摇。而想要在短时间内扭转战局，唯一的办法就是迫使李光弼到黄河南岸决战。然而，恰恰是这一点让史思明无计可施。

因为李光弼的战略就是要把他耗死，又怎么可能主动与之决战呢？

除非出现奇迹……

上元二年二月，史思明期待的奇迹终于出现了。

因为有个人在客观上帮了他一个大忙。

这个人就是唐肃宗的心腹宦官鱼朝恩。

他此时的职务是陕州观军容使。这位天子跟前的红人很不欣赏李光弼的打法。他认为燕军都是北方人，长期在外征战，必定思乡，此时趁其军心涣散大举反攻，绝对可以取胜。他把这意思反复跟肃宗强调，肃宗觉得很有道理，于是下诏命李光弼进攻洛阳。可李光弼却按兵不动，上奏说："贼锋尚锐，未可轻进。"

作为天下兵马副元帅，也是帝国军队事实上的一把手，李光弼的意见肯定是举足轻重的，肃宗不能不慎重对待。接到李光弼的奏报后，肃宗只好将此事暂时搁置。可就在这个关键时刻，另一个军方的重量级人物却站在了鱼朝恩一边，坚决主张进攻。

他就是仆固怀恩。

众所周知，在唐朝的各道军队中，朔方军一直是帝国最重要的平叛主力，而作为朔方军的最高将领，郭子仪、李光弼、仆固怀恩这三个人也无疑是平叛战场上的三根顶梁柱。

仆固怀恩是铁勒九部中的仆固族人，其先祖于贞观末年归降唐朝，历代世袭金微都督之职。天宝中期，仆固怀恩升任左领军大将军，其后调入朔方军，历事王忠嗣、安思顺、郭子仪。史称他“为人雄毅寡言”“达诸蕃情，有统御材”，因而深受郭子仪器重。

安史之乱爆发后，仆固怀恩追随郭子仪转战南北，“常为先锋”，“勇冠三军”，为肃宗朝廷顺利收复两京立下了汗马功劳。

但是，仆固怀恩也有很明显的毛病，那就是居功自傲，“刚决犯上”。他麾下那些“蕃汉劲卒”也跟他一样，仗着军功，视朝廷纲纪如同无物，“多为不法”，却长期受到仆固怀恩的包庇和纵容。郭子仪生性宽厚，且“素重怀恩”，所以对仆固怀恩及其部众一贯宽容，对他们的很多不法行为总是睁一眼闭一眼，“每事优容之”。

然而，当郭子仪因邺城之败失势，李光弼继任朔方节度使后，仆固怀恩等人的舒服日子就到头了。因为李光弼的治军风格与郭子仪截然相反，素以“持法严肃”“法不贷下”著称，所以仆固怀恩和他手下那帮骄兵悍将只好收敛心性，夹起尾巴做人。

仆固怀恩是个非常自负而且很有野心的人，他当然无法长期忍受这种夹着尾巴做人的日子。

要想摆脱这样的压抑和苦闷，最好的办法就是把李光弼取而代之！

事实上，自从李光弼升任朔方军和帝国军队的一把手后，身为二号人物的仆固怀恩就已经对头把交椅生出觊觎之心了。

既然你李光弼可以取代郭子仪，那我仆固怀恩凭什么就不能取代你李光弼呢？

在仆固怀恩看来，自己需要的只是一个合适的机会。

而现在，机会终于来了。

在鱼朝恩的影响下，肃宗已经对一意固守、拒不出战的李光弼很有些不满了，这个时候，只要仆固怀恩坚持主动进攻的意见，就能够有效地压制李光弼，在天子面前争功邀宠。所以，仆固怀恩当然要义无反顾地站在鱼朝恩这边。

二比一，主战派占了上风，肃宗随即下定反攻的决心。

二月下旬，肃宗不断派遣使者前往河阳，命令李光弼出兵。其情形就跟当初玄宗一再逼迫哥舒翰出战一模一样。

面对天子一再催战的诏书，李光弼无可奈何，只好命大将李抱玉驻守河阳，然后与仆固怀恩、鱼朝恩及卫伯玉一同出兵，进攻洛阳。

上元二年二月二十三日，史思明期待已久的时刻终于到来。

这一天将成为史思明的幸运日，也将是他彻底洗刷耻辱的日子。

当唐军进抵洛阳城外的邙山下时，史思明已在此严阵以待。李光弼选择了一个险要的地形列阵，而踌躇满志的仆固怀恩则率兵列阵于一马平川的平原之上。李光弼赶紧告诫他说："依恃险要，进可攻，退可守；列阵平原，一旦失利则全军覆没。史思明擅长野战，绝不可轻视！"随即一再下令仆固怀恩移兵于险要处，可仆固怀恩却置若罔闻。

就在唐军刚刚列阵、立足未稳之际，史思明便迫不及待地发出了进攻的号令。

郁积在史思明胸中一年零四个月的怒火，此刻终于化作一声振聋发聩的号令，响彻在燕军官兵的耳边。

顷刻之间，燕军骑兵就像潮水一样漫过了平原。

在这种适合骑兵冲锋的地形作战，唐军实在不是燕军的对手。面对呼啸而来的燕军，仆固怀恩的阵势最先被冲垮，部众纷纷溃逃。其他各路唐军见状，士气大为削弱。尽管李光弼一直据守险要，奋力死战，可还是抵挡不住燕军的凌厉攻势，很快也被打垮。

李光弼的中军帅旗一倒，各路唐军更是不战自溃，在同一时间全部掉头而逃。

这一战，唐军被斩首数千级，丢弃的军资器械更是不计其数。李光弼和仆固怀恩渡过黄河，一路逃至闻喜（今山西闻喜县）；鱼朝恩与卫伯玉逃回陕州；驻守河阳的李抱玉弃城而走。河阳、怀州相继陷落。

李光弼在河阳坚守一年多所取得的战略优势，就这样在一夕之间化为乌有。

邙山大捷之后，史思明乘胜西进，命史朝义为前锋，从北路进攻陕州，他本人则率大军从南路向西挺进。

三月初九，史朝义进至礓子岭（今三门峡市南），被埋伏在此的卫伯玉打了个措手不及。

史朝义发动了好几次反击，却都被卫伯玉一一击退。

眼看前锋屡屡受挫，不能越陕州半步，史思明的南路大军也不敢冒进，只好退驻永宁（今河南洛宁县北）。他恨铁不成钢地对左右说："小子怯懦，终究不能帮我成就大事！"并扬言要依照军法，将史朝义及其手下将领全部斩首。

一般情况下，老子说要杀儿子都不过是一时气话，基本上是当不得真的。可对史朝义来说，他老子史思明的话却足以令他不寒而栗。

因为他知道那不是气话。

一直以来，史思明对史朝义这个长子从来没什么好脸色，而唯独宠爱少子史朝清。史朝义也搞不懂自己为何不受父亲待见。他只能小心翼翼做人、竭尽全力做事，除此之外，他实在不知道自己还能做什么。

史思明称帝后，史朝义发现自己的处境不但没有好转，反而更为不堪。因为父亲摆明了就是想把皇位传给史朝清，而他这个长子充其量就是一个马前卒，是替父亲和弟弟打天下的工具。暂且不说在打天下的过程中随时有可能死于非命，就算历经千难万险夺了李唐江山，史朝义也得不到什么好处，甚至避免不了兔死狗烹的命运。

很多时候，史朝义觉得自己的处境跟当初的安庆绪可谓如出一辙。可人家安庆绪最终毕竟迈出了那一步，从而转祸为福，一举登上了燕朝天子的宝座。如今，史朝义敢像安庆绪那么做吗？

一想到这里，史朝义的心里不由自主地掠过一阵战栗，周身的毛孔都沁出了一层冷汗。

其实，史朝义如果真要动手的话，胜算还是很大的。

因为他父亲很不得人心。

史思明生性多疑，残忍嗜杀，左右之人稍有违逆的，轻则掉脑袋，重则被族诛，时时活在伴君如伴虎的恐惧之中。所以，史思明麾下很多将领表面上敬畏他，实则早已跟他离心离德。相反，这些将领却都对史朝义抱有好感。因为史朝义为人谦恭谨慎，性情温良，并且非常体恤士卒。对这些燕军将领来说，如果能让这位少主取代那个杀人不眨眼的魔头皇帝，他们以后的日子无疑要好过许多。

正因为此，所以当史思明屡屡向左右流露出废长立幼的想法时，许多将领便私下把这些信息透露给了史朝义，其用意当然是怂恿他先下手为强。

可是，史朝义始终下不了这个决心。

因为这不是普通的杀人谋反，而是弑父篡位！这种事无论搁在谁头上，都不是轻轻松松就能决断的……

礓子岭战败后，史朝义发现父亲看他的眼神越发阴冷，甚至透出了一股杀机，他内心的恐惧和挣扎自然更加强烈，而先下手为强的念头更是一遍遍地在他的脑海里起伏翻涌。

三月十三日，史朝义接到了父亲的一个命令，让他在军营附近修筑一座“三隅城”（依山而建的三面墙的城堡），用以储存军粮。这本来是个很正常的任务，可问题在于：史思明给的施工期限只有一天。

这就显得很不正常了。

史思明是什么意思？他难道仅仅是由于军情紧迫才给了这么短的期限吗？还是别有用心？

史朝义不敢去想那么多，他只能率部下拼命赶工，终于在黄昏时分筑完了墙体。可后面还有一道涂泥的工序。就在这个时候，史思明来视察了。他看见工程尚未竣工，立刻指着史朝义的鼻子破口大骂，然后命左右侍从盯在那儿监督史朝义干活。史朝义领着手下继续埋头苦干，终于抢在夜幕降临之前完成了最后一道工序。史思明阴沉着脸前来验收，骑马绕墙走了一圈，最后停在史朝义面前，忽然咬牙切齿地说了一句："等攻下陕州，终究要斩了你这个贼东西！"

史朝义差一点瘫软在地。

这一刻，史朝义心中那个可怕的念头再度翻涌而起，令他全身战栗不已。

当天夜里，史思明宿于鹿桥驿（今河南洛宁县境内），命一个姓曹的心腹将领担任警卫。

史朝义的军营与鹿桥驿近在咫尺，如果要动手，今天晚上就是最好的机会。

杀，还是不杀？这是一个问题。

正当史朝义被这个问题搞得坐卧难安之际，部将骆悦和蔡文景敲开了他的房门。骆悦一进来，就开门见山地说："我等与大王已经命在旦夕了！自古以来，废黜旧主、拥立新君都是司空见惯的事情，万万不可优柔寡断，请大王立刻召见曹将军，共谋大事！"

史朝义低着头一言不发。

骆悦与蔡文景对视一眼，接着说："大王若不许，我等今天就投奔李唐，只恐大王到头来也不能保全。"

许久，史朝义抬起头来，骆悦和蔡文景看见他的脸上布满泪痕。

此刻的眼泪当然不乏作秀的成分，但不可否认，里面也包含了深深的痛苦和无奈。

最后，史朝义轻轻地说了一句："诸君好好干吧，不要惊动了父皇。"

史朝义一旦点头，接下来的事情就简单了。骆悦立刻派人将曹将军召来，把他们的计划和盘托出，然后面无表情地问他打算怎么办。

事已至此，曹将军还能怎么办？

他知道史思明不得人心，也很清楚什么叫作众怒难犯。如果不答应，他马上就会血溅当场，成为史思明并不光彩的陪葬品。

因此，曹将军只犹豫了短短的一瞬就点头同意了。

随后，骆悦等人簇拥着曹将军，率领史朝义帐下亲兵三百人，全副武装直扑鹿桥驿。警卫人员一看这么多人杀气腾腾而来，情知不妙，可定睛细看，一马当先的居然是他们的顶头上司曹将军，于是纷纷让路，没人敢出手阻拦。

骆悦等人顺利进入驿站后，径直冲进了史思明的寝室。

然而里面却空无一人。

骆悦等人大惊失色，赶紧四处搜寻。由于夜里太黑看不真切，骆悦等人不问青红皂白，见人就砍，一连砍翻数人。其他几个侍从吓得死死趴在地上，举着双手大喊：皇上在茅房。

骆悦连忙带人冲向驿站后院，只见史思明已经跃上一匹马，正准备从后门逃离。骆悦等人立刻放箭，其中一箭正中史思明手臂。史思明跌落马下，众人一拥而上，把他严严实实地捆了起来。

史思明一脸沮丧，问："乱者为谁？"

骆悦冷冷地说："奉怀王（史朝义）命。"

史思明一下全明白了。他仰天长叹："我白天说错了话，活该如此下场。可何不等我攻下长安再动手呢？现在杀我，未免太早，大业恐怕没有希望了。"

骆悦可不想去关心史思明的什么大业，他现在最庆幸的是自己和怀王终于可以免于一死了。是日深夜，骆悦将史思明囚禁在柳泉驿（今河南宜阳县西柳泉镇），然后回营向史朝义作了禀报。

他的禀报其实只有三个字：事成矣！

当时，燕朝宰相周挚正率后军驻守福昌（今宜阳县西福昌镇），听到怀王兵变、皇帝被擒的消息后，吓得跌坐在地上，久久回不过神来。次日，史朝义拔营返回洛阳，经过福昌时，周挚硬着头皮出营迎接。骆悦暗中劝史朝义，说周挚是史思明的头号心腹，若不除之，恐为后患。史朝义随即逮捕周挚，将其斩杀。大军进抵柳泉驿后，骆悦等人深恐军心有变，遂派人缢杀了史思明。

回到洛阳当天，史朝义就在骆悦等人的拥立下迫不及待地登基即位了。同日，史朝义派遣张通儒等人回到范阳，诛杀了史朝清，还有他的母亲辛氏及其一干党羽。

史朝义的斩草除根之举很快就在幽州城里引起了巨大的恐慌。不久，各派势力不可避免地发生了火并，张通儒被杀，动乱整整持续了两个多月，死亡人数达到数千人。史朝义随即任命心腹将领李怀仙为范阳尹兼燕京留守，而后才渐渐控制了局势。

虽然史朝义篡了燕朝皇位，但驻守各地的节度使基本上都不买他的账。因为他们大多是安禄山的旧部，连史思明都不见得能收服他们，更不用说这个年纪轻轻的史朝义了。

换句话说，从史思明被杀的这一天起，所谓的燕朝就只剩下一个有名无实的躯壳了。各方大将虽然在表面上隶属于燕朝，可事实上没有一个遵奉史朝义的号令，都在各打各的小算盘。在这种貌合神离、同床异梦的情况下，自己究竟能走多远，能把局面玩多大，史朝义实在是有些茫然……

就在这一幕似曾相识的弑父篡位的闹剧中，燕朝又完成了一次非正常的权力更迭。

没有人会料到，史思明离开这个世界的方式，竟然会与安禄山如出一辙。

曾几何时，安禄山和史思明义无反顾地造了李唐王朝的反，可到头来，他们的儿子也毫不留情地造了他们的反。如果用佛教的话来说，这就叫因果报应，丝毫不爽。而报应的方式如此之相似，并且来得如此之迅速，实在是大大出乎人们的意料。

自乾元二年四月称帝，至上元二年三月被杀，史思明的帝王生涯总计不过一年十一个月。而此前的安禄山比他还不如，只当了一年皇帝就命丧黄泉。

在历史的滚滚洪流中，他们看上去就像两朵转瞬即逝的浪花。

可事实上，他们并不是浪花，而是深不可测的旋涡。因为大唐王朝的巨舫一从他们身边驶过，就开始发生剧烈的颠簸和摇晃，并从此进入了一个半世纪的迷航……

安禄山和史思明虽然先后死于非命，但一切并没有就此结束。

毋宁说，一切才只是刚刚开始。

虽然安禄山和史思明已经命丧黄泉，但是无数的安禄山和史思明却将在他们的身后蓬勃成长；虽然安史之乱很快就将彻底终结，但是许许多多拥兵割地的跋扈藩镇，却将联手开启唐朝历史上前所未有的一个大裂变时代！

|第三章|

# 太上皇李隆基、肃宗李亨驾崩

## 李隆基的最后岁月

太上皇李隆基自从回到长安的兴庆宫后，在相当一段时间里，始终沉浸在对杨贵妃的哀悼和思念中，无边的凄惶和寂寥就像冬天的大雾一样深深笼罩着这个多情而不幸的老人。然而，逝者已矣，再坚贞的情感，再绵长的哀思，也唤不回那个幽冥永隔的爱人。当昔日的绝世红颜早已变成马嵬驿黄土下那具日渐腐烂的尸骸，当缠绵悱恻的回忆之光只能徒然灼痛形影相吊的孤单灵魂，李隆基只能告诉自己——该回到现实世界中来了。

时间是治疗一切心灵伤痛的良药。随着时光的流逝，李隆基心上的那个伤口自然愈合并且渐渐结痂了。后来，他再也不愿去碰触它。这个经历了种种人间至恸的男人尽管七十多岁了，可他的生命力依然旺健，对生活依然充满了不息的热情。所以，在后来的日子里，李隆基有意无意地封存了那段不堪回首的记忆，然后让自己的感官重新朝着现实世界敞开，朝着醇酒飘香、笙歌悠扬的宫廷生活敞开……

宫廷的快乐具有一种魔力，只要你愿意享受它，它就会给你想要的一切，同时让你忘掉不想要的一切。

一时间，生命的指针仿佛又拨回到了令人心醉神迷的天宝岁月。

回到长安这几年，依旧有那么多熟悉的人陪伴在李隆基身边：内侍监高力士、龙武大将军陈玄礼、女儿玉真公主、宫女如仙媛、内侍王承恩，还有那些能歌善舞的梨园弟子。他们把纷纷扰扰的天下阻挡在兴庆宫的宫墙之外，共同为太上皇营造了一个自在、安逸、温馨、祥和的晚年。不管从前那个太平盛世已经在兵燹战火中变得如何面目全非，至少在这里，在这座兴庆宫，李隆基和他身边的人仍然可以拥有一方自娱自乐、自给自足的小乐园。这里虽然不是什么远离尘嚣的世外桃源，但也不失为一座与世无争的人间净土。

兴庆宫是李隆基的龙兴之地，由他当年的藩王府邸扩建而成，这里的一砖一瓦、一草一木，都烙印着李隆基的所有生命过往，见证着这个一代雄主一生经历的辉煌与沧桑。所以李隆基深情地爱着它，无比执著地依恋着它，就像婴儿依恋母亲的乳房，就像草木依恋春天的阳光。对李隆基来说，世界上没有任何一个地方可以和兴庆宫相提并论，也没有任何地方比兴庆宫更适合安置他的生命、滋养他的灵魂……

如果说李隆基是一棵树，那么兴庆宫就是他的根。

李隆基喜爱兴庆宫的原因，除了这个地方所承载的历史记忆之外，还包括它那独特的地理位置。兴庆宫地处皇城之外，坐落于长安外郭城的市井坊间，最南面的长庆楼更可以直接俯瞰熙熙攘攘的街市人群。这样的地理位置让李隆基能够近距离地感受生鲜活泼的市井气息，让他和长安的士绅百姓有了最直接简便的互动和交流，从而使他获得了一种真真切切的存在感。

李隆基无比珍视这种感觉。

因为，最让一个老人感到恐惧的事情并不是衰老，而是被人遗忘。

尤其是对于一个曾经富有四海的盛世帝王来说，担心被人遗忘的恐惧绝对要比任何人都更加强烈。

所幸，毗邻市井的兴庆宫足以使李隆基避免这种恐惧。

无论何时，只要李隆基的身影出现在长庆楼上，从楼下经过的长安父老就会主动停下脚步，对他顶礼膜拜，口中高呼万岁。每当这种时候，李隆基就会开心得像一个受到表扬的孩子，脸上立马开出一朵花来。然后他就会忙不迭地吩咐宫人，在长庆楼下当街摆设宴席，用精美的宫廷酒食招待那些父老。

如果有朝廷官员从长庆楼下经过，并向太上皇行礼致意，那他们的待遇就更好了。太上皇会请他们上楼，设宴款待，席间往往还有玉真公主和如仙媛等人作陪。被太上皇请吃饭的官员不少，比如羽林大将军郭英乂，还有剑南道入京奏事的官员等等。

与各色人等的交往让李隆基感到了充实，来自方方面面的见闻和信息也让足不出户的太上皇增加了对外界的了解。总之，李隆基对自己的退休生涯总体上还是满意的。虽然丧失了爱情，但他学会了封存记忆，并努力寻找新的生活乐趣；虽然丧失了天子大权，但他学会了调整心态，并按照新的方式生活。

所以，李隆基并没有像历史上很多被逼退位的太上皇一样，整天活在失落、苦闷和抑郁之中，而是非常明智地找准了自己的位置，然后在这个位置上自得其乐，安度晚年。

日升月落，寒来暑往。转眼间，李隆基回到长安已经两年多了。他本以为日子可以这样波澜不惊地过下去，可他万万没想到，这种自在平静的生活竟然会在上元元年七月戛然而止。

因为有个人闯进了他的生活，并且强行把他赶出了兴庆宫。

是谁有这么大的胆子，居然敢动太上皇？

是谁有这么大的权力，居然能对太上皇实施“暴力逼迁”？

这个人就是当权宦官李辅国。

众所周知，李辅国是拥立肃宗即位的主要功臣之一。肃宗即位后，为了报答李辅国，就授予了他元帅府行军司马的要职。这个职位是战时编制，涵盖多种职能，所以李辅国的权力范围几乎无所不包，举凡肃宗向文武百官发布的诏命，以及全国各地呈递给朝廷的文件奏章，全部要经过李辅国的中转。此外，朝廷和军队中最重要的印章、符节等物，也都由李辅国掌管，甚至连军中的早晚号令，一律要由李辅国制订发布。

回到长安后，虽然朝廷的各项事务逐步走向了规范化，但是李辅国的权力却并没有因此变小，反而越来越大，并且借由规范化而固定了下来。肃宗不但让他“专掌禁兵”，而且所有诏书敕命，必须经过他签名盖章后才能施行；宰相和百官在朝会时间外所上的章奏，以及肃宗下达的各种批示和诏命，都要经过李辅国的“关白、承旨”，也就是中转。

这是多大的权力？

这相当于是让他代行天子之权了！

李辅国每天都坐在他位于银台门的官署内，堂而皇之地裁决天下之事。事无大小，全凭李辅国的一句话。李辅国说的话就是圣旨，就是诏命，无论中央还是地方的各级官府都要不折不扣地贯彻执行，事后才向肃宗奏报。

为了巩固权力，李辅国还设置了一个秘密机构，豢养了数十名鹰犬，专门到民间探查文武百官和士绅百姓的各种隐私，一旦发现有什么可疑之处，立刻将当事人逮捕下狱，命有关部门立案审查。这个机构的职能，差不多就相当于明代的东厂和锦衣卫，只不过规模较小而已。可见中国的特务机构自古有之，可谓源远流长。

在李辅国无所不在的淫威之下，朝廷所有部门都对他唯命是从，不管他发出什么指示，没有人敢说半个不字。有时候，御史台或大理寺在审查重犯，案子尚未了结，李辅国随便写张纸条就把人犯提到了他的银台门官署，并且任意释放，背后当然没少拿黄白之物。久而久之，三司（御史台、大理寺、刑部）和府、县各级衙门都学会了看李辅国的眼色行事，不管手上接到什么案子，都主动把卷宗直接送到了李辅国府上。如果是李辅国感兴趣的，要轻判还是重判都凭他说了算。当然，李辅国声称一切都是出自天子的诏命，所以没有人敢稍加违逆。

面对权势熏天的李辅国，朝野上下争相献媚拍马，他的同僚们（宦官）都亲切地称他为“五郎”，而宰相李揆出身于中原的世家大族，在他面前也执子弟之礼，毕恭毕敬地称他为“五父”。堂堂宰相尚且对他敬畏如此，普通官员就更不必说了。

看到这里，我们难免会发生一个疑问：肃宗李亨是死人还是阿斗，怎么会任凭一个宦官为所欲为呢？其实，李亨既不是死人，也不是阿斗，他之所以给了李辅国那么大的权力，目的就是要通过他更有力地掌控文武百官，从而巩固自己的统治。

我们都知道，身为非正常即位的皇帝，李亨的权力合法性先天不足，这始终是他最大的隐痛和隐忧。即使到了收复两京之后，李亨仍然担心自己的权力不稳，所以他需要一个足够信任的人来掌握宫禁大权，同时采用各种方式制约文武百官（比如设立特务机构）。而李辅国作为李亨的东宫旧僚，又有拥立之功，并且本身又是宦官，当然是执行上述任务的最佳人选。

在肃宗李亨看来，这种人不管如何专权，说到底都只是奴才，绝对不可能篡位当皇帝，所以最让人放心。

当然，如果李辅国的权力过度膨胀，肃宗也是不会放任自流的。

他会借别人的手来敲打李辅国。

乾元二年四月，刚刚升任宰相的李岘看不惯李辅国的专权乱政，就搜集了他贪赃枉法的一些证据，然后向肃宗告状，要求严惩。肃宗其时也已意识到李辅国玩得有些过火了，于是顺势罢废了那个秘密机构，并下了一道诏书，说：“近来军国事务繁忙，所以有时候就直接以口头方式传达朕意，但是从今往后，这种现象必须杜绝。除非由中书省正式发布的诏命，否则一律不得执行。宫廷内外各种事务的处决权，全部交还各有关部门。最近，一部分禁军军官和一些部门主事官员因事产生争执，甚至发生诉讼案件，今后都要通过御史台、京兆府等正规部门进行裁决，任何个人一律不得干预。如果裁决结果有任何不公平的地方，可直接向朕奏报。”

毫无疑问，这是一道非常具有针对性的诏书。傻子都看得出来，里头说的事情无一不是冲着李辅国去的。

李辅国马上作出反应。他以退为进，扬言要辞去元帅府行军司马的职务（当时叛乱仍未平定，所以还保留着“元帅府”这种战时机构）。李辅国很清楚，现阶段肃宗根本离不了他，所以“辞职”就是最好的要挟手段。

果不其然，李辅国一提出辞职，肃宗就忙不迭地好言劝慰，说什么也不批准。

肃宗知道，如果不对李辅国作出某种补偿，他对自己的忠诚度势必会大大降低。为了安抚李辅国，让他继续发挥制衡百官的作用，肃宗只好作出了一个不太厚道的决定——牺牲李岘。

不久，肃宗就利用一起普通的案件，给李岘栽了一个“交结朋党”的罪名，罢黜了他的宰相之职，把他贬为蜀州刺史。

这就是肃宗李亨的帝王术。

利用李岘敲打李辅国，防止他权力膨胀，达到目的后再回头拿掉李岘，从而安抚李辅国。用今天通俗的话讲，这叫打一巴掌再给颗糖；用古人的话说，这就叫恩威并施。

李岘事件虽然在一定程度上削弱了李辅国的权力，但他在朝中的地位并没有受到丝毫动摇。尤其是李岘被罢相贬谪后，满朝文武更是对李辅国毕恭毕敬、唯命是从。因为李岘的下场告诉人们——跟李辅国作对，就是拿鸡蛋跟石头碰，何苦呢？然而，不管李辅国如何权倾朝野，还是有几个人从来不拿正眼瞧他。

那就是太上皇身边的高力士、陈玄礼等人。

李辅国出身微贱，早年是高力士手下养马的飞龙小儿，加上他又长得歪瓜劣枣、奇丑无比，所以一直混得很失败，直到五十多岁才进入东宫侍奉太子。虽然李辅国现在已经是权倾朝野、今非昔比了，可在高力士眼里，他终究只是个暴发户，是个得志便猖狂的小人。要让高力士去捧他的臭脚，拍他的马屁，那是门都没有！

更何况，在高力士看来，就算你李辅国现在真的很牛逼，可你的主子是李亨，我的主子是太上皇，我跟你井水不犯河水，你走你的阳关道，我过我的独木桥，我干吗要巴结你啊？

也许，高力士的看法是对的，李辅国确实是个小人，可高力士却忘了一句古训——宁得罪十个君子，不得罪一个小人。

正因为李辅国是个睚眦必报的小人，你才更要捧他的臭脚，拍他的马屁。否则，他一定会让你死得很难看……

## 失乐园："逼迁上皇"事件

上元元年夏天，怀恨已久的李辅国终于发飙。

他对肃宗说："太上皇住在兴庆宫，每天都和外人交往。尤其是高力士、陈玄礼这些人，日夜聚众密谋，恐怕会对陛下不利。如今的六军（禁军）将士都是当年的灵武功臣，对此忧惧不安，担心会有变乱。臣一再安抚他们，作了很多解释，可没什么作用。看来事态已经很严重了，臣不敢不据实禀报。"

李辅国说了一大堆，无非就是想暗示一点——太上皇想复辟。

肃宗闻言，脸上露出惊讶之色，眼中泪光闪动，说："这怎么可能？上皇慈悲仁爱，怎么会做这种事？”

李辅国说：“上皇固然没有这个意思，可他身边那些贪图富贵的小人就难说了。陛下，您贵为天下之主，凡事应从社稷大计出发，把祸乱消灭于萌芽状态，岂能遵循匹夫之孝！再者说，兴庆宫与市井坊间杂处，墙垣浅露，不宜让上皇居住。依臣所见，不如奉迎上皇回太极宫，大内森严，怎么说都比兴庆宫更合适，而且还能杜绝小人的蛊惑。倘若如此，上皇享万岁之安，陛下有三朝（每天觐见三次）之乐，岂不是两全其美！”

肃宗没有回答。

当天的对话就此结束。但是李辅国知道，肃宗不说话就意味着不反对，不反对就等于是默许。为了进一步试探肃宗的态度，李辅国随后又做了一件投石问路的事情。

由于玄宗一贯喜爱骑马射猎，尽管晚年几乎足不出户，可还是在兴庆宫里面养了三百匹马。李辅国便以皇帝敕令的名义，一下子取走了二百九十匹，只给玄宗留下了十匹。

事后，玄宗望着空空荡荡的马厩，不胜感伤地对高力士说：“吾儿为辅国所惑，不得终孝矣。”（《资治通鉴》卷二二一）

李辅国抢走太上皇的马后，静静地等了几天。

他在观察肃宗的反应。

可是，肃宗自始至终没有任何反应。这当然是李辅国意料之中的、也是他最想要的结果。数日后，李辅国又率六军将士进入内殿，一起向肃宗“号哭叩头”，强烈要求迎请太上皇入住太极宫。肃宗的态度跟此前一样，涕泣呜咽，却一句话也不说。

李辅国笑了。

他知道自己该怎么做了。

上元元年七月十九日，李辅国再次矫诏，以肃宗的名义邀请太上皇到西内（太极宫称“西内”，兴庆宫称“南内”）游玩。玄宗没有多想，带着高力士和几个侍从离开了兴庆宫。

此时的玄宗当然不会料到，今生今世，他将再也没有机会回到兴庆宫了。

玄宗一行走到睿武门时，在此埋伏多时的李辅国突然带着五百名骑兵冲了出来，一个个刀剑出鞘，将玄宗等人团团围住。

李辅国策马走到玄宗面前，神色倨傲地说了一句：“皇帝以兴庆宫潮湿逼仄，迎上皇迁居大内。”

自从马嵬驿之变后，玄宗很久没见过这种阵势了，现在又突然听到这句话，顿时一阵眩晕，差点从马上掉下来。高力士见状，立刻挺身挡在玄宗面前，厉声喝道：“李辅国何得无礼！”并勒令李辅国下马。

李辅国不得已，只好慢条斯理地翻身下马。高力士狠狠地瞪了他一眼，然后转向士卒们，大声喊道：“上皇命我问诸位将士安好！”

那五百名骑兵愣了短短的一瞬，又看了看李辅国，见他默不作声，只好刀剑入鞘，然后全部下马，向玄宗行叩拜礼，齐声高呼万岁。

最后，高力士又喝令李辅国跟他一起为太上皇牵马，李辅国也硬着头皮听从了。

尽管忠勇可嘉的高力士在关键时刻帮玄宗保住了最后的尊严，可他也无力改变玄宗的命运，更无力掌控自己的命运。高力士心里很清楚，从这一刻起，他和太上皇都已经变成李辅国砧板上的鱼肉了！

当天，李辅国把玄宗带到甘露殿，留下数十个老弱充当侍卫，严禁任何人出入，而且不准高力士、陈玄礼及所有宫中旧人留在玄宗左右。做完这一切，李辅国才得意洋洋地领兵离去。

稍后，李辅国又率领禁卫六军的所有高级将领，全部换上素服，前去向肃宗“请罪”。

话说是“请罪”，事实上一半是复命，一半是逼宫。李辅国此举等于是在告诉肃宗——皇上，我已经帮你把生米做成熟饭了，不管你现在心里怎么想，反正你要当着所有禁军大将的面表个态，好让大伙安心。

此时此刻，肃宗的心情肯定是颇为复杂的。作为皇帝，他感到了一种如释重负的庆幸；可作为儿子，他又有一种良心上的不安与自责。

原因很简单，自从李辅国第一次跟他提到太上皇经常与外人来往的情况时，肃宗就已经产生了莫大的疑惧。就像李辅国所暗示的那样，他觉得太上皇不是没有复辟的可能。据李辅国声称，和太上皇来往的官员中，既有京城的羽林将军，又有剑南道的官员，甚至连长安的普通百姓也经常受到太上皇的款待。

这意味着什么呢？

这难道不意味着——太上皇正在积极组织力量，同时大力收买人心，为复辟做准备吗？

尤其让李亨深感不安的是，安禄山父子虽已败亡，但数十万官军在邺城大败，令朝廷元气大伤，史思明紧接着又僭位称尊，并大举南下，再次从官军手中夺下东京，使得一度明朗的战局再度进入胶着状态。未来战局究竟如何演变，谁也无法预料。在此情况下，倘若太上皇凭借他的余威振臂一呼，谁敢保证不会应者云集呢？

所以，当李辅国提议将太上皇迁入西内时，李亨心里其实是非常赞同的，但他不能明说，只好采取默认的态度。

然而，太上皇毕竟已经七十六岁高龄，若说一个人在如此风烛残年的时候还一心想要夺回天子大权，似乎又有些牵强；而且他毕竟是自己的父亲，表面上虽说是请他迁居，实则与软禁无异，身为人子，李亨难免会有些良心不安。

因此，对于“逼迁上皇”这件事，肃宗内心其实是很矛盾的。而李辅国也正是因为看穿了肃宗的矛盾心态，才会以这种带有威胁意味的方式，迫使他当众表态。

事已至此，肃宗也不能再骑墙了。他对着诸将勉强挤出一丝笑容，说："南内和西内，其实没什么分别。朕知道，诸位爱卿这么做，是担心上皇受小人蛊惑，正所谓防微杜渐，以安社稷！朕有你们这样的臣子，也就无所惧了。"

玄宗被软禁后，高力士等人就只能任凭李辅国宰割了。

七月二十八日，李辅国以肃宗名义下诏，将高力士流放到巫州（今湖南洪江市西北），王承恩流放到播州（今贵州遵义市），并勒令陈玄礼致仕，将宫女如仙媛放逐归州（今湖北秭归县），命玉真公主出宫回玉真观。

时任刑部尚书的颜真卿看不惯李辅国的所作所为，遂联合百官，上表向太上皇问安。当然，此举马上被李辅国视为挑衅。他随即奏请肃宗，将颜真卿逐出了朝廷，贬为蓬州（今四川仪陇县南）长史。

初秋的长安，落叶开始片片飘零。

太上皇李隆基从甘露殿的窗口望出去，看见头上的这方天空始终是黑灰色的，像是被谁罩上了一块肮脏的抹布。

从离开兴庆宫的那一天起，李隆基似乎就再也没见过太阳了。

不知道是不是错觉，反正李隆基觉得自己忽然掉进了另外一个世界，一个似乎完全陌生的世界。每当夜半无眠的时候，李隆基就会轻轻呼唤高力士，想让他陪自己说会儿话，就像从前那样。可是，每次走到床前的人都不是高力士，而是两个面目陌生的年轻宫女。

那是李亨给他派来的，人还不少，足足有一百多个，只可惜李隆基不认识她们。

一个都不认识。

奇怪的是，高力士去哪了？

他到底去哪了？

李隆基想了好久，直到窗外的天色渐渐亮了，他才慢慢想起来——高力士走了。

高力士走了，据说是去了巫州。李隆基不记得巫州在哪里，总之一听名字就知道挺远的。从长安到巫州一趟，少说也要两三个月吧？李隆基曾经跟身边的宫女打听这事儿，可她们都支支吾吾，闪烁其词，好像这是天大的机密。

好吧，机密就机密吧，不说就不说吧，反正自己知道也没用。难不成要跟儿子李亨打报告，说想去一趟巫州？

呵呵，别做梦了。李隆基苦笑着对自己说，就连这甘露殿的门都出不去了，就连近在咫尺的兴庆宫也回不去了，还奢谈什么巫州！

一想起兴庆宫，李隆基就会感到身体里面的某个地方被撕裂了。刚开始他还会觉得疼痛，可后来就没感觉了。如果一定要说有什么感觉的话，那就是碎了，沉了，空了。

有时候，李隆基会莫名其妙地想起民间小孩儿常玩的那种纸鸢。世人经常说快乐和幸福，可到底什么是快乐和幸福，没几个人说得清楚。李隆基想，当小孩儿把纸鸢放到天上去的时候，那一刻应该就是快乐和幸福的吧？

可纸鸢也有断掉的时候。

当纸鸢和小孩儿越离越远，最后谁也看不到谁的时候，小孩儿心里会不会也是碎了，沉了，空了？

兴庆宫就是我的纸鸢吗？

那片醇酒飘香、笙歌悠扬的乐园，就是我的纸鸢吗？

一个丢失了小小纸鸢的孩子，跟一个丢失了小小乐园的太上皇，区别有多大？

李隆基不知道。

他只知道一百个甘露殿也不及一个兴庆宫，他只知道一百个宫女也不及一个高力士。

对了，李亨不止给他派了一百多个宫女，他把万安公主和咸宜公主

（李隆基的女儿）也派来了，让她们伺候自己的生活起居。可是，公主和公主是不一样的，女儿和女儿也是不一样的。当初在兴庆宫的时候，玉真就算不说话，就那么静静地陪自己坐着，李隆基也会有一种闲逸和心安的感觉。可如今，万安和咸宜好像生怕沉默会带来尴尬，所以一天到晚不停地对着他说话，搞到最后大家都很累。

万安和咸宜并不知道，有些东西是靠静默传达的，而有些东西就是被很多话一点一滴冲淡掉的。

要知道甜的感觉，尝一滴蜜就够了，不需要一缸蜜；可要是把一滴蜜掺进一缸水里，你还会觉得甜吗？

可惜万安和咸宜不懂。

不懂的人也包括她们的兄长李亨。

他把四方贡献、山珍海味一堆一堆地搬进了甘露殿，说是要孝敬父皇，可李隆基什么也吃不下。他常常看着那些人间珍馐独自发笑。当了五十年的太平天子，李隆基头一回领悟到，有时候美味佳肴并不是让人吃的食物，而是让人看的装饰品。

是的，它们就是装饰品。它们被李亨一堆一堆地搬进来，然后堆成了一个大大的“孝”字。这个字难道不是让人看的吗？

李亨送来的东西越来越多，可李隆基的食量却一天比一天小。后来，李隆基断了荤腥，专门茹素。

再后来，李隆基就什么东西也不吃了。

不要误会，这个七十六岁的老人并不是闹什么绝食抗议。通常一个人闹绝食，肯定有什么非达到不可的目的，可对于风烛残年、心如死灰的李隆基来讲，余生中还能有什么非达到不可的目的呢？

没有了。

李隆基告诉身边的人，也告诉李亨，自己素来崇信道教，所以现在决定修炼“辟谷”，以求长生不老。

李亨当然知道辟谷是道教的一种修炼方式，可他分明发现——父亲是在以辟谷的名义绝食！

最有力的证据就是，从太上皇宣布辟谷的那天开始，他的健康状况就每况愈下了，各种疾病纷至沓来，迅速吞噬着他衰老的身体。

父亲为什么要绝食？

答案很简单——他不是在求长生，而是在求速死！

父亲为什么要速死？

李亨很自然地想起了一句老话：哀莫大于心死。

父亲的心死了吗？

李亨没有勇气去面对这个问题。他只能在“逼迁上皇”事件发生后，想方设法去满足父亲的一切需求。但令人遗憾的是，这个“一切”事实上只能是外在的物质需求，无法包括心灵需求。是的，李隆基最渴望得到的快乐、幸福、尊严、自由，李亨通通无法给予。

因为，这些东西恰恰是李亨夺走的。

所以，与其说李亨是在向父亲尽孝，还不如说他是在补偿。而尽孝和补偿是大不相同的。尽孝是你需要什么我给你什么，补偿只是我想给你什么才给你什么，二者绝不可画上等号。换句话说，尽孝的目的是为了让老人开心，可补偿的目的却是为了让自己安心，这能一样吗？

太上皇刚刚迁入甘露殿的时候，李亨当然也时常去问安，因为所谓的“晨昏定省”就是古人规定的孝道的主要内容之一。老人家因绝食而患病后，李亨就去得更勤了。不过没过多久，李亨自己也病倒了，并且病情还很不让人乐观。他只好派遣宦官代他去向上皇问安。

从此，李亨缠绵病榻的时间要比上朝理政的时间多得多。

在卧病的日子里，李亨想了很多事情。最主要的，当然还是强迫太上皇离开兴庆宫这件事。李亨越想愧疚越深，同时也生出了些许悔悟。

他觉得，罪魁祸首就是该死的宦官李辅国！

要不是这阉宦一再撺掇并且最后把生米做成了熟饭，自己也不一定下得了这个决心。

像李辅国这种人实在该杀，留着终究是个祸害！

然而，李亨对李辅国的杀机却只能停留在意淫阶段，始终无法付诸行动。

不是他不想动，而是他不敢动。

原因很简单，禁军都掌握在李辅国手里，李亨怎么动？虽说李辅国的兵权也是李亨给的，但是想收回来却没那么容易。因为经过这些年的经营，禁军几乎已经成了李辅国的私人武装。有道是县官不如现管，禁军将士早就被李辅国通过各种手段收拾得服服帖帖。毫不夸张地说，如今他们敬畏宦官李辅国已经远甚于敬畏天子李亨！

一想起逼迁上皇那天，李辅国悍然带着六军将领一身素服前来逼宫的情景，李亨无论何时都会觉得四肢发冷、全身打战。

什么叫太阿倒持？

就在那一刻，李亨深刻体验了这句成语所包含的意味。

李亨一直以为李辅国只是自己手里的一把刀，可事到如今他才发现，原来自己握着的竟然是刀刃，而刀柄却赫然握在李辅国的手里。

是的，刀柄握在李辅国的手里。

刀柄握在李辅国的手里……

## 李辅国的欲望

世界上最深的地方是哪里？

答：太平洋底的马里亚纳海沟。

错！

世界上最深的地方是“欲壑”，就是内在于人心的那个欲望之洞。

因为欲壑难填。马里亚纳海沟再深，太平洋的水都能把它填满；可人心深处的欲壑，却是一个永远填不满的黑洞。

比如李辅国的内心深处，就有一个这样的黑洞。

成功把太上皇赶出兴庆宫后，李辅国恍然有了一种天下无敌之感。他觉得只要是他想做的事情，只要是他想要的东西，几乎没有什么是做不成、得不到的。

上元二年（公元761年）八月，李辅国忽然觉得自己手中的兵权太小了。和整个帝国的军队比起来，京城的禁军只不过是九牛一毛，实在不够劲，要管就要管整个帝国的军队，那才叫爽。

于是，李辅国就跟肃宗说他想当兵部尚书。

肃宗李亨眉头微皱，用一种相当严肃的表情思考了半天，最后就只说了一个字：好。

李辅国去兵部上任那天，肃宗专门替他操办了一场轰轰烈烈的就职典礼：让太常寺演奏雅乐，让御膳房摆设宴席，还让宰相率领文武百官一起向李辅国道贺，随后又恭恭敬敬地把他送到了兵部大堂。

肃宗原以为这样就能填满李辅国的欲壑，可他错了。李辅国八月初七刚刚到兵部上班，结果还没过十五就向肃宗提出了新的要求。肃宗一听，差点没背过气去。

李辅国说他要当宰相。

肃宗真想对他说：人不可以无耻到这种地步！

当然，这话只能在心里说说而已。事实上肃宗对李辅国说的是："以爱卿的功劳，什么官不能当呢！朕只是担心你在朝中的威望不够啊！"

情急之下，李亨只能把皮球踢给大臣们。

李辅国闻言，就向左仆射裴冕等人放出风声，让他们推荐自己。李亨私底下赶紧向宰相萧华求援："李辅国要当宰相，假如公卿们推荐他，朕就不得不让他当了。"萧华就去质问裴冕。好在裴冕是根硬骨头，一听就说："根本没这回事！要让我卸一条胳膊给他可以，要推举他当宰相——门都没有！”

萧华回禀后，李亨才长长地松了一口气。

随后，李亨就在李辅国面前作出一副既无奈又遗憾之状：你瞧，李爱卿，不是朕不用你，而是大臣们不推荐你，朕也是有心无力、爱莫能助啊！

当不上宰相，李辅国自然是怒火中烧，不过他并没有让怒火烧坏脑子。他知道，自己终究是个出身卑贱的宦官，要以一个宦官的身份去统领文武百官，就等于是向几千年的传统观念和制度挑战，其难度当然不是一般的大。

李辅国想来想去，决定知难而退。

不，准确地说，李辅国是想以退为进。他固然决定放弃宰相的虚名，但这并不等于他不再渴望宰相的权力。

事实上，此时李辅国想要得到的权力甚至已经超越了宰相。

是的，李辅国真正想要攫取的，其实是天子大权。

宝应元年（公元762年）三月，朝廷的京兆尹一职出缺，李辅国马上推荐自己的心腹、时任户部侍郎的元载兼任。肃宗和宰相们对此当然不敢有二话。可是，就在任命书即将下达之前，元载却突然找到李辅国，坚持要辞去这项任命。

李辅国盯着元载的脸看了很久，最后总算看明白了——这小子不是不喜欢乌纱，而是嫌这顶乌纱太小。

京兆尹太小，那他想要什么？

不用说，当然是想当宰相了。

李辅国在心里嘿嘿一笑。也行，你们不是不让老子当宰相吗，没关系，老子就派手下人去当好了。

随后，李辅国向肃宗提出：萧华专权揽政，不适合当宰相，应该罢免，改任元载。

肃宗起初当然不肯同意，可李辅国的眼神告诉他：这不是一项可以否决的请求，而是一项必须执行的决定。

当皇帝当到这个份上，实在是够窝囊。可肃宗能怎么办呢？除非跟李辅国彻底翻脸，把他手中的所有权力，尤其是禁军兵权全部收回，否则就只能向他妥协。

可是，要收回禁军兵权谈何容易！

首先，军队和文职部门是全然不同的。文职部门只要皇帝下一道任命状，很快就能完成权力的转移和更迭，可军队却没这么简单。如果继任者不能采用强势手段收服人心，就很容易激起兵变。在和平年代，这种可能性也许还比较小，可在如今这个人人自危的战乱年代，在这种遍地都是骄兵悍将的乱世之中，稍有不慎，就完全有可能引发一场祸乱。

其次，现在的肃宗跟灵武时代的肃宗也不可同日而语了。当时的肃宗朝乾夕惕、卧薪尝胆，一心想要收复两京、平定叛乱，颇有中兴之主的气象，可如今的肃宗疾病缠身、精力日衰，只想坐稳皇位、维持现状……二者相去不啻霄壤。这种时候，要是禁军在他的眼皮底下发动一场兵变，肃宗绝对没有办法应付。

鉴于上述原因，李亨只能向李辅国妥协。

数日后，萧华被免去宰相之职，贬为礼部尚书；元载以户部侍郎衔入相，原先兼领的度支使、转运使等重要职务仍然保留。

元载笑了，笑容非常灿烂。

李辅国也笑了，笑容更加灿烂。

对于许许多多的大唐臣民来讲，唐肃宗宝应元年四月无疑是一个黑色的月份。

因为这个月死了两个人。

死人本来是天底下最平常的事，可关键在于这两个人的身份都非同寻常。

他们就是太上皇李隆基和皇帝李亨。

是的，这父子俩死于同一个月，前后仅相差十三天。李隆基死于四月初五，终年七十八岁；李亨死于四月十八，终年五十二岁。

毫无疑问，唐玄宗李隆基是在无比抑郁和惨淡的心境中离开人世的。如果说人的一生是一本书，那么李隆基无疑拥有非常华丽的封面和辉煌灿烂的正文，只可惜尾声极其潦草，令人不忍卒读，封底更是布满了灰尘和污垢。

在几千年的中国历史上，似乎很少有哪一个皇帝像李隆基这样，拥有落差如此巨大的一生——他所缔造的开元盛世雄踞于历史之巅，令后人叹为观止；可由他一手造成的安史之乱却把帝国推向了万劫不复的深渊，亦足以令后人唏嘘扼腕。

是什么原因导致了如此巨大的落差？

从表面上来看，原因似乎并不复杂，无非是因为李隆基中年以后日渐堕落，荒疏朝政，导致奸臣当道，国事日非，从而最终催生了安史之乱。就像传统史家所言："开元之初，贤臣当国"，"自天宝已还，小人道长"，总之一句话："用人之失也！"（《旧唐书·玄宗本纪·史臣曰》）

可是，如果我们继续追问，玄宗李隆基为什么会在中年以后完全变了一个人呢？答案也许就不那么简单了。

古人经常说一句话：靡不有初，鲜克有终（人们大都有一个良好的开端，但很少有人能够善始善终）。也就是说，历史上早年英明、晚年昏聩的皇帝并不只有李隆基一个，他只是其中较为典型的个案而已。西哲也经常说一句话：权力导致腐败，绝对的权力导致绝对的腐败。可见一旦没有外在力量的制约，任何人在巨大的事功和权力面前，都会不可避免地走向腐败和堕落。换言之，这是人性的普遍弱点，并不能简单地归咎于李隆基个人的思想品质问题。

为了更好地说明这一点，我们不妨把李隆基和唐太宗李世民拿来做一个对照。

我们都知道，早年的李隆基与李世民极为相似，他以“贞观之治”为执政范本，处处“依贞观故事”，时时刻刻向李世民看齐，任贤纳谏，励精图治，才使得“贞观之风，一朝复振”，从而缔造了一个“朝清道泰，垂三十年”的太平盛世。

但是我们也必须知道，李隆基念兹在兹的执政范本、最让后人称道的“贞观之治”，其实并不是一块无瑕的白璧。在贞观中后期，李世民身上已渐露拒谏、骄奢之端倪，魏徵批评他“渐恶直言”“虽有善始之勤，未睹克终之美”，马周批评他“营缮不休”，致使“百姓怨咨”，很多大臣也纷纷对他“崇饰宫宇，游赏池台”的行为进行劝谏，甚至连他最喜爱的嫔妃徐惠也由于当时“军旅亟动，宫室互兴”而上疏规谏。

这些现象意味着什么？虽然历史不容假设，但我们仍然要做这样一个假设——假如李世民不是在五十一岁那年英年早逝，而是像李隆基一样活到七十八岁，那么彪炳千秋、震烁古今的“贞观之治”又会是一个什么样的结局呢？英明神武的千古一帝李世民，又会在后人心目中留下一个怎样的晚年形象呢？

再者，假如李隆基没有活到七十八岁高龄，而是像李世民那样英年早逝，那么他的历史形象是不是就会定格在开元时代，从而在后人心目中留下一个没有瑕疵的完美版呢？而骄奢淫逸的天宝时代，连同后来这个天翻地覆的“安史之乱”，是不是也就无从谈起了呢？

答案是不言自明的。

也就是说，从“靡不有初，鲜克有终”的意义上讲，从“权力腐败定律”的意义上讲，李世民英年早逝未尝不是一件幸事，而李隆基得享天年则很可能是一种不幸！

太上皇李隆基驾崩的时候，唐肃宗李亨也已经病魔缠身，很长时间卧床不起了。得知老父宾天的消息，李亨更是哀伤不已，于是病情愈重。两天后，亦即四月初七，李亨自知不久于人世，遂下诏命太子李豫（原名李俶）监国，数日后改元宝应。

此时的大明宫进入了一个危险的时刻。

因为有两个人正蠢蠢欲动，都想以自己的方式控制太子李豫，进而掌控帝国的未来。

他们就是李辅国和张皇后。

## 代宗登基

李辅国和张皇后曾经是一对配合无间的政治搭档。

早在灵武时期，李辅国为了掌握宫禁大权，张良娣为了当上后宫之主，双方就互为表里、沆瀣一气，联手翦除了建宁王李倓和其他一些政敌，彼此交换过不少利益。回到长安后，李辅国不仅独掌了宫禁之权，并且逐步架空肃宗，窃据了朝柄，而张良娣也如愿以偿地当上了母仪天下的皇后。古人说："以利相交者，利尽则交绝。"当双方各自爬上权力的顶峰时，曾经有过的利益联结自然就不复存在了，剩下的只有日趋尖锐的利益冲突。

而今，肃宗陷入弥留状态，帝国前途未卜，李辅国和张皇后当然都想趁机夺取帝国的最高权柄。一场巅峰对决就这样不可避免地暴发了。

张皇后决定率先动手。

她假借肃宗之命召见太子李豫，说："李辅国久典禁兵，四方诏令皆出其口，擅自矫诏逼迁上皇，罪不可赦！他尚存顾忌的只有你和我，现在皇上已陷入弥留状态，李辅国和他的心腹程元振（时任"内射生使"，掌管禁军神箭营）已暗中准备作乱，若不诛杀，祸在顷刻！"

张皇后没想到，她话音刚落，太子李豫竟然当着她的面哗哗地哭了起来，说："陛下生命垂危，此二人皆是陛下的功臣故旧，不奏而突然杀之，必使陛下震惊，恐病体不堪！依我看，这件事还是要从长计议。"

张皇后在心里一声长叹。在她看来，这个大男人脸上的泪水根本不代表孝顺，只能代表怯懦。

可惜自己两个儿子一个早夭、一个尚幼……张皇后哀戚地想，要不然何至于求到你李豫头上！

李豫仍然在不停地抹眼泪。要说他脸上的泪水纯粹是出于孝顺当然是假话，可要说它只代表怯懦也不够全面。严格来讲，应该是一分孝顺、四分胆怯、五分装蒜。

李豫想，那个老奴才李辅国固然不是吃素的，可你张皇后又何尝是一盏省油的灯？多少回你处心积虑想让你那乳臭未干的小儿子取代我的太子之位，你以为我都不知道？眼下你怂恿我跟李辅国斗，无论是我杀了李辅国，还是李辅国杀了我，到头来不是都便宜了你张皇后么？你这借刀杀人之计好毒啊！要杀你自己去杀，我李豫绝不会被你卖了还帮你数钱。

想到这里，李豫更是作出一副极度伤心的模样，哭得更厉害了。

"好吧，"张皇后无奈地说，"太子暂且回去，容我再考虑考虑。"

当然，此时的张皇后是不可能再考虑的。因为她知道，李辅国不会给她时间。眼下的形势已是剑拔弩张，不是你死就是我亡，绝不容许她有丝毫的犹豫和拖延。可问题在于，她毕竟是个女人，手中没有一兵一卒，凭什么和李辅国斗呢？原本还想利用太子对付李辅国，可太子却采取了坐山观虎斗的立场。在此势单力孤的情况下，张皇后就只能另找同盟了。

关键时刻，张皇后想起了一个人。

他就是李亨次子、时任天下兵马元帅的越王李係[1]。张皇后决定跟李係做一笔交易——既然太子李豫跟她始终不是一条心，那不如把李豫废了，另立越王李係，条件是让李係帮她除掉李辅国。

太子一走，张皇后马上召见越王李係，对他说："李辅国图谋不轨，可太子懦弱，不足以平定祸乱，你能不能？"

让张皇后甚感欣慰的是，李係的回答就一个字："能！"

随后，张皇后立刻安排手下宦官段恒俊与李係联手，挑选了两百多名勇武的宦官，发给武器和铠甲，命他们埋伏在长生殿后面。

长生殿是肃宗李亨的寝殿，张皇后和李係伏兵于此，想干什么？

四月十六日，张皇后再次假借肃宗名义召见太子李豫，命他到长生殿觐见。

答案揭晓了——张皇后和李係是打算先除掉太子，然后由李係继任储君，再集中全力对付李辅国。

可是，天下没有不透风的墙。程元振通过眼线获悉了张皇后和越王的阴谋，赶紧密报李辅国。李辅国立刻命他带兵埋伏在陵霄门外，让他无论如何都要截住太子。

太子李豫接到诏命时，以为父皇可能快不行了，召他进宫一定是要交代后事，所以未及多想，匆匆往长生殿赶来。行至陵霄门时，程元振等人忽然一拥而出，将太子团团围住，并把张皇后伏兵长生殿的事情告诉了他。

李豫半信半疑，说："肯定没这回事，皇上病重命我入宫，我岂能怕死不去？"

程元振说："社稷事大，太子必不可入！"

还没等太子李豫反应过来，程元振就命士兵把他架了起来，不由分说

1　李係在乾元三年从赵王改封越王。——编者注

地把他带到了玄武门外的飞龙厩中，并派重兵把守。此举名义上是保护太子，实则无异于软禁。

当天夜里，李辅国和程元振率兵冲入麟德殿，逮捕了越王李係、宦官段恒俊、内侍省总管朱光辉等一百多人。稍后，李辅国等人又勒兵进入长生殿，宣称奉太子之命迁皇后于别殿，随即逮捕张皇后，把她和左右数十个宦官宫女强行拖下殿，全部囚禁于后宫。

在这场事关帝国未来的巅峰对决中，谁先控制了太子，谁就夺取了斗争的主动权。张皇后机关算尽，最终还是落了后手，在这场终极对决中一败涂地。

突然遭此变故，在长生殿上伺候皇帝的宦官宫女们惊恐万状，纷纷作鸟兽散，把病势垂危的李亨独自一人扔在了空空荡荡的寝殿里。

生命的最后时刻，唐肃宗李亨被自己的臣民遗弃了。

除了无边的孤独和恐惧之外，他肯定还有深深的懊悔。

因为是他自己一手造成了今天的局面——这个太阿倒持、皇权旁落的局面！

自大唐开国一百多年来，还没有哪一个宦官像李辅国拥有这么大的权力，还没有哪一个宦官能够把满朝文武玩弄于股掌之中，并且最终架空皇帝！

可李辅国做到了。

就是在肃宗李亨的宠信和纵容下，李辅国成了唐朝历史上第一个擅权乱政、一手遮天的宦官。如果说安禄山是唐玄宗李隆基亲手培育的一颗毒瘤，那么李辅国就是唐肃宗李亨亲手栽种的一株恶果。

安禄山开启了“藩镇之乱”。

李辅国开启了“宦官之乱”。

把大唐帝国一步步推向衰亡的三大乱象、三大罪魁祸首，此刻已经有两个浮出了历史水面。在此后的一百五十多年里，这两大乱象将在帝国的政治舞台上疯狂起舞，拼命肆虐，给帝国造成无穷的灾难，并与有唐一朝相始终。

在此后的一百五十多年里，将有越来越多的藩镇步安禄山之后尘，拥兵割据，抗命自专，名为藩镇，实同敌国；也将有越来越多的宦官步李辅国之后尘，把持朝政，擅行废立，凌驾天子，玩弄百官……

从这个意义上说，安禄山和李辅国固然是历史的罪人，可李隆基和李亨又何尝不是呢？

宝应元年四月十八日，唐肃宗李亨带着无尽的凄怆和悔恨，在阒寂无人的长生殿里黯然闭上了眼睛，终年五十二岁。

李亨刚刚咽气，李辅国便祭起屠刀，斩杀了张皇后、越王李係、兖王李僴（李亨第六子）。同日，李辅国领着一身缟素的太子李豫在九仙门与宰相们见面，宣布皇帝驾崩的消息。宰相们纷纷跪拜哭泣。

四月十九日，朝廷发布国丧，宣读肃宗遗诏。

四月二十日，太子李豫即位，史称唐代宗。

他是唐朝历史上第一个被宦官拥立的皇帝，但却不是最后一个。

大功告成的李辅国用一种指点江山的口吻对他说："大家（皇上）但居禁中，外事听老奴处分！"（《资治通鉴》卷二二二）

代宗李豫听到这句话，感觉就像有人在他的心头上狠狠剜了一刀。

当然，他不能喊痛，也不能皱眉。

他只能怔怔地看着李辅国，最后向他露出一个僵硬而无奈的笑容。

数日后，在李辅国的胁迫之下，代宗李豫开始称呼李辅国为"尚父"。此后无论大小政务，一律先征求尚父的意见；群臣出入朝廷，必先觐见天子尚父，而后再觐见天子。

不久，李辅国的心腹程元振被擢升为左监门卫将军，而内侍省总管朱光辉等二十几名宦官则全部被流放黔中。

五月初四，李辅国又晋位为司空兼中书令。

值得一提的是，因肃宗临终前曾大赦天下，当初被流放巫州的高力士得以返回长安。可是，高力士刚刚走到朗州（今湖南常德市），就听到了太上皇晏驾的消息。高力士面朝北方，放声恸哭，最后吐血而亡，终年七十九岁。

宝应元年的夏天，代宗李豫郁闷地坐在长安城的大明宫里，深刻咀嚼着“太阿倒持”这句成语的含义。尚父李辅国在一旁悠然自得地看着天子，心里也在品味着“一手遮天”这个成语的含义。与此同时，还有一个人正在某个角落里冷冷地看着李辅国。

他当然也没有闲着。

他正在玩味一句俗语，这句俗语叫——长江后浪推前浪，前浪死在沙滩上。

这个人就是程元振。程元振并不是一个只会玩味俗语的人，他还是一个善于实践的行动者。

李辅国刚刚体验了一个多月的“尚父”生涯，程元振就和代宗李豫悄悄走到了一起。

正所谓一朝天子一朝臣。程元振很清楚，新天子李豫对这个跋扈多年的老奴才李辅国早已深恶痛绝，之所以不敢动他，无非是因为禁军在他手里。

可现在情形不同了。几年来，程元振早已利用李辅国对他的信任，暗中与禁军将领们打成了一片。所以，眼下与其说是李辅国管着禁军，还不如说是李辅国管着程元振，而程元振管着禁军。

既然如此，你李辅国还凭什么玩下去？你上无天子的信任，下无禁军的拥戴，唯一剩下的，不就是我程元振对你的一点忠心么？

可这年头，忠心是什么玩意儿？它不就是过河的那条小木桥么？眼下我既然已经过河了，还须苦苦厮守这条小木桥吗？

不。程元振坚决对自己说：不！

于是他就开始动手拆桥了。

而这一边，代宗李豫自然无比惊喜。

有了新一代的宦官撑腰，他当然就不怕那个丧心病狂的李辅国了。

这一年六月十一日，代宗李豫有恃无恐地解除了李辅国元帅行军司马及兵部尚书的职务，将他迁居宫外，以程元振代理元帅行军司马。

直到此刻，李辅国才猛然从一手遮天的美梦中惊醒了过来。

他蓦然发现：这几年来，自己在禁军中的地位无形中已经被程元振架空了，就像自己当初无形中架空了肃宗李亨一样！

为了避免杀身之祸，李辅国主动提出辞去中书令的职务。十三日，代宗批准了他的辞呈，同时将他晋爵为博陆王，以示安慰。李辅国上朝谢恩，一边哽咽一边悻悻地说：“老奴没有资格侍奉皇上，就让老奴到地下去事奉先帝好了。”

代宗免不了一番好言劝慰，随后命人把他送出了宫。

你别急，朕马上会让你下去的。

九月十九日，代宗又加授程元振为骠骑大将军兼内侍监。至此，程元振彻底取代李辅国，成了朝中的首席宦官。

长江后浪推前浪，前浪死在沙滩上！

十月中旬。一个月黑风高的夜晚。一条黑影无声无息地潜入了李辅国的宅第。

翌日清晨，李府的下人们被一幕惨状吓得魂飞魄散——李辅国直挺挺地躺在乌黑的血泊中，颈上头颅和一只手臂已经不翼而飞。

代宗立即下令有关部门追查凶手。

可终究没有找到凶手。

有人猜测这个无头公案的幕后主使是程元振，甚至有人猜测主谋就是皇帝本人。

还有人说，是程元振主使还是皇帝主使根本没有差别，因为宦官程元振和天子李豫早就并肩站在一起了。

是的，宦官程元振已经和天子李豫站在一起了，就像当年宦官李辅国曾经跟天子李亨站在一起一样。

日月轮转，依次照耀着长安城，依次照耀着大明宫。

曾经在太阿倒持的处境中郁闷难当的天子李豫发现一切总算过去了。可他并不知道，所有让他郁闷难当的一切终将再来……

因为程元振的权力欲望一点也不比李辅国小。

| 第四章 |

# 内有藩镇割据，外有异族入侵

## 趁火打劫的回纥人

史朝义名义上当了燕朝皇帝，可日子并不好过。登基一年多来，他与各方唐军数度交手，可基本上没打过一场胜仗，不但没把局面玩大，反倒把地盘越打越小。

史朝义感到了强烈的沮丧。

不过，到了唐宝应元年夏天，史朝义的心情却忽然好了许多。

因为唐玄宗和唐肃宗在短短十几天里相继驾崩，李唐朝廷忙于内部的权力博弈和利益重组，自顾尚且不暇，短时间内肯定是腾不出手来对付史朝义了。

史朝义决定利用这个难得的机会——直入关中，袭取长安。

当然，光凭史朝义本身的力量是肯定不够的，他必须寻找一个强有力的同盟。

放眼天下，谁可以做他的同盟呢？

史朝义的答案是：回纥人。

是的，回纥人。虽然这几年来回纥一直是李唐的盟友，并且多次在战场上对燕军造成重创，但是史朝义坚信——没有永远的朋友，也没有永远的敌人，只有永远的利益。

回纥人当初之所以跟唐朝结盟，唯一的原因就是贪图唐朝的金帛子女。既然如此，史朝义为什么不能同样以此相诱，让他们跟自己结为盟友呢？

思虑及此，史朝义随即修书一封，派人送给了回纥的登里可汗，说："唐室相继出现大丧，如今中原无主，可汗最好火速发兵，与我一同攻取长安，收其府库。"不出史朝义所料，一见到"府库"二字，登里可汗的眼睛立马就亮了。

其实，早在史朝义发信之前，登里可汗就已知道玄、肃二宗病殁的消息了。他的反应和史朝义一样，也是心痒难耐，蠢蠢欲动。如今史朝义既然主动提出跟他联手，登里可汗当然不会错过这个趁火打劫的大好机会。

宝应元年夏天，登里可汗亲率大军南下，兵锋直指关中。

此时的唐帝国由于连年战乱，致使州县残破，满目疮痍。回纥军队一路南下，沿途所见几乎都是一片废墟，由此更生"轻唐之志"。

然而，当登里可汗率部进至三受降城时（三城分别位于今内蒙古五原县西北、包头市、托克托县南），令他尴尬的一幕发生了。

就在他大举南下的同时，唐代宗李豫也已派遣使者刘清潭北上，准备与回纥重修旧好，请求发兵一同征讨史朝义。可当刘清潭千里迢迢赶到回纥王庭（今蒙古哈尔和林市）时，登里可汗早已起兵南下。刘清潭慌忙又掉头往回赶，终于在三受降城一带追上了回纥军队。他立刻向登里可汗呈上国书，称："先帝虽弃天下，今上继统，乃昔日广平王，与叶护共收两京者也。"（《资治通鉴》卷二二二）

登里可汗就是当年的叶护王子，与当时的广平王李俶曾结为兄弟。虽说出于政治目的而结拜的所谓兄弟一文不值，但此时的登里可汗也不免有几分尴尬——毕竟人家刚刚登基，自己就悍然入寇，不仅有违道义，而且是师出无名啊！

不过，话又说回来了，恰恰是李豫刚刚登基，权力未稳，才是趁火打劫的好机会！一想起长安的“府库”，登里可汗的眼前总是金光闪闪。要是不趁此机会狠狠干他一票，登里可汗实在是心有不甘。更何况，他这次几乎把回纥的精锐之师全都拉出来了，这些兄弟可都是眼巴巴地等着分战利品呢，总不能让他们两手空空地回去吧？

人不为己天诛地灭，管他出师有名还是无名！

主意已决，登里可汗即刻命大军继续前进，同时把唐朝使者刘清潭软禁了起来。刘清潭急得如同热锅上的蚂蚁，最后好不容易才避开了回纥人的监视，派快马赶回长安报信，称：“回纥举国十万众至矣！”

接到这则十万火急的战报，李唐朝廷大为震骇。代宗慌忙派遣殿中监药子昂，携带数量可观的金帛，急急忙忙北上“劳军”，同时又命驻扎在汾州（今山西汾阳市）的仆固怀恩赶紧去和回纥人谈判。

仆固怀恩不仅一直是李唐与回纥之间牵线搭桥的人物，而且现在还拥有一个非同寻常的身份。

他是登里可汗的岳父。

当初的回纥可汗帮肃宗收复两京后，就为儿子叶护求婚，肃宗便做主把仆固怀恩的女儿嫁了过去。叶护即位后，仆固怀恩之女就成了回纥人的王后——登里可敦。

所以，如今除了仆固怀恩，恐怕是没人能挡住回纥人的兵锋了。

仆固怀恩奉命北上时，回纥大军已进抵忻州（今山西忻州市）以南，距离重镇太原已经近在咫尺了。见到女婿后，仆固怀恩详细为他分析了眼下的形势，告诉他唐朝虽然屡遭变故，但是根基仍然强大，天下人心也仍在李唐；反观史朝义，只不过是个弑父篡位的跳梁小丑，转眼就会败亡。简言之，跟这种人结盟而与唐朝为敌，显然是不明智的。

既然老丈人都出面了，而且分析得头头是道，登里可汗也只好放弃劫掠长安的打算。他随即遣使上表，表示愿意帮唐朝征讨史朝义。

当然，登里可汗之所以作出这种一百八十度的转变，绝不仅仅是看在老丈人的面子上。如果仆固怀恩和代宗朝廷不是给他许诺了什么好处，他肯定谁的面子也不会给。换句话说，不抢长安可以，但你总要给他一个地方去抢。

什么地方?

东京洛阳。

为了保住长安，代宗朝廷将再次把洛阳卖给回纥人。反正几年前李豫已经卖过一次了，现在再卖一次又何妨?

经过仆固怀恩的努力，李唐朝廷总算跟回纥达成了协议。但是回纥大军要沿什么路线进攻洛阳，却成了双方争议的焦点。登里可汗是打算从蒲关（今陕西大荔县东）渡过黄河，进入关中，经由沙苑（今大荔县南），再出潼关东进。

朝廷特使药子昂一听就觉得不妥，赶紧建议说："关中屡遭战乱，州县萧条，无以供养大军，恐怕会令可汗您失望。如今叛军尽在洛阳，请大军东出太行山，自土门（今河北鹿泉市西）南下，攻略邢州（今河北邢台市）、洺州（今河北永年县东南）、卫州（今河北卫辉市）、怀州（今河南沁阳市），最后再挺进洛阳，如此便可取叛军资财以供大军所需。"

乍一看，回纥人要走哪条路线似乎无关大局，可事实上这里头大有文章。回纥人之所以想走关中，目的当然是想以筹备"军需"为名，趁机劫掠关中财富；而药子昂之所以建议回纥人从河北南下，是因为邢、洺等州都是燕军的地盘，如果走这条线，既可保护唐朝辖境不被回纥骚扰，又能让回纥人去扫除燕军巢穴，收复唐朝失地，真可谓一举两得。

然而，登里可汗不是傻瓜。他千里迢迢从大漠跑到中原，可不是来替唐朝卖命的，而是来发财的。所以，走哪条路是给唐朝当炮灰，走哪条路才能轻轻松松发大财，他心里跟明镜似的。

因此，对于药子昂的建议，他只回答了一个字：不。

药子昂无奈，只好让步，提出了另一个建议：让回纥军队出太行陉

（太行八陉之二，今河南博爱县北），南下夺取河阴（今河南郑州市西北），扼住燕军的咽喉。

很显然，这个建议还是想支使回纥人去打硬仗。因为扼守河阴，就等于挡住了可能来援的河北燕军，又截断了史朝义的退路。史朝义要是被逼急了，那还不得跟回纥人拼老命？登里可汗才不想去当这个冤大头。所以，他的回答仍旧是一个字：不。

药子昂没辙了。

看来，回纥人不是他想象中那么好忽悠的。这帮不见兔子不撒鹰的家伙，在得到明显的好处之前，是绝不可能替唐朝出半点力气的；而且就算出力，他们也绝不会替唐朝独当一面，顶多就是帮唐军充充门面、敲敲边鼓而已。

最后，药子昂只好再退一步，拿出了第三个方案：请回纥军队自陕州大阳津（今三门峡市北黄河渡口）渡过黄河，由太原仓（三门峡市西）负责供应粮草及所有军需，然后与唐朝诸道军队一起东进。

看在“太原仓”的份上，登里可汗才勉强接受了这个方案。

宝应元年十月，代宗任命长子雍王李适为天下兵马元帅，以药子昂、魏琚为左右厢兵马使，中书舍人韦少华为判官（执行官），给事中李进为行军司马，命其即日开赴陕州，与诸道节度使及回纥军队会合，克期进攻洛阳。

本来，代宗想起用郭子仪为副元帅，却遭到程元振、鱼朝恩的强烈反对，只好加授时任朔方节度使的仆固怀恩同平章事、领诸军节度行营（相当于各道特遣兵团总司令官），作为雍王李适的副手。

十月下旬，雍王李适率部进抵陕州。当时回纥军队已进驻河北县（今山西平陆县），雍王出于礼节，便率左右属官及数十骑渡过黄河，主动前去拜会登里可汗。

此时的李适当然不会想到，就是这次旨在增进感情的拜会，却引起了一场不大不小的“礼仪风波”。

双方见面时，雍王李适以平等之礼晋见登里可汗，不料对方大怒，当场指责他为何不以拜舞之礼觐见。所谓拜舞之礼，是指正式场合下，臣子对君王应行的一种隆重礼节。雍王身为唐朝皇帝的长子，隐然有储君之尊，当然不可能向回纥可汗拜舞。

宾主双方刚一见面，还没来得及说些客套话，登里可汗就给了年轻的雍王一个下马威，现场气氛顿时极为尴尬。

药子昂马上站出来替雍王挡驾，声称雍王的身份不适合行拜舞之礼。登里可汗满面怒容，一言不发。其帐下将军车鼻知道可汗是想借题发挥，便径直走到药子昂面前，声色俱厉地说：“唐朝天子既与可汗相约为兄弟，可汗就相当于是雍王的叔父，他岂能不拜舞？”

药子昂寸步不让：“雍王，天子长子，今为元帅。安有中国储君向外国可汗拜舞乎！且两宫（玄宗、肃宗）在殡，不应舞蹈。”（《资治通鉴》二二二）

双方就这样你来我往，唇枪舌剑，却始终僵持不下。最后车鼻恼羞成怒，下令将雍王带来的属官药子昂、魏琚、韦少华、李进四人全部拉出帐外，每人鞭打一百下，同时以雍王李适年轻不懂事为由，把他逐出大营，遣回了陕州。

药子昂等四人全都被打得皮开肉绽、奄奄一息。只过了一夜，魏琚和韦少华就因伤重不治，双双毙命。

毫无疑问，这样的结果无论对于雍王李适来讲，还是对于整个李唐王朝而言，都是一个令人难以容忍的奇耻大辱。

然而，雍王只能忍了，李唐朝廷也只能忍了。

因为他们有求于人。

因为唐朝现在根本惹不起回纥。

这件事表面上看是一个简单的礼仪问题，事实上涉及了一个朝廷、一个国家的尊严。因为雍王李适并不是一个普通的亲王，而是潜在的帝国储君，是未来的大唐天子。这样的身份，又岂能向区区一个回纥可汗卑躬屈膝，行拜舞之礼？

其实，如果此次来的人不是雍王，而是另一个普通的李唐亲王，登里可汗说不定就没兴趣强调什么礼仪了，反正拜不拜都说明不了任何问题。恰恰是因为来的人是代宗的长子雍王，登里可汗才故意小题大做、借题发挥，其目的就是想借此证明回纥对唐朝所拥有的强势地位，让李唐王朝在回纥面前永远抬不起头来，永远屈居弱者之位。

虽然在此次风波中，李唐的好几个朝廷官员被无端鞭笞并屈辱而死，但无论如何，雍王李适和李唐朝廷至少保住了自己的底线——事关朝廷尊严和国家尊严的底线。尽管自安史之乱爆发以来，这样的底线屡屡遭到内忧外患的挑战，甚至可以说不止一次被突破了。可是，绝不能因为它曾经被突破、或者还将被突破，就从此破罐子破摔，放弃了精神上的坚守！

这道理就跟一个人即使被敌人杀死、也绝不向敌人下跪是一样的。孔子的学生子路曾经用他的行动给后世留下了一句名言：君子死而冠不免。意思是君子就算死，也不能丢掉冠帽，丧失尊严。

雍王李适在礼仪问题上的坚持，实际上与此同理。

也就是说，一个人（或一个国家）可以因实力不及而输给对手，但并不等于他（它）就应该在精神上向对手屈服。这两件事绝不能画上等号，更不能混为一谈。

难道在实力上“完全屈居劣势”的雍王，就不应该在事关个人尊严、国家尊严的事情上“仍摆出架势”吗？难道优势占尽的回纥人应该向处处忍让的唐朝“争取尊严”，而“完全屈居劣势”的唐朝反而不该向咄咄逼人的回纥人争取尊严吗？

好像药子昂等四人的鞭子是应该挨的，好像魏琚和韦少华也是应该死的——谁叫你惹怒了代表正义的登里可汗呢？

事实上，登里可汗是什么货色？

他是一个以援助为名，行劫掠之实的强盗！这个强盗不仅要在物质上占尽便宜，还企图在精神上占尽优势！如果说这个强盗对李唐王朝肆意凌辱、百般勒索的做法也可以称为正义的话，那世界上还有什么事情是非正义的？

## 树倒猢狲散：史朝义的末日

宝应元年十月二十三日，代宗李豫发布诏令，命唐朝诸道军队分别从西、北、东三个方向大举进军洛阳。

西路军，以仆固怀恩和回纥军队为前锋，以陕西节度使郭英乂、神策观军容使鱼朝恩殿后，自陕州（今河南三门峡市）出发，经渑池（今河南渑池县）东进；北路军，由泽潞节度使李抱玉自潞州（今山西长治市）出发，经河阳（今河南孟州市）南下；东路军，由时任河南副元帅的李光弼从徐州出发，经陈留（今河南开封东南）西进。

史朝义得到情报，大为震惊，立刻召开军事会议，听取各将领意见。阿史那承庆说："唐军若只出动汉人部队，我们可全军出击，与之决战；可是，如果有回纥军队参战，其兵锋必然锐不可当，我军应退守河阳，避其锋芒。"

史朝义沉吟半晌，最终却没有采纳这个建议，而是决定死守洛阳。

此时的史朝义并不知道，这个愚蠢的决策将加速他的败亡。

十月二十七日，西路的唐回联军率先进抵洛阳北郊，分兵出击怀州（今河南沁阳市），次日将其攻克，对洛阳形成了包抄之势。三十日，唐回联军进抵横水（洛阳北郊），数万燕军在此构筑营寨，与官军对峙。仆固怀恩自率一路从西面进攻，另遣精骑和回纥骑兵绕道燕军营寨的东北角，两面夹攻，一举大破燕军。

得知城外的部队失利，史朝义随即亲率十万精锐之师出城增援，于昭觉寺一带列阵。唐军趁燕军立足未稳，突然发动攻击。燕军被打得措手不及，死伤甚众，但仍旧坚守阵地。鱼朝恩派出五百名神箭手参战，给燕军造成了更大的伤亡，但在史朝义的亲自督阵下，燕军却表现得极为顽强，依然坚守不退。

这是一个非常危险的局面。如果唐军迟迟不能突破对方防线，士气必然受挫，一旦燕军发起反攻，唐军将极为不利。就在这千钧一发之际，镇西节度使马璘对左右说："战况危急了！"随即单枪匹马杀入敌阵，在万众之中左冲右突，连拔燕军两面令旗，总算撕开了一个缺口。他身后的唐军主力乘势杀入，燕军终于抵挡不住，阵势随即瓦解。

随后，燕军且战且退，唐军穷追不舍，双方又在石榴园、老君庙（均在今河南沁阳市一带）数度激战，但燕军士气已丧，而唐军则越战越勇。燕军退至尚书谷（今河南武陟县境内）时，自上而下都已无心恋战，各部争相溃逃，人马互相践踏，纷纷跌入坑谷之中。唐军一路砍杀，共斩首六万余级，俘虏两万人。史朝义见大势已去，只好放弃洛阳，带着家眷和几百名轻骑兵向东而逃。

唐军随即克复洛阳与河阳三城。

仆固怀恩让回纥军队驻守河阳，命其子右厢兵马使仆固玚及朔方兵马使高辅成率步骑一万多人乘胜东进，旋即又克复郑州。史朝义一路向东逃窜，到了汴州（今河南开封），他属下的陈留节度使张献诚却紧闭城门，拒绝收容。史朝义万般无奈，只好亡奔濮州（今山东鄄城县）。史朝义前脚刚走，张献诚后脚就打开城门，弃暗投明了。

燕军终于跑了，两度失陷于叛军之手的东京洛阳终于又回到了李唐王朝的怀抱。

然而，此刻的洛阳百姓做梦也不会想到——唐回联军非但没有给他们带来福分，反而给他们带来了一场空前的灾难！

大唐官军和回纥友军浩浩荡荡地开进洛阳后，总共干了四件事——烧，杀，掳，掠。把洛阳扫荡一空后，唐回联军又变本加厉，一鼓作气洗劫了郑州、汴州、汝州等地。（《资治通鉴》卷二二二："回纥入东京，肆行杀略，死者万计，火累旬不灭。朔方、神策军亦以东京、郑、汴、汝州皆为贼境，所过掳掠，三月乃已，比屋荡尽，士民皆衣纸。"）

中原的士绅百姓无论如何也不敢相信，眼前这些穷凶极恶的强盗就是他们日思夜盼的"官军"！

他们目瞪口呆，心胆俱丧，久久回不过神来。

等他们清醒过来时，房屋被烧光了，财产被抢光了，胆敢反抗的人都被杀了，活着的人身上的衣服也全被扒光了。所谓"士民皆衣纸"，就是无论官商士民还是男女老幼，全都被扒得一丝不挂，只能随便抓几张纸来遮羞。当然，这最后一项遮羞物大兵们是不会抢的，因为纸对他们毫无意义。

熊熊大火在洛阳等地燃烧了数十天，烧杀掳掠整整持续了三个月。当劫后余生的大唐子民们穿着薄薄的"纸衣"伫立在焦黑的废墟上、蜷缩在深冬的冷风中，他们肯定都在苦苦思索一个问题——为什么叛军来了这一切都没有发生，而官军来了这一切就都发生了呢？

同时引发的问题是：什么叫沦陷？什么叫光复？谁是官兵？谁是寇贼？其实，早在代宗派仆固怀恩去跟登里可汗谈判的时候，洛阳及附近州县就已经被李唐朝廷作为利益交换的筹码出卖给回纥人了。

既然朝廷已经跟回纥人达成了这种协议，那么唐军官兵当然有理由把洛阳等地视为"贼境"了。所谓贼境就是贼人的地盘。既然是贼人的地盘，那官兵们当然可以想怎么干就怎么干！换言之，当李唐朝廷与回纥人达成协议的那一刻，东京及附近州县就已经不是亟待朝廷去光复的沦陷区了，而是唐回联军眼中的大肥肉，是亟待他们去攫取的战利品！

所以，中原的百姓实在没什么好抱怨的，这就是他们的命。

在历史的大棋盘上，在政治的弈局中，老百姓的性命和财产从来都是无足轻重的。老子早就说过了——"天地不仁，以万物为刍狗；圣人（统治者）不仁，以百姓为刍狗。"

在中国历史上，每逢动乱年代，老百姓的性命往往贱如草芥，只能在逐鹿群雄的刀剑和铁蹄下流血和呻吟。就算生在和平年代，老百姓也随时会被政客们献上祭坛，充当权力斗争的牺牲品，所谓“苍生福祉”，所谓“百姓利益”，往往是统治者拿来当政治口号用的，绝对不可当真。所以元人张养浩才会发出这样的浩叹：“兴，百姓苦；亡，百姓苦！”

几千年来，中国老百姓的命运大抵如此。

有道是兵败如山倒。宝应元年十一月，史朝义一直在没命地往北跑，而仆固怀恩父子也一直在他背后玩命地追。

史朝义从濮州渡过黄河逃往滑州（今河南滑县），仆固怀恩就打下滑州；史朝义逃到卫州（今河南汲县），仆固怀恩就打到卫州。燕朝的睢阳节度使田承嗣率四万多人前来阻击唐军，仆固玚又将他们击溃，并一路追至昌乐（今河南南乐县）。史朝义又搬来魏州（今河北大名县）兵马回头再战，却再度被仆固玚击败。

眼见唐军连战连捷、一路奏凯，而史朝义则疲于奔命、节节败逃，燕朝的节度使们不约而同地意识到：史朝义马上就要完蛋了，而燕朝的气数也是兔子尾巴长不了了！

接下来该怎么做，大家都心照不宣。

短短几天后，燕朝的邺郡节度使薛嵩率领辖下的相、卫、洺、邢四州向唐朝的泽潞节度使李抱玉投降；恒阳节度使张忠志也率赵、恒、深、定、易五州向唐朝的河东节度使辛云京投降。

李抱玉和辛云京随即进入薛嵩等人的驻地，接管他们的部队，解除他们的兵权。

然而没过几天，仆固怀恩却下令让薛嵩等人官复原职，各归其位。李抱玉和辛云京大为不满，同时也深为疑惧——你仆固怀恩凭什么如此独断专行、慷朝廷之慨？你这样明目张胆地收买人心，意欲何为？

李、辛二人立刻向朝廷上表，希望朝廷能对仆固怀恩暗中戒备、严加提防。仆固怀恩得到消息，也紧跟着上疏代宗，为自己辩解。

此次征讨史朝义，仆固怀恩无疑建有大功，代宗李豫对他欣赏有加，于是赶紧遣使慰勉仆固怀恩，并正式颁布了一道诏书，称："凡东京及河南、河北在叛军中担任伪职者，一律赦免，既往不咎。"

见到诏书，李抱玉和辛云京尽管很不服气，却也无话可说。

十一月二十四日，代宗又擢升仆固怀恩为河北副元帅，并加授左仆射、中书令，单于大都护、镇北大都护等职。

至此，仆固怀恩的地位已远远超越郭子仪和李光弼，成了大唐军界首屈一指的人物。

这年年底，史朝义逃到贝州（今河北清河县），与薛忠义等节度使会合。仆固玚追至临清（今河北临西县）时，史朝义自衡水（今河北衡水县）率三万人回头反扑。仆固玚设下埋伏，击溃燕军，史朝义再逃。此时回纥兵团在洛阳的劫掠告一段落，又赶来参战，唐军声势更盛，追至下博（今河北深州下博镇）东南一带，再度大败燕军。史朝义亡奔莫州（今河北任丘市莫州镇）。随后唐军五路兵马会师下博，继而进军莫州，将史朝义团团围困。

宝应二年（公元763年）正月，史朝义屡次出城迎战，皆被唐军击败。田承嗣劝史朝义突围前往幽州（范阳治所）征调军队，由他坚守莫州，以待援兵。史朝义想来想去，也觉得除此之外别无良策了，遂挑选五千精骑从北门突围而去。

看着史朝义仓皇远去的背影，田承嗣的嘴角掠过一抹冷笑。

片刻之后，田承嗣就在城头上竖起了降旗。

唐军就这样拿下了莫州城。同时拿下的，还有史朝义的母亲、妻子和儿子。

随后，仆固玚又率领三万人马继续向北追击，在归义（今河北容城县东北）追上了史朝义。史朝义回头应战，再败，只好再逃。

不会永远这么逃下去的，因为幽州马上就快到了。史朝义对自己说。尽管一连串的失败几乎已经摧垮了他的信心，可一想起前面那座熟悉的幽州城，史朝义还是咬着牙告诉自己：挺住，绝不能就这么垮掉！只要幽州老巢还在，最后的希望就在！

前面就是范阳县（今河北涿州市）了。史朝义的心头顿时一热。

范阳县到了，幽州城还会远吗？

可是，此刻的史朝义并不知道，他永远也到不了幽州城了。

因为，他亲自任命的范阳尹、燕京留守李怀仙已经于数日前向唐廷递交了降表。并且，李怀仙还命兵马使李抱忠率三千人马入驻范阳县，目的就是要在这里堵住他。

当满身疲惫、饥肠辘辘的史朝义领着几百残兵抵达范阳城下时，他照例看见了一个紧闭的城门。

一阵强烈的沮丧和恐惧瞬间攫住了他。

这些日子以来，他已经看过太多扇紧闭的城门了——那都是为他而紧闭的，为他而紧闭的！

史朝义知道，自己的末日到了。

后面追兵掀起的漫天黄尘已经依稀可见。史朝义派人向李抱忠发出了愤怒而痛切的质问，并责以君臣大义。李抱忠的答复是："天不佑燕，唐室复兴！如今我等既已归唐，岂能再为反复？愿你从速决定去就，谋求自全之计。并且，田承嗣必定也已背叛了你，否则官军何以至此？"

李抱忠的答复让史朝义残存的希望彻底破灭，尤其是最后一句话让他万念俱灰。

洛阳丢了，幽州降了，部众都叛了，自己的妻儿老小十有八九也落到唐军手里了……此刻的史朝义真正明白了什么叫作树倒猢狲散。

绝望的史朝义最后向李抱忠提出了一个请求——我一天没吃东西了，请给一顿饭吃。

李抱忠动了恻隐之心，把饭送到了东门口的城墙下。

这是燕朝皇帝史朝义最后的晚餐。

吃完饭，部卒中的范阳人纷纷辞别史朝义，陆陆续续走进了范阳城，走进了久别的家园。史朝义无力阻止他们走进家园的脚步，更无力阻止汹涌的泪水在自己的脸上肆意流淌。

许久，史朝义抹抹脸上的泪痕，再次翻身上马，带着最后的百余骑兵东奔广阳（今北京市西南良乡镇）。然而，广阳城门依旧紧闭。史朝义掉转马头，决定向北投奔契丹。可是，走到温泉栅（今河北迁安县境）附近的一片树林时，史朝义就再也无法前进半步了。

因为一支军队堵住了他的去路。

史朝义看见了一张熟悉的脸。

那是李怀仙的脸。

史朝义把目光从这张令人厌恶的脸上移开，最后落在一根粗壮的树枝上。

人生的归宿有时候就是这么简单—— 一根粗壮的树枝，加上一根结实的绳子。

而这场席卷大半个帝国、深刻影响唐朝历史的安史之乱，其结局也不过就是这么简单的一句话——“朝义穷蹙，缢于林中，怀仙取其首以献。”（《资治通鉴》卷二二二）

唐代宗宝应二年正月三十日，一队范阳来的快马风驰电掣地进入长安。为首的那匹马上拴着一个匣子。匣子里的史朝义披头散发、双目圆睁……

## 仆固怀恩：一颗潜在的叛乱种子

一切终于结束了。

起于玄宗天宝十四载（公元755年）十一月、历时七年多的这场叛乱，终于在这一刻偃旗息鼓、尘埃落定了！

代宗李豫不禁为此感慨万千。

两千多个日日夜夜，三朝天子忧思万端，满朝文武殚精竭虑，万千臣民同心戮力，无数将士浴血疆场……所有这一切，如今总算有了一个令人欣慰的结果；所有的付出，如今总算有了一份令人满意的回报。

这对于登基才半年多的代宗李豫而言，不啻上天赐予的一份厚礼。李豫感到了无比的庆幸和喜悦。他终于可以以此告慰玄、肃二宗以及李唐王朝列祖列宗的在天之灵了！

这一年三月，代宗朝廷为玄、肃二宗举行了隆重的国葬，在大明宫中停放了将近一年的二宗灵柩终于得以入土为安：玄宗葬于泰陵（位于今陕西蒲城县东北十五公里处），肃宗葬于建陵（位于今陕西礼泉县东北十四公里处）。同年七月，群臣为天子李豫进献尊号，称“宝应元圣文武孝皇帝”。同月，代宗下诏大赦天下，改元广德，并对平叛有功的所有将领（包括回纥可汗及其将领）论功行赏、加官晋爵。

在安史之乱最后阶段的所有平叛功臣中，功勋最卓著者当非仆固怀恩莫属。

当初郭子仪光复长安时，肃宗李亨曾经情不自禁地对郭子仪说：“吾之家国，由卿再造！”此时此刻，代宗李豫也很想对仆固怀恩说同样的话，表达同样的感激和倚重之情。

是的，如果没有仆固怀恩的积极斡旋，穷凶极恶的回纥人就有可能与史朝义结盟，给李唐王朝带来更为深重的战争灾难；如果不是仆固怀恩军事和政治手段双管齐下，燕朝的河北诸藩就有可能负隅顽抗，而史朝义也不会这么快就败亡。

因此，仆固怀恩对于代宗朝廷可谓厥功至伟，没有人可以和他相提并论。

安史之乱结束后，大功臣仆固怀恩的意见就毫无疑义地成了代宗朝廷“河北政策”的唯一指南。刚刚平定史朝义叛乱，仆固怀恩便迫不及待地向代宗上表，奏请将河北的燕朝降将就地任命为唐朝的节度使，李豫连想都没想就答应了。

于是，燕朝的河北诸藩就这么摇身一变，成了唐朝的河北诸藩。朝廷任命张忠志为成德军节度使，仍辖恒、赵、深、定、易五州，并赐名李宝臣；任命薛嵩为相、卫、邢、洺、贝、磁六州节度使；任命田承嗣为魏、博、德、沧、瀛五州都防御使，不久擢为节度使；任命李怀仙为幽州、卢龙节度使，仍辖原有六州。

诸藩相视而笑。

星星还是那颗星星，月亮还是那个月亮，地盘还是那些地盘，刀枪也还是那些刀枪！唯一的差别，就是把城头上的旗子从“史燕”换成“李唐”。

这样的差别实在可以忽略不计，所以诸藩都笑得十分惬意。

与此同时，仆固怀恩也在一旁笑得意味深长。

此前，河北诸藩就已经向他表了忠心，愿意投其麾下以效犬马之力，如今朝廷既然承认了他们，那就等于是把河北诸镇划入了他的势力范围。有了这些强藩做党援，仆固怀恩就无须担心自己的权力和地位在叛乱平定之后被皇帝削弱了。（《资治通鉴》卷二二二：“怀恩恐贼平宠衰，故奏留嵩等及李宝臣分帅河北，自为党援。”）

自古以来，功臣与叛乱大抵都是相反相成的，正是有了叛乱的存在，才有了功臣的崛起。同理，叛乱一旦平定，功臣必然会随之恩宠日衰，轻则兵权被削，重则被皇帝兔死狗烹！历朝历代，这样的例子可谓不胜枚举。正是为了防范这一点，仆固怀恩才会力挺李宝臣、薛嵩这帮燕朝降将，并与他们暗通款曲、互为奥援。

说白了，要想避免“贼平宠衰”，最好的办法就是——养寇自重。

对于仆固怀恩养寇自重的心思，代宗李豫基本上毫无察觉。对他来讲，只要河北诸藩能够弃暗投明，让这场该死的叛乱早一天平定，那就阿弥陀佛万事大吉了。至于这么做是否会导致什么隐患，是否会引发什么新的危机，代宗似乎根本就无暇考虑。

最早对仆固怀恩产生怀疑、并和他发生抵牾的人，是河东节度使辛云京。

辛云京很早就看仆固怀恩不顺眼了。因为他觉得这个番将实在是蹿得太快——几年前不过就是郭子仪手下一个小小的兵马使，如今倒好，朔方节度使、河北副元帅、单于大都护、镇北大都护、左仆射、中书令，全让他一个人兼了！连他那嘴上无毛的儿子仆固玚都成了朔方行营节度使兼御史大夫，这算什么事儿？

如今，与河东近在咫尺的河北诸藩又和仆固怀恩眉来眼去、暗通款曲，这就更让辛云京坐立难安了。

在辛云京看来，这帮安史降将历来是轻于去就的墙头草，只要形势稍有变化，或者出于某种利益，他们随时可能再揭反旗、倒戈相向！万一到了那一天，身为河东节度使的辛云京就是头一个遭殃的。因为河北与河东仅有一山（太行山）之隔，自然会成为首当其冲的攻击目标。

更何况，仆固怀恩是仆骨人，与回纥人同属铁勒诸部，这些年朝廷与回纥的往来交涉都是他一手包办的，几年前还把女儿嫁给了回纥的登里可汗，更可谓亲上加亲。而今他仆固怀恩之所以眼高于顶、牛皮烘烘，就是因为上有天子宠信，下有兵权在手，内有诸藩暗附，外有回纥援引，这是什么性质的问题？这简直是安禄山第二啊！哪一天他仆固怀恩要是勾结回纥人与河北诸藩一块造反，谁能治得了他？

正是居于这样的一些情绪和想法，所以辛云京多次对仆固怀恩采取了不合作态度。当初回纥人大举南下，驻扎在太原附近，仆固怀恩奉诏前来太原与回纥人谈判，辛云京就让仆固怀恩吃了闭门羹，既不让他进城，也不出城接待；平定史朝义叛乱后，仆固怀恩送回纥出塞再次经过，辛云京依旧城门紧闭，如临大敌，让仆固怀恩丢尽了面子。

仆固怀恩勃然大怒，随后便上疏向代宗告状，称辛云京对回纥不敬、有碍两国邦交云云。

可是，奏疏呈上多日，代宗却装聋作哑，一点反应都没有。

代宗之所以保持沉默，是因为这道奏疏让他有点不爽。在他看来，回纥人实在不是什么好东西。他们借平叛之名从唐朝捞了多少不义之财，朝野上下对回纥人痛恨到了什么程度，你仆固怀恩比谁都清楚。所以代宗觉得，辛云京不招待回纥人实属正常，你仆固怀恩大可不必抱怨，更不应该替回纥人打抱不平。

代宗的沉默越发激起了仆固怀恩的怒火。

好吧，既然天子你不闻不问，那就别怪我自作主张了！

广德元年夏，仆固怀恩突然率领数万朔方兵进驻汾州（今山西汾阳市），同时命其子仆固玚率一万人进驻榆次（今山西榆次市），命将领李光逸进驻祁县（今山西祁县）、李怀光进驻晋州（今山西临汾市）、张维岳进驻沁州（今山西沁源县），对太原的辛云京摆出了赤裸裸的威胁态势。

安史之乱平定不过半年，恃宠而骄、居功自傲的仆固怀恩俨然又成了一颗潜在的叛乱种子。

刚刚散去的战争阴云，又迅速在帝国的上空凝聚。

面对摩拳擦掌、剑拔弩张的仆固怀恩，辛云京却显得气定神闲，一副以静制动的样子。

当然，辛云京并不是不动。

相对于仆固怀恩咄咄逼人的“明动”，他采取的是更隐蔽、更高明的“暗动”。

这一年五月，宦官骆奉仙因事前往太原，回京之前，辛云京给了他一笔重贿，请他回朝向天子进言，称仆固怀恩勾结回纥人谋反，并且“反状已露”。其实，骆奉仙跟仆固怀恩本来还是有些交情的，据说还曾经结为兄弟，可是，在沉甸甸的黄白之物面前，所谓的“兄弟”之情实在没什么分量，因此也就被骆奉仙抛诸脑后了。

骆奉仙回长安必须路过汾州，此时仆固怀恩正驻扎在此。骆奉仙一到，仆固怀恩马上设宴款待，还特意请出自己的老母作陪。酒过三巡，老人家忽然盯着骆奉仙，不紧不慢地说："你和我儿约为兄弟，现在又和辛云京走得那么近，做人岂能做这种两面派？不过，有些事情过去就过去了，也没必要深究。从今往后，你与我儿还是兄弟，大家和好如初吧。"

骆奉仙这才知道，仆固怀恩之所以把老母搬出来，就是为了借老人的口来威胁他。骆奉仙一脸窘迫，只好干笑几声，把话题扯开。

稍后，仿佛是为了冲淡适才的尴尬气氛，仆固怀恩起身离席，亲自为骆奉仙跳了一支舞。骆奉仙连忙赠与"缠头彩"[1]。

仆固怀恩跳完舞，又满怀热情地对骆奉仙说："明天就是端午节了，你就多住一天，咱哥俩再好好聚聚。"

一听这话，骆奉仙心里顿时有些发毛。

你这葫芦里卖的到底是什么药？刚才借你老娘的话威胁我，现在又来装模作样地留我，你仆固怀恩究竟想干什么？

骆奉仙随即以公务在身、时间紧迫为由极力推辞，可仆固怀恩说什么也不让他走，还命人把他的坐骑偷偷藏了起来。当晚回到下榻的驿馆，骆奉仙看见马厩里空空如也，脸色唰的一下就白了。

他对左右说："仆固怀恩白天威胁我，现在又藏我的马，肯定是想杀我了。"说完，骆奉仙一刻也不敢耽搁，连夜翻墙逃走。仆固怀恩闻讯，情知不妙，赶紧追上骆奉仙，把他的坐骑还给了他。

经此一番惊吓，骆奉仙知道自己已经不能见容于仆固怀恩了，于是回朝之后，立刻向代宗上奏，声称仆固怀恩企图谋反。不久，仆固怀恩得到消息，也赶紧上疏代宗，说骆奉仙与辛云京狼狈为奸，恶意陷害他，请朝廷将二人诛杀。

代宗李豫没想到仆固怀恩和辛云京的矛盾居然会发展到如此不共戴天

---

1　唐代民俗，凡宴会中有人为其他人献舞，对方必赠与彩色绸缎，称为缠头彩，以示礼尚往来之意。

的地步，为了避免事态进一步扩大，只好下诏把两个人都褒扬了一番，劝他们以大局为重，握手言和。

这道和稀泥的诏书一下，仆固怀恩顿时一跳三丈高。

天子岂能如此是非不分？

仆固怀恩愤怒地想，自从安禄山起兵以来，自己始终奋战在平叛的第一线，整个家族为国战死的有四十六人，女儿为了国事又远嫁异域；每逢战争的关键时刻，都是自己出面向回纥求援，才得以先后收复两京、平定河南河北。要说平叛的第一功臣，自己绝对是当之无愧！可一个小小的河东节度使辛云京不但丝毫不把他放在眼里，而且还信口雌黄、肆意诬陷，而天子居然在这种情况下和起了稀泥，这意味着什么？

这难道不意味着，天子是想借辛云京来牵制自己吗？

这难道不意味着，兔死狗烹的大戏已经无声地开锣了吗？

仆固怀恩忍无可忍，立刻给天子上了一道满腹冤屈的奏疏："臣静而思之，自己有六大罪过：当初同罗部落叛乱，臣为先帝扫平河曲（今山西西北部），此罪一；臣之子仆固玢，为同罗所俘，伺机逃回，臣将其斩首，借以激励部众，此罪二；臣有女儿，远嫁外夷，为国和亲，荡平寇敌，此罪三；臣与子仆固玚不顾身家性命，为国效命，驰骋沙场，此罪四；河北诸镇刚刚归降，各节度使皆手握强兵，臣竭力安抚，消除他们的疑惧，此罪五；臣说服回纥，让他们奔赴急难，帮朝廷平叛，天下平定后，臣又亲自送之归国，此罪六。臣既有此六大罪过，合当万死！纵然含恨九泉、衔冤千古，又能抱怨什么呢？

"臣与朔方将士，功勋最著，贡献最大，是先帝中兴大业的主要力量，也是陛下流亡期间的亲信故旧，可陛下非但没有特别褒奖，反而听信宦官谗言。先有郭子仪受到猜忌，如今臣又遭诋毁，所谓鸟尽弓藏，信非虚言！陛下听信其诬陷之辞，与指鹿为马又有什么区别！倘若陛下不纳臣的一片忠心，一味因循苟且、包庇纵容，臣实在不敢说能保住身家，可陛下又岂能保得住帝国？忠言逆耳利于行，唯请陛下慎重考虑。"

一看到这道怨气冲天、大逆不道的奏疏，代宗李豫登时龙颜大怒。

是，你仆固怀恩是有功，可也没必要一件一件地拿出来显摆吧？该赏给你的，朕不是都赏给你了吗？你如今功盖天下，极尽荣宠，遭人眼红实在是情理中事。他辛云京的肚量固然是小了些，可无非就是发发牢骚而已，又没什么真凭实据，还能拿你怎样？你何需如此老虎屁股摸不得，非要朕杀了他不可？再怎么说，他辛云京也是一个堂堂的节度使，一个跟你一样的有功之臣，岂能让你说杀就杀？朕要是依了你，岂不是让功臣们人人自危？岂不是让天下人把我李豫当成了不仁不义的昏君暴君？再者，你对"勾结回纥谋反"一说反应如此强烈，要说心里没鬼，朕还就不大敢信！瞧瞧你这话怎么说的——"鸟尽弓藏，信非虚言！"你这话啥意思？朕怎么觉着有点此地无银三百两的味道呢？

更让人不可容忍的是，你居然说出"指鹿为马"这样的悖逆之言，把朕当成了昏庸无能、奢侈纵欲的亡国之君秦二世，是谁给你仆固怀恩这么大的胆子？

尤其令人发指的是这一句——"臣实不敢保家，陛下岂能安国！"连这种话你都说得出口，这不是赤裸裸的威胁恐吓吗？就凭这句话，朕就可以定你狂悖之罪、谋反之罪，朕就可以灭你九族，让你一家老小死无葬身之地，死后还要背负乱臣贼子的骂名！

这一切，朕都做得到，别以为朕不敢！

一道奏疏看完，代宗李豫已经气得七窍生烟，恨不得立刻把仆固怀恩抓到长安，五马分尸，千刀万剐！

可是，没过多久，代宗就慢慢冷静下来了。

仆固怀恩尽管出言不逊，可毕竟为帝国建立了不世之功，况且尚无明显的反叛之举，如果真的拿他问罪，不仅会让天下人心寒，而且对于刚刚平定的局势也会产生极为不利的影响。思虑及此，李豫不得不把满腔怒火压了下去。

作为天子，要杀一个人是很简单的事情。只不过有些时候，杀人非但不能解决问题，反而会把问题变得更为复杂。所以，当务之急不是杀仆固怀恩，而是要一边稳住他，一边试探他，看看他到底安的什么心！

广德元年九月，代宗李豫命宰相裴遵庆前往汾州，表面上宣旨慰问，其实是刺探虚实。

裴遵庆临行前，李豫特意叮嘱他，让他以个人名义向仆固怀恩暗示，要他入朝面圣，看他作何反应。

要是他敢来，就表明他心里头没鬼；就算有鬼，朕也能趁机把他收拾了。

要是他不敢来……

李豫皱着眉头想，那麻烦就大了。

麻烦的确不小，因为仆固怀恩不肯入朝。

裴遵庆到达汾州后，刚一宣完旨，仆固怀恩就紧紧抱着他的脚，痛哭流涕，大呼冤枉。裴遵庆遵照代宗指示，暗示仆固怀恩入朝，让他当面向天子表明忠心。

仆固怀恩当然是满口答应。

可是，裴遵庆刚刚退出，副将范志诚就力劝仆固怀恩不要入朝，说："明公受奸人陷害，与朝廷嫌隙已成，有功高不赏之惧，为何还要入不测之朝？功成而不见容于上，前有郭子仪，后有李光弼，明公若听信裴遵庆之言，必遭杀身之祸！"

次日，裴遵庆入见，仆固怀恩马上改口说，自己一旦入朝，很可能死在宦官手里，所以打算先派一个儿子入朝（相当于去当人质），以表自己绝无反叛之心。

然而，此议再次遭到范志诚反对。仆固怀恩当即又改变主意，再也不提入朝之事。裴遵庆在汾州苦等多日，见仆固怀恩再无任何表示，只好回朝复命，向代宗如实禀报了此行的经过。

既然仆固怀恩不敢入朝，那就说明他心里有鬼。

代宗李豫顿时对仆固怀恩满怀疑惧。

就在这个时候，从河东又传来了一个令人不安的消息——御史大夫王翊刚刚出使回纥回来，走到汾州居然被仆固怀恩强行扣留了。

这唱的又是哪一出？

李豫勃然大怒。你仆固怀恩为何扣押王翊？你到底在害怕什么？是不是你和回纥人之间真有什么不可告人的东西？

李豫觉得，仆固怀恩这么做已经不是此地无银了，而是图穷匕见。

或许，是时候对这家伙采取行动了……

然而，此时的代宗李豫无论如何也不会想到，还没等李唐朝廷动手收拾仆固怀恩，自己背后就突然被人狠狠捅了一刀。

那是吐蕃人的刀。

更让人始料未及的是——这一刀居然一下子捅在了帝国的心脏上。

## 吐蕃入长安

大唐自立国以来，不断开疆拓土，扩张势力范围，在帝国的西北边境和整个广袤的西域设置了数个都督府和都护府，下辖众多州县。至开元中期，唐帝国在西北和西域分别设置了朔方、陇右、河西、安西、北庭等节度使，而且每年都从关东地区征调精壮士卒戍边，一方面开展大规模屯田，以供军需；一方面开辟了大量牧场，畜养战马和牛羊。在所有重要的城堡和要塞之间，日夜都有巡逻骑兵来往游弋。

大唐帝国就这样在长达万里的边境线上，构筑了一个庞大、坚实、严密的边防体系。多年来，虽然吐蕃从未停止过对唐朝西北边境的侵扰，但始终未能有效突破唐朝的边防，更没有机会长驱直入。

然而，自从安史之乱爆发后，帝国的边防体系就名存实亡了。

李唐朝廷为了平定这场前所未有的叛乱，把朔方、陇右、河西、安西、北庭等边防重镇的精锐部队全部调回国内，只留下一些老弱残兵驻守。吐蕃军队乘虚而入，自大震关（今甘肃张家川县东南）东进，先后攻陷兰州（今甘肃兰州市）、廓州（今青海化隆县）、河州（今甘肃临夏市）、鄯州（今青海乐都县）、洮州（今甘肃临潭县）、岷州（今甘肃岷县）、秦州（今甘肃天水市）、成州（今甘肃礼南县）、渭州（今甘肃陇西县）等地，尽取河西、陇右之地。

在吐蕃军队的不断蚕食下，短短数年间，帝国西北部的数十个州相继沦陷。到代宗登基时，凤翔（今陕西凤翔县）以西、邠州（今陕西彬县）以北的唐朝国土，已全部落入吐蕃人的手中。

广德元年（公元763年）七月，吐蕃再次向唐朝发起大规模进攻，边境守将频频告急，可当时正恃宠擅权的宦官程元振却置若罔闻，只将其视为一般性袭扰，既不上奏代宗，也不发兵御敌。吐蕃军队遂长驱直入，很快就打到了泾州（今甘肃泾川县）。唐泾州刺史高晖不仅放弃抵抗，举城而降，而且替吐蕃人充当向导，领着敌军深入关中。直到吐蕃大军越过邠州（今陕西彬县），代宗李豫才惊闻吐蕃入寇的消息。

十月初二，吐蕃大军已迅速进抵奉天（今陕西乾县）和武功（今陕西武功县西），一时京师震恐，代宗急命雍王李适为关内元帅，同时起用郭子仪为副元帅，命他火速进驻咸阳组织防御。

社稷有难了，已经被晾了不少日子的郭子仪才重新回到人们的视线中。然而，此时的郭子仪却是一个光杆司令。

因“闲废日久，部曲离散”（《资治通鉴》卷二二三），此时郭子仪可以直接调动的兵马只有麾下的二十名亲兵。

由于军情紧急，而前线又没有送来任何准确的情报，郭子仪急于了解敌情，来不及等朝廷募兵，就即刻带着他的“二十人兵团”开赴前线。

抵达咸阳后，郭子仪立刻派斥候前去打探。很快，斥候就带回了准确的情报。郭子仪一听，顿时大为震惊——此次的来犯之敌不仅有吐蕃人，还有吐谷浑人、党项人、氐人、羌人，兵力足足有二十多万！

此刻，吐蕃大军已经渡过渭水，正迅速向东挺进，兵锋直指长安。

郭子仪急命部将王延昌火速回朝，请朝廷立刻发兵。然而，让郭子仪万万没想到的是，值此大敌当前、京师危急之际，一手遮天的程元振居然置社稷安危于不顾，拒不接见王延昌，更不用说派发一兵一卒了。

郭子仪彻底绝望。

他知道，程元振向来嫉妒他的功勋和威望，一直在不遗余力地排挤他，可郭子仪怎么也想不到，都到这个时候了，程元振竟然还在一心弄权、排斥异己！

看着二十几万敌军从自己的眼皮底下浩浩荡荡地开向长安，郭子仪只能在心里发出一声悲凉的长叹——长安完了。

十月初四，吐蕃的先头部队进抵周至（今陕西周至县）西面，在这里遭遇了此次入侵的唯一一次抵抗，他们被唐渭北行营兵马使吕月将击退。

然而，这注定只能是一次微弱的抵抗。因为吕月将的兵力只有区区两千人，无论如何也挡不住吐蕃的二十万大军！

十月初六，吐蕃主力进抵周至。吕月将竭力死战，最后全军覆没，兵败被俘。

十月初七，吐蕃大军渡过西渭桥。至此，大唐帝京长安已经完全暴露在他们面前。

得知吐蕃人兵临城下的消息，代宗李豫如遭雷击。他仓皇无措，最后只好在少数禁军和宦官的簇拥下逃出长安，亡奔陕州（今河南三门峡市）。

天子一跑，京师顿时大乱，满朝文武各自逃命，禁卫六军也顷刻溃散。等到郭子仪赶回长安时，天子和百官已经踪影全无，长安也已变成一座不设防的城市。

代宗逃出长安不久，随驾的禁军将领王献忠就带着四百余骑叛逃，并裹挟着丰王李珙（玄宗之子，代宗叔父）和其他十来个亲王奔回长安，准备投降吐蕃人。

王献忠一行刚刚进入开远门（长安西北门），恰好和郭子仪迎面相遇。郭子仪大声呵斥，王献忠连忙下马拜见，说："如今皇上东迁，社稷无主，令公身为元帅，废立天子就是您一句话的事，令公何不顺势而为？"

郭子仪怒视王献忠，一言不发。

王献忠讪笑着说："令公为何不说话？"

他话音未落，郭子仪就已命左右冲上前去，把他一下子按倒在地。王献忠手下面面相觑，可慑于郭子仪的威望，没人敢反抗，只好乖乖地跟随郭子仪掉头西行，去追天子车驾。

十月初八，代宗一行逃到华州（今陕西华县），当地官员都跑光了，无人供应膳食，代宗和护驾禁军又冷又饿，处境极为狼狈。就在这个时候，驻守陕州的观军容使鱼朝恩马不停蹄地赶来救驾了。

饥寒交迫的代宗李豫顿时百感交集。

危难时刻，文臣靠不住，武将也靠不住，还是宦官最贴心啊！

十月初九，吐蕃军队兵不血刃地占领了长安。

同日，吐蕃大将马重英与唐朝降将高晖一起导演了一幕闹剧：拥立广武王李承宏（玄宗堂兄邠王李守礼之孙）为帝，翰林学士于可封为宰相，同时又改年号，设百官，忙了个不亦乐乎。

随后，吐蕃人开始烧杀抢掠，"剽掠府库市里，焚闾舍，长安中萧然一空"（《资治通鉴》卷二二三）。令人啼笑皆非的是，那些早早就卸掉武装、躲藏在民间的禁军官兵，此刻非但没有一个人站出来反抗吐蕃人的暴行，反而趁乱加入了抢劫的行列。长安士民不堪其扰，纷纷逃出长安，躲进了终南山。

十月十二日，代宗在鱼朝恩的护卫下逃到陕州，四散逃命的文武百官才陆陆续续前来见驾。郭子仪行至御宿川（今陕西长安县西南），得知天子已经脱离危险，便决定不去陕州，而是沿秦岭山麓东行，前往商州、武关等地集结部众。他对王延昌说："溃散的禁军将士大部分都在商州，我们现在赶过去，把散兵游勇召集起来，同时征调武关（今陕西商县西北）的卫戍部队，不出数日，便可北上蓝田，反攻长安。"

此时此刻，郭子仪麾下仅有三十名骑兵。

吐蕃入寇长安的这一年，郭子仪已经六十七岁了，岁月的风霜早已染白了他的双鬓，仕途的坎坷也屡屡对他造成了沉重的打击，然而这一切却不曾磨灭他匡扶社稷、保家卫国的勇气和信念。

如果没有郭子仪，长安的收复很可能会遥遥无期，而代宗李豫的逃亡生涯无疑也将被大大延长。因为，当代宗逃到陕州并向四方发出勤王诏书后，在长达一个多月的时间里，各道节度使居然因痛恨宦官专权对朝廷心生不满，而按兵不动，没有人向关中派出一兵一卒！

这其中，就包括当时驻守在徐州的平叛功臣李光弼。

换句话说，宦官程元振的擅权乱政早已寒了天下人的心，就连对朝廷一向忠心耿耿的李光弼也已经放弃了自己的信念，对天子和朝廷彻底寒了心。

然而，郭子仪的心没寒。

即便吐蕃大兵压境的这一刻，权宦程元振还在不择手段地算计他，可他的心还是没寒。

一个人要成为名将不难，要成为功臣也不难，难的是当普天之下人人放弃信念的时候，只有你一个人选择坚持。郭子仪在后人心目中的地位和声望之所以远远高于李光弼，并不是因为他比李光弼更会打仗，也不是因为他比李光弼更懂得官场哲学，而是因为他比李光弼更忠实于内心的信念，更善于在人生的重大时刻做出最正确的选择。

在这个世界上，足以让人心寒血冷的事情比比皆是，但是最终，你的心寒不寒，你的血冷不冷，并不取决于别人，而是取决于你自己。

郭子仪也许就是凭着身上那一腔永不冷却的热血，才能置个人的得失荣辱于度外，并且屡仆屡起，愈挫愈奋，从而挽狂澜于既倒，扶大厦于将倾，最终成为大唐由盛转衰的乱世之中始终屹立不倒的中流砥柱，并成为这段动荡不安的历史中唯一一个善始善终（既保全了禄位又保全了名节）的功臣元勋！

十月中旬，郭子仪沿蓝田、商州、武关一路南下，先后集结了四千余名溃散的将士，随即掉头北上，在商州泣血誓师，告谕将士“共雪国耻”、克复长安。稍后，代宗李豫担心吐蕃人会进军潼关，便下诏命郭子仪率军前往陕州护驾，但郭子仪却上表说：“臣不收京城，无以见陛下，若出兵蓝田，虏必不敢东向。”（《资治通鉴》卷二二三）

代宗想想也有道理，便同意了他反攻长安的计划。

可是，郭子仪只有区区四千人，怎么可能打得过吐蕃的二十余万大军呢？

强攻当然是不行的。唯一的办法，就是智取。

郭子仪决定采用疑兵之计，迷惑吐蕃人，迫使其主动撤离长安。

随后，郭子仪派遣左羽林大将军长孙全绪等人率部进驻蓝田。长孙全绪按照郭子仪的计策，白天大张旗鼓，晚上燃起无数篝火，让吐蕃人以为唐朝大军已至。此外，长孙全绪又派人潜入长安，暗中联络了一批江湖豪杰，天天在朱雀大街上击鼓大呼，制造混乱，同时又在百姓中散布消息，说郭子仪已经集结了数十万大军，不日便要攻打长安。

吐蕃人被郭子仪的疑兵之计搞得人心惶惶，遂萌生退意，加之长安的美女财帛也已被他们劫掠一空，所以在他们看来，此刻实在不值得为了这座空城付出血的代价。十月二十一日，吐蕃军队匆匆带上他们的战利品，当天就全部撤出了长安。

降将高晖一见吐蕃人扔下他跑了，无奈之下，只好带着麾下的三百余骑东走，走到潼关时，被守将李日越抓获，当场就被砍了脑袋。

十月二十三日，得知长安光复的消息，代宗李豫感到了莫大的欣慰。他即日下诏，任命郭子仪为西京留守，第五琦为京兆尹，同时让宰相元载取代程元振，担任元帅行军司马。

长安虽然又回到了唐朝的手中，但无论如何，这都是一场令人难以容忍的奇耻大辱。用郭子仪的话说，这是“国耻”。

帝国为什么会遭受这场国耻？

这笔账不能不算。

事实上，早在代宗避居陕州之时，太常博士柳伉就已经帮他把这笔账算了个一清二楚。柳伉说：“吐蕃人长驱直入，兵不血刃而入京师，洗劫宫闱，焚烧陵寝，士卒却无一人力战，此将帅叛陛下也；陛下长期疏远功臣，宠幸宦官，终究酿成大祸，群臣竟无人敢犯颜直谏，此公卿叛陛下也；陛下刚刚离开京师，坊间便发生骚乱，暴民公然抢夺府库，自相残杀，此京畿民众叛陛下也；陛下自十月初一下诏各道兵马勤王，尽四十日，无一辆战车入关，此四方叛陛下也。既然内外皆叛，那么请问陛下，今日之势，是安是危？若以为危，岂能高枕无忧，不为天下讨伐罪人？”

柳伉得出的结论是：要想铲除祸乱之源，保全宗庙社稷，就必须砍掉一个人的脑袋。

这个人就是宦官程元振。

柳伉还说，除了诛杀程元振外，还必须把各级宦官的职权收回，交还各有关部门；并收回神策军的兵权，交给朝中的大臣。同时，皇帝还要削除尊号，下诏罪己，宣布从此改过自新，否则甘愿逊位让贤。

最后，柳伉跟皇帝打赌：“倘若如此，而兵仍不至，人仍不感，天下仍不服，请将臣全家老小碎尸万段，以谢陛下！”

柳伉这笔账一算下来，把代宗李豫的脸皮撕得可谓一干二净。

李豫为此郁闷了好多天。

可他最后还是不得不承认，柳伉说的都是事实，而且句句都是发自肺腑的忠言。

不过，事实归事实，忠言归忠言，让代宗把宦官们都给废了那是不可能的，让他下诏罪己、改过自新那更是不可能的，至于诛杀程元振嘛……似乎也是没有必要的。

十一月初二，代宗下诏削除了程元振的所有官爵，将他遣回原籍。

代宗之所以不杀程元振，表面原因固然是程元振有剪除李辅国之功，代宗不忍诛杀，可事实上，此次吐蕃入寇也让代宗李豫发现了很多问题。就像柳伉所说的那样，这次长安沦陷的原因是多方面的，除了程元振专权乱政之外，无论是士卒将帅、公卿百官，还是四方藩镇，人人都负有不可推卸的责任。如果要追究罪责，此次应该问罪的绝不止程元振一个！

既然如此，杀了他又有什么用呢？杀了他就能让所有人从今往后对天子和朝廷忠心耿耿了吗？

那是不可能的。

所以，代宗不杀程元振的最主要原因，是他对宦官这个群体仍然抱有极大的信任，因而不想把事情做绝，以免伤了其他宦官的心。

在代宗看来，自己在很多时候仍然是要依赖宦官的。比方说，万一哪天敌寇又来了，士卒将帅、公卿百官又各自逃命了，四方藩镇又按兵不动作壁上观了，他身边至少还有像鱼朝恩这样的宦官保驾。

这次吐蕃入寇让代宗看清了一个残酷的现实，那就是——没有谁是真正靠得住的！

百官要是靠得住，母猪恐怕都会上树；藩镇要是靠得住，大象恐怕也会跳舞……至于说宦官，当然也不见得始终靠得住。但最起码，宦官总是一支制衡百官、制约藩镇的力量；最起码，在天子孤立无援的时候，宦官总是一副可以暂时依靠的肩膀。

说白了，自从安史之乱爆发以来，李唐朝廷就已日渐陷入内忧外患、人心离散的境地了。此次吐蕃入寇，就是李唐王朝所有老问题和新问题的一次集中爆发。在如此严峻的局面下，任用宦官“或许”会有危险，但不用宦官则“必然”会有危险！

正所谓两害相权取其轻。李唐天子并不是不知道任用宦官的危害，而是明知有害也得用。这是他们的无奈。

这一年十二月，代宗从陕州返回长安，郭子仪率城中百官及唐军各部到浐水（灞水支流）东岸迎接，并伏地待罪，主动表示要承担长安失陷之责。代宗亲手把他扶起，激动地说："都怪朕没有早一天起用爱卿，才会落到这个地步啊！"

十二月末，代宗下诏，任命此次护驾有功的鱼朝恩为"天下观军容宣慰处置使"，统领各部禁军。

从此，鱼朝恩彻底取代程元振，成为"权宠无比"的新一代权宦。

一切终将过去，一切终将再来。

这是历史的魔咒，将永远徘徊在唐代宗李豫的头顶上，并将永远缠绕在此后的十二任大唐天子的头顶上。

## 烽火再燃：仆固怀恩之乱

吐蕃人一走，代宗李豫就必须着手解决仆固怀恩的问题了。

广德二年（公元764年）正月，代宗命刑部尚书颜真卿前往汾州，准备向仆固怀恩发出最后通牒，命他入朝面圣。

可是，颜真卿不肯去。

并不是他怕死，而是他知道现在去已经没有用了。

早在吐蕃占领长安、代宗流亡陕州时，颜真卿就曾主动提出要去汾州，以社稷有难为由，迫使仆固怀恩入朝，可代宗却担心仆固怀恩趁机叛乱，所以执意不允。

在颜真卿看来，当时那么好的机会没有把握，现在再去召仆固怀恩入朝，他绝对不肯来，所以去了也是白去。颜真卿对代宗说："陛下在陕州时，臣若前往汾州，以君臣大义为由命他勤王，他没有理由不来。可如今陛下已经还京，他既无勤王之功，又有兵权被削之忧，此时召他，他如何肯来？而且，一直咬定仆固怀恩谋反的，只有辛云京、骆奉仙、李抱玉、鱼朝恩四人而已，其他文武百官都认为仆固怀恩冤枉。臣以为，如今最妥当的办法，就是以郭子仪取代仆固怀恩，这样不需要发动战争，便可消除潜在的叛乱。”

就在代宗考虑这个建议的时候，一个在汾州担任别驾的官员忽然回到了京师，代宗立刻召见了他。

这个人叫李抱真，是泽潞节度使李抱玉的堂弟，他知道李抱玉和仆固怀恩之间已经是不共戴天了，而且仆固怀恩确实心怀异志，所以赶紧溜之大吉，以免惹来杀身之祸。

代宗问李抱真如何对付仆固怀恩，李抱真答：“仆固怀恩不足为忧。因为朔方将士日夜思念郭子仪，如子弟之思父兄。怀恩骗他们说郭子仪已经被鱼朝恩杀害了，将士们信以为真，才会服从于他。陛下若能以郭子仪为朔方节度使，则朔方将士必定会脱离仆固怀恩，亲附朝廷。”

既然大家都这么说，那代宗就没什么好考虑的了。用郭子仪取代仆固怀恩，确实是釜底抽薪的良策。

然而，还没等代宗将这个办法付诸实施，河东就传来了令人震惊的消息。

仆固怀恩动手了。

仆固怀恩的首要进攻目标，当然非河东节度使辛云京莫属。他事先买通了辛云京麾下的都知兵马使李竭诚，准备里应外合攻取太原。没想到辛云京的警惕性非常高，很快就察觉了仆固怀恩的阴谋，遂斩杀李竭诚，并加紧修固防御工事，以防仆固怀恩来犯。

广德二年正月中旬，仆固怀恩得知李竭诚被杀的消息，索性拉起反旗，命其子仆固玚率部攻打太原。辛云京立刻出城迎战。由于他早已做好了充分的战争准备，武器精良，士卒用命，因而一战就击溃了仆固玚。仆固玚被打得大败而回，只好放弃太原，转攻榆次（今山西榆次市）。

作为安史之乱余波的仆固怀恩之乱，就这样爆发了。

外寇之兵戈方息，内战之烽火再燃！

代宗李豫感到了一种深深的无奈。

像这种前仆后继、旋灭旋起的叛乱，像这种兵连祸结、内忧外患的局面，究竟要到哪天才是个头呢?

正月二十日，代宗正式任命郭子仪为关内、河东副元帅、河中节度使，数日后又加授朔方节度使。郭子仪离京赴任时，代宗满怀期望对他说："怀恩父子负朕实深！闻朔方将士思公如枯旱之望雨，公为朕镇抚河东，汾上之师必不为变。"（《资治通鉴》卷二二三）

二月初，郭子仪进驻河中（今山西永济市），准备进剿仆固怀恩父子。仆固玚围攻榆次半月不下，派人紧急征调祁县驻军，当地守将赶紧把部队交了出去。士卒们还没来得及吃饭就被迫上路了，一路上牢骚满腹，拖拖拉拉。负责率领这支援军的将领焦晖、白玉压根不想跟着仆固怀恩父子造反，只是迫于军令不得不出征，本来就憋了一肚子火，现在看见士卒们又裹足不前，他们担心驰援不及被仆固玚问罪，顿时气不打一处来，于是对着走在最后面的几个士兵张弓便射。

士卒们纷纷抱怨："将军干吗射自己人？"

焦晖和白玉没好气地说："现在跟着人家造反，终究难逃一死。反正是一死，射死有什么关系！"

抵达榆次后，仆固玚认为他们来得太晚，指着鼻子破口大骂。部队中的胡人辩解说："我们骑马，本来速度很快，都是被那些汉人步兵拖累了。"

仆固玚不分青红皂白，愤而暴打汉人士兵。被打的士卒无不咬牙切齿，说："这小子眼里只有胡人，根本不把我们汉人当人看！"

经此变故，焦晖和白玉愈发忍无可忍。当天夜里，他们召集了所有汉人士卒，告诉他们反正是一死，不如跟仆固玚拼个鱼死网破，或许还能为朝廷建功。士卒们纷纷响应，随即在焦晖和白玉的带领下发动兵变，杀死了毫无防备的仆固玚。

仆固怀恩万万没想到，自己刚刚揭起反旗，儿子就莫名其妙地死在了乱兵手中。

仆固玚之死，对仆固怀恩至少造成了三重打击：一、白发人送黑发人，诚乃人生最为惨痛的遭遇之一；二、仆固玚不仅是仆固怀恩的儿子，更是他最为倚重的左膀右臂，如今刚刚起事便痛失一臂，无疑是极大地削弱了仆固怀恩的军事实力；三、仆固怀恩父子刚刚起事，麾下部众就发动了兵变，这足以证明，朔方将士的人心仍在李唐，一旦失去了这支劲旅的拥戴，这场反叛还能有多大胜算？

为此，仆固怀恩一连数日忧惧难安。

仆固怀恩思来想去，最后决定三十六计走为上——离开河东，前往灵武（*朔方治所*），召集朔方军中仍旧效忠于自己的一部分胡人士兵，同时派人去跟回纥、吐蕃等异族联络，请他们发兵，联手对付李唐。

主意已决，仆固怀恩便去向老母亲辞行，不料一进门就遭到了老母亲的一通训斥："我屡屡告诫过你，国家待你不薄，绝不可造反，可你就是不听！如今众心已叛，灾祸随时可能降临，你说该怎么办？"

仆固怀恩无言以对，只好跪地再拜，重重地磕了几个响头，然后起身疾步向外走去。他母亲也是胡人，生性剽悍，见儿子不言而去，顿时火冒三丈，随手抓起一把刀就追了上去，一边追还一边喊："吾为国家杀此贼，取其心以谢三军！"

仆固怀恩回头一看，大惊失色，当即拔腿就跑。

老太太虽然是唐代人，不像宋以后的妇人那样裹小脚，但毕竟上了年纪，所以追了一段路就再也追不动了，只好停下脚步，可嘴里犹自对着仆固怀恩远去的背影詈骂不休。

仆固怀恩当天就带着麾下仅有的三百亲兵离开汾州，向西渡过黄河，仓皇逃往朔方。

当时，朔方的留守将领是浑释之，仆固怀恩事先给他递了一道公函，声称奉朝廷之命，率朔方军归镇，让他打开城门，出城迎接。此时浑释之已经听说了仆固怀恩反叛的消息，但尚未接到朝廷的正式通报，于是半信半疑地对左右说："仆固怀恩恐怕是打了败仗，溃逃至此吧？"

浑释之的副将、也是他的外甥张韶向来亲附仆固怀恩，马上接口说："这也未必。说不定仆固怀恩已经幡然悔悟，所以才率军归镇，我们岂能闭门不纳！"

浑释之犹豫不决。数日后，仆固怀恩的前锋已至灵武，浑释之不得不开门接纳。张韶马上将浑释之的疑虑告诉了仆固怀恩的手下。仆固怀恩接到手下的密报后，随即命张韶设计杀掉了浑释之，然后将其部众的指挥权交给了张韶，最后堂而皇之地进入了灵武。

当然，张韶只是仆固怀恩手中的一颗棋子。仆固怀恩顺利入踞灵武后，张韶也就没有利用价值了。数日后，仆固怀恩随便找个借口就命人打断了张韶的腿，然后把他关了起来。张韶大呼冤枉，仆固怀恩冷笑着对他说："浑释之是你的亲舅舅，你尚且可以把他出卖，又怎么可能效忠于我呢？"

仆固怀恩逃离汾州后，其时正驻守沁州（今山西沁源县）的朔方将领张维岳大喜，立刻赶到汾州，杀了焦晖、白玉等兵变将领，将其诛杀仆固玚之功据为己有，然后上报郭子仪。

郭子仪马上派部将卢谅前去汾州核实情况，张维岳遂重金贿赂卢谅。郭子仪得到卢谅的回报后，当即上表朝廷，为张维岳请功，同时将仆固玚的首级传送京师。

二月初，郭子仪率部进驻汾州，数万朔方将士欢欣鼓舞，纷纷喜极而泣。

得知仆固玚被杀、仆固怀恩逃亡的消息，群臣纷纷入宫向代宗恭贺。代宗李豫却惨然不悦，说："朕未能推诚立信于臣下，导致为国建功的人走到这个地步，有什么好祝贺的？"

随后，代宗派人前往汾州，把仆固怀恩的母亲接到了长安，并且好吃好喝供了起来。

当然，代宗李豫可不是想帮仆固怀恩尽孝的。明眼人谁都看得出来，这老人家已经成了代宗的人质。

虽然朝廷在饮食起居等各方面都提供了极为优厚的待遇，但老人的心境可想而知。一个月后，仆固怀恩的母亲就在无以排遣的抑郁和忧愤中一病而亡了。代宗下令以礼厚葬。朝野上下听说此事，无不替仆固怀恩感到悲哀。

值得一提的是，当时，被代宗李豫客客气气请到长安当人质的不止仆固怀恩的母亲，还有另一个平叛功臣的母亲。

谁？

李光弼。

在当时的唐朝天下，要论威望、功勋和军事才能，唯一可以和郭子仪相提并论的，并不是仆固怀恩，而是李光弼。然而，自从吐蕃入寇之后，代宗李豫对李光弼的防范和怀疑，已经丝毫不亚于前些时候对仆固怀恩的猜忌了。

理由很简单，在代宗李豫看来，吐蕃入寇，朝廷下诏命各地勤王，你李光弼却自始至终按兵不动，这难道仅仅是因为宦官程元振专权跋扈，使你对朝政感到失望而引起的吗？

不，事情肯定没这么简单。

李豫想，这些年来你李光弼转战四方，自以为功劳在仆固怀恩之上，可最终平定史朝义叛乱的功劳却落进了仆固怀恩一个人的手中，你李光弼心里面，难道就没有辛云京式的酸葡萄情结？恐怕是有的吧？

再者，说到底你李光弼也是一个契丹人、一员番将，而且手握重兵，雄踞一方，从这个意义上讲，辛云京对仆固怀恩的怀疑，在你李光弼身上也照样可以成立。既然如此，朕当然就要采取一些手段，预防你变成仆固怀恩第二了。

也许正是居于这样的想法，所以吐蕃退兵后，代宗李豫马上把领兵驻扎在徐州的李光弼调往洛阳担任东都留守，表面上示以优宠，实际上夺其兵权。

果然不出代宗所料，李光弼的反应和当初的仆固怀恩如出一辙。他以保护江淮地区的粮食转运为由，始终待在徐州，拒绝赴任。

保护江淮粮运?

这样的借口是何等牵强啊!

代宗在失望之余，内心不免生出更深的担忧和疑虑。

当时，李光弼的母亲住在河中（今山西永济市），于是代宗便频频派遣宦官前去“慰问”，以此向李光弼施加压力，目的是促使他服从调遣。然而李光弼却不为所动。

代宗一狠心，断然把李光弼的母亲和弟弟从河中接到了长安，表面上礼遇甚周，并安排李光弼的弟弟在禁军中担任职务，但谁都知道，这是天子攥在掌心里的政治筹码，目的是以此要挟李光弼，防止他像仆固怀恩那样起兵造反。

事情发展到这一步，代宗李豫与功臣李光弼之间的君臣关系实际上已经处于高度紧张状态，随时有可能破裂。

对此，李光弼的心里当然不会好受。

自己戎马一生，对天子和朝廷忠心耿耿，为国家出生入死，屡建殊勋，不料到头来却成了天子的眼中钉和肉中刺，这叫他情何以堪?

可是，让李光弼放弃兵权，去洛阳当一个不大不小的东都留守，他实在是不甘心。更何况，就算他老老实实到洛阳去上任，天子对他的猜忌也不见得会就此消除。更有可能的是，解除兵权只是第一步，接下来就是随便找个罪名贬谪流放，到最后很可能就是兔死狗烹!

自古以来，“功高不赏”几乎是每个功臣的必然结局，他李光弼又岂能独免?

所以，李光弼只能硬着头皮和代宗死扛。

这一扛，很快就扛出病来了。

而且这病来势凶猛，一下子就把李光弼击倒了。史称“光弼御军严肃，天下服其威名，每申号令，诸将不敢仰视。及惧朝恩之害（实际上是惧怕代宗之害），不敢入朝，（部将）田神功等皆不禀命，因愧耻成疾。”（《旧唐书·李光弼传》）

李光弼很快就病入膏肓。临终前，左右问他有何遗言，李光弼只说了一句话：“我久在军中，不得奉养母亲。既为不孝之子，夫复何言！”

很显然，最让李光弼抱憾的事情，就是一生为国尽忠，却不能为母尽孝；而最让李光弼至死难以释怀的事情，就是一辈子替朝廷征战沙场，到头来居然连累母亲成了天子和朝廷的人质！

广德二年七月，李光弼带着诸多的遗憾离开了人世，终年五十七岁。当然，李光弼的身后事是极尽哀荣的。代宗不仅为之辍朝三日，追赠太保，谥号“武穆”，而且为李光弼操办了一场盛大的葬礼。他派遣宦官鱼朝恩到李光弼母亲的府上吊唁，命京兆尹第五琦负责丧葬事宜。葬礼举行那天，代宗还专门下诏，命宰相率文武百官护送李光弼的灵柩，并一直护送到了延平门外。

仆固怀恩借张韶之手除掉了浑释之，紧接着又收拾了张韶，把留守灵武的朔方部众悉数收入麾下，于是兵势复振。

眼看一场战乱已经迫在眉睫，代宗深感忧虑。

为了避免战争，代宗不得不采取了高姿态，不仅对仆固怀恩留在河东的家属厚加安抚，而且专门下诏吹捧仆固怀恩，称其“勋劳著于帝室、及于天下”云云，还说：“朝廷和你之所以产生猜疑和误会，都是因为一些小人从中挑拨离间，仔细考察爱卿的内心，事实上并无反叛之意，还是让君臣之间的大义和深情恢复如初吧！只不过河北既然已经平定，朔方也已有了新的任命，所以就解除你的河北副元帅和朔方节度使之职，但是太保、中书令、大宁郡王等官爵，则全部保留。盼望即刻来京，不要再有猜疑。”

看着这道假惺惺的诏书，仆固怀恩冷笑不已。

都到这个时候了，还跟我来这套？你当我仆固怀恩是吃素的？

广德二年八月，仆固怀恩引回纥、吐蕃联军共计十万人悍然入寇，一时间京师震骇。

该来的还是来了。

代宗一想起去年吐蕃大军入侵长安的那一幕，心中犹有余悸。

这一次，长安能守得住吗？

## 力挽狂澜：郭子仪单骑盟回纥

边境战报传来，代宗紧急召见郭子仪，问他有何御敌之策。郭子仪胸有成竹地说："仆固怀恩不会有什么作为。"

代宗颇感意外，问他何故。

郭子仪说："仆固怀恩虽然勇悍，但为人刻薄寡恩，将士并不拥戴他。况且，怀恩麾下将士都是臣的旧部，他们必不忍与我刀刃相向，所以臣料定，仆固怀恩难以有何作为。"

代宗闻言，大为欣慰，随即命郭子仪率部出镇奉天（今陕西乾县），以御西来之敌。

九月下旬，仆固怀恩率回吐联军逼近邠州（今陕西彬县），当时的邠州守将是邠宁节度使白孝德。他立刻派人向郭子仪告急，郭子仪即命其子郭晞率数万人马驰援邠州。

十月初，仆固怀恩的前锋进抵宜禄（今陕西长武县），被白孝德击退。数日后，仆固怀恩率大军进抵邠州，开始攻城，白孝德和郭晞据城力战。

十月初六，仆固怀恩意识到邠州不易攻克，遂带着大军绕过邠州，直逼奉天。朝廷闻讯，立刻宣布京师戒严。郭子仪麾下诸将纷纷请战，郭子仪说：“敌军深入我方腹地，急于速战速决，我军应坚壁以待，绝不主动出击。敌人认为我们怯战，戒备自然松懈，届时才有机会将其击破。如果现在马上出击，万一失利，军心势必离散。胆敢再言出战者，立斩！”

七日夜，郭子仪在乾陵以南选择了一个险要地形，命士兵构筑了一座坚固的营寨。

八日拂晓，回吐大军进抵奉天。仆固怀恩原以为郭子仪没有戒备，到此一看，才发现唐军早已严阵以待。而且，城外的营寨与奉天互为犄角之势，无论回吐大军攻击何处，必然都会陷入腹背受敌的险境；如果兵分两处，同时进攻，又担心被唐军抓住破绽，各个击破。尤其是像回吐联军这种临时凑在一起的部队，在协调、配合方面本来就存在问题，一旦分兵，形势肯定更为不利。

因此，当回纥人和吐蕃人见到郭子仪给他们摆下的这个阵势后，顿时大为惊愕，观望良久后，终究不敢进攻，遂不战而退。

郭子仪抓住战机，命部将李怀光率五千精骑追击，一直追到了麻亭（今陕西彬县南）。

十月十三日，回吐大军退到邠州。仆固怀恩很不甘心，再次对邠州发起进攻，但强攻七八天，始终未能攻克。此时回吐联军粮草已尽，仆固怀恩无奈，只好于二十一日率众渡过泾水，向西而遁。

仆固怀恩的第一次军事行动就这样无果而终了。

永泰元年（公元765年）九月，仆固怀恩再度纠集回纥、吐蕃、吐谷浑、党项、奴剌等数十万大军，兵分三路大举入侵：吐蕃军团从北路进攻奉天（今陕西乾县），回纥军团继之，仆固怀恩率朔方军殿后；党项军团从东路进攻同州（今陕西大荔县）；吐谷浑及奴剌军团从西路进攻周至（今陕西周至县）。

郭子仪向代宗紧急奏报：“胡虏全是骑兵，进军速度如飞，绝不可掉以轻心，请皇上下令凤翔节度使李抱玉、滑濮节度使李光进、邠宁节度使白孝德、镇西节度使马璘、河南节度使郝庭玉、淮西节度使李忠臣等各部火速出兵，扼守各个军事要地。”

代宗随即颁下诏令。然而，除了李忠臣部接到诏令即刻开拔之外，其他各藩镇都反应迟钝，并未及时出兵。

如果不是接下来发生的这个重大意外，致使整个局势为之逆转，大唐王朝很可能又要继两年前的吐蕃入侵之后，再次经历一场严峻的战争考验，而西京长安也很可能再次陷落，代宗李豫也很可能再度狼狈出逃。所幸，这个意外发生得非常及时——仆固怀恩死了。

就在多国联军一路向长安猛扑过来的中途，仆固怀恩忽得暴病，旋即被转移到后方，于这一年九月初八死于鸣沙（今宁夏中宁县）。

仆固怀恩一死，多国联军顿时失去联结的纽带，开始各自行动。而仆固怀恩所率的朔方部众则数易其主：先是被仆固怀恩囚禁的张韶逃出监狱，纠集旧部夺取了指挥权；紧接着将领徐璜玉又杀了张韶，接管了朔方军；没多久大将范志诚又杀了徐璜玉，再次夺取了指挥权。

九月十五日，吐蕃十万大军突然进抵奉天城下，京师再度震恐。

吐蕃人正在城下列阵之际，奉天守将、朔方兵马使浑瑊趁其立足未稳，突然率领二百骁骑冲入敌阵。浑瑊一马当先，左砍右劈，吐蕃部众大为惶骇，无不披靡。片刻之后，浑瑊就抓获一名吐蕃将领，挟着他策马奔回，随行的二百骁骑无一伤亡。城头上的唐军将士见此情景，顿时士气大振。

十六日，吐蕃军开始大举攻城，浑瑊率众死守，数日内与吐蕃大小二百余战，斩杀五千余人。吐蕃人见唐军如此悍勇，只好拔营而去。

就在浑瑊力拒吐蕃的同时，唐军的各路兵马已纷纷进入战略要地驻防：郭子仪率朔方军进驻泾阳（今陕西泾阳县），李忠臣进驻东渭桥（今陕西高陵县南），李光进进驻云阳（今陕西泾阳县北），马璘和郝庭玉进驻西渭桥（今陕西咸阳市西南），李抱玉进驻凤翔，宦官骆奉仙与将军李日越进驻周至，同华节度使周智光进驻同州（今陕西大荔县）。最后，代宗李豫亲率禁卫六军屯驻禁苑。

为了鼓舞士气，代宗于九月二十一日下诏，声称要御驾亲征。

皇帝调门很高，说要亲征，可有人却一心只想着逃跑。

这个人就是禁军统领鱼朝恩。

自从听说吐蕃的十万大军在攻打奉天后，鱼朝恩就开始计划逃跑了。他准备挟天子逃往河中，又担心百官反对，决定以武力威逼，迫使百官就范。

某一日早朝，文武百官在宫门外站立多时，眼见上朝的时间早已过了，可宫门却迟迟不开。就在众人大惑不解之际，门忽然开了，只见鱼朝恩一脸阴沉地走了出来，身后跟着数十名刀剑出鞘的禁军士兵。

这唱的是哪一出？

百官面面相觑，不知所为。

紧接着，众人听见鱼朝恩用一种不容置疑的口吻宣布："吐蕃屡屡进犯京畿，天子车驾准备巡幸河中，诸位意下如何？"

百官大为错愕。

可他们都知道，鱼朝恩这句话不是设问句，而是陈述句；他不是在征求众人的意见，而是在宣布他的决定。

一瞬间，满朝文武鸦雀无声。就在这个时候，一个姓刘的给事中忽然大步走出队列，面对鱼朝恩厉声道："敕使（当时对宦官的统称）是想造反吗？现在京师周围大军云集，您不想同心戮力抵御敌寇，却想裹挟天子弃宗庙社稷而去，不是造反是什么？"

此言一出，鱼朝恩当场语塞。

他又惊又怒，可想了半天，实在想不出一句反驳的理由，只好拂袖而去。

为《资治通鉴》作注的元人胡三省在这个地方写了一句批语："给事中刘君，身立庙堂，刚正不阿，有如此英雄表现，史书中居然连他的名字都没有，不知道唐朝设立史馆是干什么用的。"

诚哉斯言！

中国历史上的史官虽有秉笔直书、不畏强权的传统，但这只是一种抽象的精神，能按照这种精神行事的史官恐怕是寥若晨星、屈指可数的。大部分史官，拿的是皇帝的俸禄，看的是大官的脸色，在作历史记录时，或许都会遵循某种约定俗成的行规，那就是：乌纱帽大的，不仅要录其言，载其行，更要留其名；至于乌纱帽小的，能把你的事迹如实记录就算对得起你了，你还想要什么？

名留青史，千古流芳？

做梦去吧！

从永泰元年九月中旬到下旬，关中地区一直暴雨倾盆，这给吐蕃军队的行军造成了极大困难。眼看各路唐军已经在长安外围筑起了一道铜墙铁壁，加上天气如此恶劣，吐蕃人只好放弃攻打长安的计划，掉头攻击醴泉（今陕西礼泉县），准备最后捞一把就走。

与此同时，党项军队则在白水（今陕西白水县）和蒲津关（今陕西大荔县东黄河渡口）一带烧杀掳掠，数日后引兵遁去。

九月底，吐蕃军队劫掠了大量财帛和数万男女后，开始向北撤退。行至邠州时遇到回纥军团，吐蕃人马上又打起了长安的主意，遂与回纥合兵一处，掉头围攻泾阳（今陕西泾阳县）。

由于仆固怀恩已死，吐蕃与回纥谁也不服谁，都想当老大，结果差点翻脸，遂分开扎营，相互戒备。

此时驻守泾阳的是郭子仪。

他立刻意识到，这是一个机会——一个将对手分化瓦解、不战而屈人之兵的机会。

郭子仪即刻遣使前往回纥军营，希望与回纥化干戈为玉帛，共同攻击吐蕃。回纥人看着来使，半信半疑地说："郭公的确在此吗？你在骗我吧？若真在此，何不出来一见？"

使者带回了回纥人的话，郭子仪对左右说："如今敌众我寡，不能跟他们硬拼。当初，回纥曾数度与我们结盟，我现在亲自前往回纥大营，和他们再续前盟，定能不战而下。"

诸将闻言，一致要求郭子仪挑选五百精骑作为护卫。郭子仪说："这是害我。"随即跃上马背。他儿子郭晞拉住马缰阻拦他说："回纥人是虎狼，大人是帝国元帅，岂能拿自己的命去赌？"郭子仪说："今天如果跟他们开战，不仅我们父子会同死沙场，国家也会陷入危险之地。我诚心诚意前去会盟，他们若能接受，则为四海之福；若不能接受，我身虽死，全家亦可保全。"说完狠狠一鞭抽在郭晞手上，厉声喝道："走开！"

随后，郭子仪只带着数名亲兵出城，来到回纥大营外喊话："郭子仪前来拜访。"

回纥人一听，顿时又惊又疑。

咱们不过就这么随口一说，没想到他还真来了。

回纥大元帅药葛罗（登里可汗之弟）更是不敢相信。他马上命大军列阵，然后骑马立在阵前，搭弓上箭，一脸警惕。

接下来发生的一幕更加让人难以置信——只见郭子仪单骑驰入营中，一边策马向药葛罗走来，一边"免胄、释甲、投枪"，也就是把身上的头盔、铠甲和武器全部扔掉了。

回纥诸酋长面面相觑，异口同声说："真是郭子仪！"随即纷纷下马，毕恭毕敬地向郭子仪行跪拜大礼。

郭子仪翻身下马，就这样手无寸铁地走到药葛罗面前，说："你们回纥有大功于唐，唐朝待你们亦不薄，为何背弃盟约大举来侵？这是弃前功而结怨仇、背恩德而助叛臣的愚蠢行为！仆固怀恩背叛君王、离弃母亲，又能给你们带来什么好处？我现在只身前来，要杀要剐悉听尊便，只不过我的部下必与你们死战！"

药葛罗万万没想到郭子仪会走这步险棋。如今人家孤身前来、手无寸铁，光这份胆识就足以令人敬畏三分；而自己则如临大敌、剑拔弩张，首先在气势上就输给了对方。换句话说，双方虽然尚未开战，但第一回合，郭子仪已经不战而胜了。

药葛罗干笑几声，一脸尴尬地说："怀恩欺骗我们，说天可汗已经驾崩，说您也已去世，国中无主，我们才敢前来。而今既知天可汗在上都，令公又在此统领大军，而怀恩又已经为天所杀，我曹岂敢与令公开战！"

郭子仪知道，眼下自己虽然在道义上占了上风，但仅凭道义是无法让回纥人退兵的。说白了，要想不战而屈人之兵，不仅要晓之以理，更要诱之以利！

这一次来，郭子仪已经给回纥人准备了一份厚礼。

当然，这份厚礼不是现成的，需要回纥人跟唐军联手去取。

因为东西在吐蕃人那里。

郭子仪说："吐蕃人凶残无道，趁我国内乱之际，侵我边塞，焚我州县，掳我财帛子女。此次，吐蕃所掠之财不可胜计，马牛杂畜满山遍野，运载财物的队伍长达数百里，这是上天赐给你们的礼物，不取岂不可惜？站在你们的角度替你们考虑，我个人以为，没有什么比这更有利的事情了。"

药葛罗一听到"所掠之财不可胜计，马牛杂畜满山遍野"这句话，眼睛一下子就亮了。

对啊，与其跟唐朝为敌，一个州一个县的辛辛苦苦去抢，还不如把吐蕃人抢来的东西一股脑儿全给劫了！如此省心省力的大好事我怎么就没想到呢！

药葛罗越想越美，赶紧一脸正色说："我被怀恩所误，差点铸成大错，实在对不住令公。请令公给我一个出力的机会，我一定击败吐蕃人，以此将功赎罪。"

郭子仪单人独骑、三五句话，就把来势汹汹的回吐联军给摆平了。

唐回双方把盏盟誓，握手言和。一场迫在眉睫的大战役就此烟消云散了。

吐蕃人得到唐回结盟的消息后，大为惊骇，当天晚上就拔营而逃。唐回联军合力追击，在灵台（今甘肃灵台县）西郊大破吐蕃军队，斩杀万余人，夺回大量财帛，并救回被掳掠的男女四千人。

随后，仆固怀恩麾下的一些骁将自知难有作为，遂陆续归降朝廷。

至此，仆固怀恩之乱宣告终结。

“郭子仪单骑盟回纥”的一幕，从此成为中国战争史上不战而屈人之兵的经典战例。

仆固怀恩败亡了，回纥人和吐蕃人也都走了，代宗李豫终于长长地松了一口气。

可是，天下能从此太平吗？

永泰元年的深冬，代宗李豫伫立在历尽劫难的长安宫阙之上，伫立在二百八十九年的大唐王朝的历史中途，看见此前一百四十七年的帝国往事在他的视野中渐行渐远——无论是旧日的繁华与荣光，还是曾经的无奈与苍凉，都已泛黄枯萎，随风而逝。

未来的岁月，李唐王朝能否远离血火与刀兵的劫难，能否重现昔日的辉煌？

李豫不知道。

他只知道，此时此刻的大唐帝国，与安史之乱爆发以前的大唐帝国相比，已经面目全非、判若天渊了。

李豫清楚地记得，天宝十三载（公元754年），也就是安禄山发动叛乱的前一年，天下有户口九百余万，人口五千二百八十余万。然而，到了史朝义败亡后的广德二年（公元764年），户部呈奏的普查结果是：天下总户数仅余二百九十余万，总人口只剩下一千六百九十余万。也就是说，经历了一场安史之乱，帝国的总户数就减少了六百余万，总人口锐减了三千六百万，整整丧失了三分之二！

三千六百万……这是多么令人触目惊心的数字啊！

不，这不是数字，这是三千六百万条有血有肉的生命，这是三千六百万个鲜活生动的灵魂！可他们就在这样一场空前的浩劫与灾难中消失了，就这样被历史佬儿的无情之手一下子抹掉了……

李豫感到了一种浸透骨髓的无奈和悲凉。

他不敢再往下想了。

他只能默默地向天祈祷，祈祷李唐王朝能够在未来的岁月里四海升平、帝祚永昌。

此刻，凛冽的北风正在龙首原上驰骋呼啸，四方的浓云正在长安上空奔涌漫卷。辽阔苍茫的天地之间，这座历经劫难的大唐帝京，看上去显得无比的渺小和孤单……

| 第五章 |

# 一团乱麻的帝国

## 安宁的代价："蜀中之乱"始末

如果把大唐帝国看成是一个人的身体，那么安禄山和史思明无疑等于恶性肿瘤，而"安史之乱"就是帝国罹患的癌症。

癌症之所以可怕，就在于癌细胞的扩散。一旦它开始扩散，就算你把肿瘤割了也于事无补。如今的唐帝国正与此相似。安禄山父子和史思明父子虽然都被灭了，但是无数的安禄山和无数的史思明却在帝国的四面八方蓬勃成长。紧继安史之后发动叛乱的仆固怀恩可以视为第一颗扩散的癌细胞。在他之后，历任大唐天子将会无奈地发现——正在或即将发生病变的细胞绝不是以个位数来衡量的，而是成百上千、成千上万……

更要命的是，你根本不知道哪一颗健康细胞会在哪一刻突然病变，你更不知道它会不会发展成像安禄山和史思明那么可怕的恶性肿瘤。

就比如现在，永泰元年冬，仆固怀恩之乱刚刚平定，原本相对安宁的蜀中就出事了—— 一个叫崔旰的将领把蜀中闹得鸡飞狗跳，让代宗朝廷大伤脑筋。

这个崔旰打仗是一把好手，深受剑南节度使严武的器重，曾奉命进攻西山（成都以西的山区）一带的吐蕃军队，连克数城，拓地几百里。班师凯旋之际，严武为他举行了一个盛大的欢迎仪式，据说还专门制造了一辆“七宝舆”（装饰有各种贵重珠宝的车），让他端坐其上，在一众军民既羡且妒的目光中大摇大摆地进入了成都城，那感觉别提有多拉风了。

那一刻，崔旰恍然觉得自己就是传说中的盖世英雄。

永泰元年四月，严武死了，崔旰比死了爹妈还伤心。不过伤心归伤心，最重要的事情还是赶紧推选一个跟自己关系比较铁的节度使。

崔旰很快就向朝廷推荐了一个叫王崇俊的大将。

只可惜，崔旰慢了半拍，被都知兵马使郭英干给抢了先。郭英干联络了其他几个高级将领，推荐了自己的哥哥郭英乂。

由于郭英干推荐在先，而且联名推荐的又是剑南道的主要将领，因而朝廷就任命了郭英乂。郭英乂赴任后，对曾经参与竞争的王崇俊很不爽，没过几天就随便找个罪名把他干掉了，然后又给崔旰发了一道调令，让时任西山都知兵马使的崔旰马上回成都，声称另有任命。

崔旰不傻，他当然知道这道所谓的调令就是一张死亡通知书，所以就以防备吐蕃为由，赖在西山不走。

郭英乂火了。

你小子居然敢抗命，眼里还有没有我这个节度使了？别以为你坐了一趟七宝车就有多牛逼了，老子有的是办法对付你！

随后，郭英乂就断掉了崔旰所部的粮饷。这一招实在阴损，一下子把崔旰逼得没有活路了。更令人不齿的是，因崔旰曾任汉州刺史，家眷都住在汉州（今四川广汉市），郭英乂就派人把他的家眷劫到了成都，还霸占了崔旰的姬妾。崔旰悲愤莫名，可人家毕竟是堂堂的节度使，位高权重，兵多将广，自己实在是胳臂扭不过大腿。最后，崔旰只好率部进入深山，打算跟郭英乂打游击。

按说都把人家逼到这份上了，郭英乂也该适可而止、见好就收了，可这家伙偏偏要赶尽杀绝，于是“蜀中之乱”就此拉开序幕。

郭英乂随后便以帮助崔旰打吐蕃为名，亲自领兵进入西山，准备一举消灭崔旰。不料当时天降大雪，山谷中的积雪足足有数尺之厚，郭英乂的部队举步维艰，而且冻死了好多士兵和战马，士气低落到了极点。

崔旰趁势出击，把郭英乂打得丢盔弃甲、大败而逃，狠狠地出了一口恶气。

郭英乂只带着残部一千人狼狈逃回成都。

这次交手让崔旰看清了一件事——这个郭英乂不过是一只外强中干的纸老虎，根本不经打！

紧接着，一个念头浮出了崔旰的脑海。

彼可取而代之！

其实，仔细分析一下，崔旰要取代郭英乂还是很有可能的。因为崔旰的部众常年在山区地带跟吐蕃作战，士兵都比较吃苦耐劳，战斗力远远高于一般部队；而郭英乂麾下的部队常年驻守成都，养尊处优，打起仗来自然就比较脓包了。

此外，还有很重要的一点是，崔旰和手下那帮兄弟相处好多年了，彼此感情深厚，将士同心；而郭英乂初来乍到，很难在短时间内获得将士拥戴，加之郭英乂生性残暴，不恤士卒，军令苛酷，所以蜀中将士们都跟他离心离德。

这样一比较，崔旰觉得自己基本上胜券在握了。接下来，只要找一个合适的出兵借口，就可以直取成都，把郭英乂给灭了！

借口要找总是有的，何况郭英乂做人本来就不咋地，要抓他的把柄易如反掌。很快，崔旰就利用郭英乂节度使府的选址问题，在蜀中大造舆论，说郭英乂想造反。

此话从何说起？

崔旰绝不是空口白牙乱咬人，他是有证据的。

——郭英乂所在的节度使府原本是玄宗幸蜀时居住的行宫，此地院宇华丽，花木扶疏，被当地人誉为“形胜之所”。玄宗回京后，有关部门就把行宫改为道观，还用黄金铸造了一尊玄宗的塑像，供奉在道观中供士民瞻仰。历任节度使来到剑南后，第一件事就是入观参拜，然后再正式上任。可郭英乂一来，居然对这块风水宝地垂涎三尺，马上把玄宗的塑像搬掉，把观里的道士全部驱逐，公然将此地占为己有。

这是什么性质的问题？这不就是想造反吗？

崔旰对将士们说：“英乂反矣！不然，何得除毁玄宗真容而自居之？”（《旧唐书·崔宁传》）

报仇雪恨的时刻到了。

永泰元年闰十月下旬，崔旰率所部五千余人攻打成都。郭英乂出城迎战，双方在成都西郊开打。不出崔旰所料，成都的部队根本没什么战斗力，而且多数将士对郭英乂心怀怨恨，都不想替他卖命。所以，连败数阵之后，郭英乂麾下的将领就纷纷投降了崔旰。崔旰随即命他们掉头攻击郭英乂。

郭英乂无力抵挡，就此大败，其麾下部众降的降、死的死、逃的逃，基本上全军覆没。郭英乂只身逃亡，可刚刚跑到普州（今四川安岳县），就被崔旰的好友、普州刺史韩澄捕获了。韩澄二话不说就砍了他的脑袋，派人送给了崔旰。

崔旰攻入成都后，第一件事就是把郭英乂的一家老小全部砍了。

堂堂剑南节度使郭英乂，到任还不满一个月，就这样落了个惨遭灭门、政息人亡的下场。

节度使一死，蜀中顿时群龙无首。于是各地将领纷纷起兵，扬言讨伐崔旰，实际上都是想趁乱扩充实力、抢占地盘。一时间，蜀中大乱。

永泰二年（公元766年）二月，代宗命当时的宰相杜鸿渐出任蜀中各道的副元帅，兼剑南西川节度使，负责平定蜀中之乱。

稍后，又命山南西道节度使张献诚兼任剑南东川节度使，命二人同心协力，讨伐崔旰。

这个杜鸿渐就是当年在灵武拥立肃宗的大臣之一，此人生性怯懦、贪财好贿，别的本事没有，最擅长的就是政治投机。当年拥立肃宗，是他这辈子干得最漂亮的一件事。仅此一票，他就捞到了整个后半生的荣华富贵，包括如今的这个宰相职位。

然而，眼下这个“平定崔旰”的任务却令他大为苦恼。因为上战场拼的是真本事，可杜鸿渐最缺的就是真本事。

怎么办？

看来也只能采取“拖”字诀了，让张献诚先上去打，视其成败再作打算。随后，杜鸿渐借故在长安迁延了一段时日。不久，蜀中的战报就传回了京师。

准确地说，这是一份败报——“献诚与旰战于梓州，献诚军败，仅以身免，旌节皆为旰所夺。”（《资治通鉴》卷二二四）

晕死，这位献诚兄弟也太惨了，不但全军覆没，连旌旗符节都被人抢了，看来崔旰这小子还真是不好惹啊。既然如此，出兵进剿无异于自寻死路，剩下的办法，就只能是招抚了。

杜鸿渐此后又在京师磨了几个月，一直到这年秋天才慢慢腾腾地启程入蜀。出发前，杜鸿渐专门派人给崔旰送去了一封密信，向他郑重承诺，自己到任后只挂个虚名，军政事务全部交由崔旰处置，大家相安无事，以和为贵。

崔旰见信大喜，立刻着人给杜鸿渐送去了一封措辞谦恭的回函，同时还奉上了数千匹绢帛，让杜鸿渐心里乐开了花。

抵达成都后，杜鸿渐果然遵守承诺，成天和一帮文武将吏饮酒作乐，“州府事悉以委旰”，并且屡屡向朝廷推荐，说崔旰是个不可多得的人才，应该好好重用，甚至表示要把自己的节度使职位让给他。

看到杜鸿渐的奏表，代宗真是哭笑不得。

朕让你去讨伐叛乱，你却跟叛将同穿一条裤子，这叫什么事儿？

皇帝很生气，不过后果并不严重。

因为代宗李豫实在想不到有什么更好的办法对付崔旰。

郭英乂和张献诚都是参与平定安史之乱的将领，即便不说身经百战，至少也是沙场老将，连他们都被打得那个熊样，再派人去打，除了劳师伤财之外，还能指望打出什么好来?

无奈之下，代宗只好采纳了杜鸿渐的建议，不但对崔旰既往不咎，而且还任命他为成都尹兼西川节度行军司马。

蜀中之乱就这么“平定”了，可这样的结果实在是让人无语。

因为胜利者不是朝廷，而是崔旰。

代宗为了换取表面的和平与安宁，不得不牺牲了朝廷的纲纪，不得不奉行跟杜鸿渐一样的准则——相安无事，以和为贵。

说白了，这就叫妥协纵容、姑息养奸!

第二年，在杜鸿渐的一再推举下，代宗又正式任命崔旰为西川节度使，并赐名为“宁”。从此，崔宁就成了蜀中的土皇帝。“在蜀十余年，地险兵强，肆侈穷欲，将吏妻妾，多为所淫污，朝廷患之而不能诘。”（《旧唐书·崔宁传》）

朝廷对崔宁的所作所为非常不满、深感忧虑，可压根不敢过问。

也许，这就是“安宁”的代价。

## 三角政治

经过一场安史之乱，李唐朝廷涌现了三个政治强人，他们是：郭子仪，元载，鱼朝恩。在军界，郭子仪是当之无愧的第一牛人；在朝堂，元载是大权在握的首席宰相；在内廷，鱼朝恩是独掌禁军的头牌宦官。

三个人在政治上构成了一个相互制约又动态平衡的三角，而代宗李豫就站在三角之间，小心翼翼地维系着这个微妙的政治格局。

这是一件技术含量很高的工作，不但要考验一个帝王的智商，更要考验他的情商。

比如大历二年（公元767年）二月，在代宗和郭子仪之间就发生了一件事。

表面上看，这是件小事，可要是处理不当，则势必酿成一场大祸。

代宗和郭子仪不仅是君臣，还是亲家——郭子仪的儿子郭暧娶了代宗的女儿升平公主。小两口平时也是恩恩爱爱的，但免不了也有拌嘴的时候。有一天不知何故，两个人忽然吵开了，而且互不相让，越吵越凶，最后郭暧冷不防冒出一句："你仗着你老子是天子是吧？我实话告诉你，我老子根本瞧不上天子，你让他当他还不当呢！"

完了，冲动是魔鬼。郭暧话一出口就后悔了。

他知道，自己一时冲动喊出的这句话，足以让他脑袋搬家，也足以让他老子的一世英名毁于一旦，更足以让郭氏满门跟着他一块遭殃！

别的不用说，光看升平公主此刻的表情，郭暧就已经知道自己闯下什么样的大祸了——公主一言不发，只是死死地盯着郭暧。

如果此刻公主的目光是火，郭暧肯定成了一块焦炭；如果此刻公主的目光是刀，郭暧肯定成了一摊肉泥。在盯了郭暧足足有半炷香的工夫后，公主就头也不回地转身离去了。

她要去哪？

不用问，回娘家。

准确地说，是回皇宫。

郭暧一想到他那句灭九族的话马上会落进天子的耳中，顿时全身暴汗、双膝发软。他很想叫住老婆，跟她赔礼道歉，可男子汉大丈夫的自尊心却令他无论如何也开不了口。

公主就这么进宫了。

听到宝贝女儿怒气冲天地转述完那句话后，代宗李豫也愣了好一会儿。他的眼中瞬间闪过很多丰富的内容。不过，帝王毕竟是帝王，在这种时候情商自然是比普通人高的。

代宗莞尔一笑，说：“这事你就不知道了。其实你郎君说得没错，他父亲要想做天子，这天下岂是咱们李家的！”

公主顿时目瞪口呆，原本一张樱桃小嘴此刻变成了一个硕大的圆。

代宗呵呵笑着，温言劝慰她赶紧回家，别耍小孩子脾气。随后，不管宝贝女儿如何暴跳如雷，代宗硬是让宦官和宫女把她送出了宫。

升平公主刚刚被架出宫，郭子仪就满脸惊惶地入宫来了，他身后还跟着一个被五花大绑的年轻人。

年轻人就是郭暧，他此刻的脸色已经差不多跟死人一样了。

郭子仪对着天子纳头便拜，口口声声请求天子治罪——不但要治郭暧的大逆不道之罪，还要治他郭子仪的管教不严之罪。

代宗还是呵呵笑着，亲手扶起了郭子仪，说：“鄙谚有之：‘不痴不聋，不作家翁。’儿女闺房之言，何足听也！”（《资治通鉴》卷二二四）

俗话说得好：“不是傻子和聋子，就不要做人家的岳父和公公。”儿女们闺房里的气话，怎么可以当真！

这就是天子的雅量。

即便你没有这样的雅量，也要硬把它装出来，否则一天也别想坐稳天子的宝座。

郭子仪闻言，心里的千钧石头终于落地。

当然，儿子还是要管教的。

回府之后，郭子仪就毫不留情地打了郭暧几十棍。尽管郭暧被打得皮开肉绽，几乎昏死过去，但是郭子仪心头的惊惧和愤怒还是久久不能平息。

“儿女风波”刚刚过去不久，郭子仪就又碰上了一件倒霉事——也不知道是谁吃了豹子胆，居然敢在太岁头上动土，把郭子仪的祖坟给盗挖了。

这个耸人听闻的盗墓事件很快就在长安坊间传得沸沸扬扬。代宗立刻责令有关部门追查盗墓贼，可查来查去，始终没有任何线索。老百姓对此议论纷纷，都说这伙盗墓贼谁的祖坟都不挖，偏偏挖帝国大佬郭子仪的祖坟，显然不光是图财，更是为了泄愤。

谁和郭子仪有这样的深仇大恨？

据一些消息灵通人士大胆猜测，此事的幕后主使很可能是另一个跟郭子仪平起平坐的帝国大佬。

他是谁？

不是别人，正是独掌禁兵的首席宦官鱼朝恩！

人们如此猜测的理由是：鱼朝恩素来嫉妒郭子仪功高，当初就曾处心积虑地利用“邺城之败”整倒了郭子仪，没想到郭子仪这几年又东山再起，鱼朝恩吞不下这口气，总想找机会再把他打压下去。然而，当今天子对郭子仪甚为倚重，况且郭子仪又手握重兵，鱼朝恩明里找不到机会，只好在暗中做下这等卑鄙龌龊之事，以泄心头之愤。

对于坊间的议论，代宗当然也有耳闻。

尽管他不太相信这件事是鱼朝恩所为，可关键的问题是——郭子仪会怎么想？倘若郭子仪听信坊间风传，或者利用坊间风传，愤然举兵讨伐鱼朝恩怎么办？

如今，这个相对平衡的三角政治格局是朝政稳定、社稷安宁的基础，假如此局一破，各种或明或暗的政治或军事力量势必展开一轮新的博弈，到那时候，社稷就永无宁日了！

代宗对此忧心忡忡。

不久，郭子仪从奉天入朝述职，代宗小心翼翼地跟他提起了盗墓的事情，同时不无紧张地看着他的反应。

郭子仪很清楚天子在担心什么，因此自然知道该怎么回答。他沉默片刻，随即泫然涕下，用一种既伤心又无奈的口吻说：“臣长期领兵，未能有效约束部分士卒的暴行，以至盗挖坟墓的事情屡有发生。臣今日遇到这种事，只能说是天谴，与任何人无关。”

“今日及此，乃天谴，非人事也。”（《资治通鉴》卷二二四）

代宗闻言，顿时如释重负。

这话说得真好，不愧是识大体、顾大局的三朝元老啊！

大历四年（公元769年）正月，时值新春佳节，郭子仪照例回朝述职。初七这一天，他忽然收到了一封请柬。

请柬是鱼朝恩让人送来的，盛情邀请他一起去章敬寺进香礼佛。

章敬寺可不是一般的寺院，那是两年前鱼朝恩献出自己的一座豪宅，专门为死去的章敬太后（代宗之母）祈福而修建的。据说此寺“穷壮极丽”，工程量非常大，耗费的建材数量也极为惊人，整个京畿地区能够买到的木材全部投入都不够用，最后只好拆了曲江行宫和骊山华清宫的一部分，才算把这座寺院盖完，整个工程耗资“逾万亿”。

毫无疑问，这座章敬寺虽然挂着为章敬太后祈福的名义，实则无异于鱼朝恩的私人寺院。现在，鱼朝恩居然请郭子仪到这里进香，破天荒地向郭子仪示好，究竟是何用意？他是在向郭子仪伸出橄榄枝，还是黄鼠狼给鸡拜年，没安好心？

郭子仪对此颇感迷惑。

不过，很快就有人帮郭子仪廓清了迷惑，提供了答案。

答案的提供者就是当朝首席宰相元载。他私下通过郭子仪的亲信向他提供了一个重要的信息——“朝恩谋不利于公。”

也就是说，鱼朝恩是准备在章敬寺埋设伏兵，打算趁郭子仪不备把他一举除掉！

然而，这个信息不仅没有帮郭子仪廓清迷惑，反而在他的心头罩上了更多疑云。因为，元载跟郭子仪平时不过是在场面上哼哼哈哈、彼此敷衍而已，双方并无私交，他为什么要告诉郭子仪如此重要的信息？再者，元载是如何知悉鱼朝恩的阴谋的？他这么说有没有凭据，是不是在诬陷鱼朝恩？

疑团一个接着一个，让郭子仪难辨真伪、百思不解。

代宗朝廷的三角政治格局又一次出现了破局的危机。这个危机是否可以化解，就看郭子仪作何选择了。

郭子仪的选择很简单——去。

就算是龙潭虎穴，他也必须去闯一闯。

左右将领都劝郭子仪在衣服里面套上一件铠甲，同时带上三百名武装侍卫，以防万一。但郭子仪没有同意。他说："我是国之大臣，鱼朝恩若无天子之命，岂敢加害于我？假如他真奉了天子之命，你们又能改变什么？"

随后，郭子仪欣然赴约，身边只有两三个家僮跟随。

鱼朝恩亲自站在章敬寺门口迎接，一见郭子仪随从那么少，大感意外，惊问何故。郭子仪就把那个"章敬寺设有伏兵"的消息告诉了鱼朝恩，然后笑着说："我之所以不带多人，就是怕您动手时麻烦。"

你可以把这句话当成毫无含义的玩笑，也可以把它视为大有深意的警告。究竟要作何理解，就看你鱼朝恩是否真的怀藏阴谋了。

鱼朝恩一听，赶紧捶胸顿足，赌咒发誓，说绝没有什么"伏兵"之事，这都是小人陷害，企图离间二人关系云云。最后，鱼朝恩紧紧握住郭子仪的手，眼里挤出几滴浑浊的老泪，动情地说："如果郭公不是一位忠厚长者，岂能对我不起疑心啊！"

当天，章敬寺太平无事，跟往常一样肃穆宁静。宾主双方携手礼佛，气氛轻松融洽，然后共享一顿丰盛精美的素宴，最后尽欢而罢。

没有人知道那天的章敬寺里是否隐藏着全副武装的刀斧手，也没人知道究竟是元载陷害了鱼朝恩，企图令鱼、郭二人鹬蚌相争，自己坐收渔人之利，还是鱼朝恩确实想除掉郭子仪，只是发现阴谋已经泄露，不得不临时取消了行动计划。

总之，那天什么都没有发生。

尽管如此，通过"章敬寺事件"，我们至少可以得出一个结论——这个三角政治格局并不稳固。

因为，除了郭子仪之外，鱼朝恩和元载都显得咄咄逼人，大有置其他二人于死地之势！

换言之，就算郭子仪可以凭借他的明智、谨慎和宽容屡屡避开危险、化解危机，可在鱼朝恩和元载之间，却迟早会爆发一场你死我活的争斗。

平心而论，在三个政治强人中，最骄横、最嚣张的还是鱼朝恩。史称其“专典禁兵，宠任无比，上（代宗）常与议军国事，势倾朝野”。此外，鱼朝恩最喜欢在大庭广众之下“恣谈时政，陵侮宰相”。元载在朝堂上虽然也很强势，可在鱼朝恩面前，有时候也不得不低眉拱手，“默不敢应”（《资治通鉴》卷二二四）。

有一件事颇能说明鱼朝恩的张狂。

那是大历元年（公元766年），一座新的国子监（国立贵族大学）在多年战乱后重新落成，“仅能执笔辨章句”的鱼朝恩却“自谓才兼文武”，忙不迭地学人家在讲堂上开讲经文。

有一次，国子监举行祭奠古代圣贤的仪式，礼毕照例要由一些硕学鸿儒升座登坛，为文武百官和学生们开讲儒学经典。于是，自认为满腹经纶的鱼朝恩就当仁不让、大摇大摆地上去了。

那天，鱼朝恩开讲的是《易经》。他专门挑了第五十卦“鼎卦”来讲。众所周知，鼎是国宝重器，象征国家权力，而鼎之三足则通常被用来指代宰相。鱼朝恩就开始借题发挥，大讲“鼎足折，覆公餗”。就是说，一个国家的宰相如果不得其人，就形同鼎的三足折断了，鼎就会倾覆，里面的食物便被白白糟蹋，犹如朝政被无能的宰相搞得乱七八糟。

当时在场的宰相有两个：一个是王缙，还有一个就是元载。

听到鱼朝恩借讲经之机公然侮辱在座的宰相，王缙当即怒形于色，而元载则怡然自得，脸上始终保持着一个矜持的笑容。

事后，鱼朝恩对左右说：“怒者常情，笑者不可测也。”（《资治通鉴》卷二二四）他的意思是：喜怒形于色的人最容易对付，不值得担忧；恰恰是该怒而不怒、面对侮辱而面不改色的人，才是深不可测、值得提防的对手。

鱼朝恩的判断没错，元载确实是个值得提防、深不可测的对手，但他并没有料到，元载还是个后发制人、能杀人于无形的对手。

这种人在时机来临之前往往很会装孙子，可以忍气吞声、逆来顺受，可以把你施于他的所有侮辱和伤害照单全收，但是反扑的机会一旦成熟，他就会毫不犹豫地出手，把当初遭遇的一切加倍返还于你，让你付出血的代价！

鱼朝恩尽管没有看错元载，但他毕竟还是低估了这个对手。

所以，他只能付出代价。

## 破局：鱼朝恩之死

很显然，在鱼朝恩、郭子仪和元载的三角博弈中，鱼朝恩已经逐渐居于强势地位。他因此越发忘乎所以，不仅视郭子仪和元载为无物，而且渐渐不把天子放在眼里。

满朝文武向天子奏事，可与不可都要凭天子决断，唯独鱼朝恩把奏章递上去之前，就已经料定事情必成了。换句话说，别人的奏章是在请求天子批准，他的奏章则仿佛是在通知天子执行。

此外，朝中大大小小的政务，只要事先没有知会他、没有让他参与决策的，鱼朝恩必疯狂叫嚣："天下事有不由我者邪？"（《资治通鉴》卷二二四）

听到这样的悖逆之言，代宗李豫当然非常不爽，但是为了维护朝政的稳定，他也只能忍气吞声，假装没听见。

不过，人的忍耐是有限度的。到了大历五年（公元770年）正月，终于有两件事激起了代宗的愤怒，让他忍无可忍。

第一件事，是鱼朝恩及其手下居然在禁军中私设黑牢。

为何设立黑牢？

答案很简单：为了钱。

鱼朝恩手底下有两个心腹，一个是神策军都虞侯刘希暹，一个是都知兵马使王驾鹤。他们贪图长安某些富豪的财产，就撺掇鱼朝恩设立了一个秘密特务机构，并网罗了一帮地痞流氓，专门捏造罪证，诬陷某些富豪犯罪，然后将其打入禁军黑牢，百般拷打，迫使他们招供，最后再抄没他们的全部家产。

表面上，这些没收的财产是入了禁军的府库，事实上谁都知道，入公账的只是零头，绝大多数则落进了鱼朝恩、刘希暹、王驾鹤等人的私人腰包。

由于禁军不受任何部门管辖，且自设黑牢不必走任何司法程序，鱼朝恩等人就这么肆无忌惮地干了好几年，不知有多少富豪死于非命，也不知有多少巨额财产落到了他们手里。

得知这件事后，代宗李豫大为震惊。

天子脚下，皇城根儿，居然发生了这种事，国法何在？朝廷纲纪又何在？

正当代宗为此又惊又怒的同时，鱼朝恩又变本加厉地搞出了一个“紫衣事件”。

鱼朝恩虽是宦官，但养了一大群儿子，最小的养子叫鱼令徽，年方十余岁，在宫中担任内给使，穿绿衣（六、七品官服）。有一天，鱼令徽不知何故与同僚吵了一架，回来就向鱼朝恩告状。第二天一早，鱼朝恩就怒气冲冲地拉着儿子入宫，在朝会上当着文武百官的面对代宗说：“我儿子官职太低，经常受人欺负，请皇上赐他紫衣（三品以上官服）。”

一个乳臭未干的小儿竟然想穿紫衣？

代宗觉得此事太过荒唐，就闭口不言。

没想到，还没等天子发话，有关官员就慑于鱼朝恩的淫威，忙不迭地捧出了一袭紫袍。鱼朝恩当场命儿子穿上，然后向天子拜谢。

事已至此，代宗只好勉强露出笑容，说："此儿穿上紫袍，还是挺合适的嘛。"

鱼朝恩得意洋洋，鱼令徽欢天喜地，满朝文武皆垂首不语。

此时此刻，很少有人注意到天子眼中掠过的那道杀机。

但是一个人注意到了。

他就元载。

元载无声一笑。几天后，他找了个机会向代宗密奏——"朝恩专恣不轨，请除之。"（《资治通鉴》卷二二四）

代宗虽然极为宠信鱼朝恩，把他视为三角政治中不可或缺的一角，但是，这并不意味着他可以允许鱼朝恩为所欲为。

人都是有底线的，更何况是手中仍然握有生杀之权的天子！而"黑牢事件"和"紫衣事件"，无疑已经突破了天子李豫的底线。

假如任由鱼朝恩的欲望和权力如此膨胀下去，代宗相信，自己苦心维持的这个三角政局迟早会被鱼朝恩打破。

既然这样，那还不如主动打破它，以便再造新局。

于是，代宗采纳了元载的建议，命他设计一个万全之策，务必一举除掉鱼朝恩。

经过一段时间的观察，元载发现，要收拾鱼朝恩，最重要的就是先摆平两个关键人物：一个是鱼朝恩的贴身侍卫长周皓，鱼朝恩每次进宫，周皓必率一百名禁军士兵随行；另一个是陕州节度使皇甫温，此人是鱼朝恩的心腹党羽，他手握重兵，是鱼朝恩最主要的外援。

只要摆平这两个人，收拾鱼朝恩易如反掌。而只要鱼朝恩一死，他手下那帮见风使舵的禁军将领根本不足为虑。

但是，要如何摆平周皓和皇甫温呢？

元载的方法很简单，一个字：钱。

在这个世界上，所谓的人际关系大多是用钱堆起来的，而要拆解这种关系，最有效的办法当然也是用钱。准确地说，是用钱砸！

元载随即拿出重金，往周皓和皇甫温身上狠砸，果然一下子就把他们砸了过来。此后，鱼朝恩的一言一行、一举一动就都落入了元载和代宗的眼中，而鱼朝恩却对此毫无察觉。

正月末，元载向代宗献计，把时任凤翔节度使的李抱玉调任山南西道节度使，再把皇甫温从陕州调到凤翔。元载此计有两个目的：一、麻痹鱼朝恩，让他以为心腹皇甫温靠他更近了，因而更觉安全；二、万一计划进展不顺，还可以让皇甫温突然倒戈，杀鱼朝恩一个措手不及。此外，元载又建议代宗把兴平、武功、天兴、扶风等地划归神策军管辖，以便进一步稳住鱼朝恩。

代宗依计而行。

鱼朝恩凭空多出一块地盘，顿时大喜过望。

但他并不知道，一条无形的绞索已经悄悄套上了他的脖子。

二月初，鱼朝恩的心腹刘希暹忽然嗅出了危险的气息。

在他看来，"无功受禄"非但不是一件值得高兴的事情，反而有可能是灾祸降临的前兆。因为天上从来不会掉馅饼。鱼朝恩新近并未建功，天子怎么会无缘无故多划出一块地盘给他？

这其中必有蹊跷！

刘希暹把自己的顾虑告诉了鱼朝恩。至此，鱼朝恩才开始生出一丝疑惧。然而他每次进宫，代宗总是一副和颜悦色的样子，而且对他的恩宠和礼遇丝毫不减于往日，实在看不出有什么问题，所以，鱼朝恩慢慢也就释怀了。

三月初，皇甫温入朝奏事，元载顺势把他留了下来，然后密召周皓，三个人一起制定了一个诛杀鱼朝恩的计划。随后，元载密奏代宗，表示计划已定，随时可以动手。代宗郑重其事地叮嘱说："小心一点，不要打蛇不死反被蛇咬！"

三月初十，寒食节，代宗在宫中摆设宴席，邀请一些亲贵和近臣赴宴，其中当然也包括鱼朝恩。为了预防万一，元载没有出席这一天的宴会，而是坐镇中书省，以便随时调兵遣将。

宴会结束后，代宗把鱼朝恩留了下来，说有要事跟他谈。

鱼朝恩刚刚走进内殿，代宗就一改平日的和颜悦色，厉声斥责他恃宠而骄、心怀异图。鱼朝恩虽然察觉势头不妙，但还是坚信天子不敢拿他怎么样，所以仍旧一脸倨傲，极力抗辩，并口出悖逆之言。

代宗李豫盯着鱼朝恩看了很长时间，最后冷然一笑，轻轻地挥了一个手势。

周皓随即带着一帮禁军冲了进来。

然后，一条绳索就死死勒住了鱼朝恩的脖颈……

缢杀鱼朝恩当天，代宗就下诏罢免了他的观军容使、神策军使、左监门卫大将军等职，仅保留内侍监一职，然后对外宣称——鱼朝恩受诏当日便自缢身亡了。

代宗如此处理，当然是希望稳住鱼朝恩手下的那帮禁军将领。数日后，代宗又加授刘希暹、王驾鹤为御史中丞，紧接着又宣布对鱼朝恩的所有党羽（有一部分已经被逮捕入狱）实行大赦，并说："禁军将士，都是朕的子弟兵，从今往后，朕亲自统领禁军，所有人的官爵待遇一仍其旧，都不要有什么担忧和疑虑。"

经过这样一番明智而审慎的善后处理，代宗终于成功地安抚了禁军。尽管相当一部分禁军将领对鱼朝恩的暴亡真相心知肚明，对天子李豫也不免有一些怨恨，但事已至此，他们也只能用"识时务者为俊杰"这句话来安慰自己，老老实实地夹起尾巴做人了。

唯一没有把尾巴夹紧的人，就是神策军都虞侯刘希暹。

他是鱼朝恩的头号心腹，也是第一个察觉到天子有可能对鱼朝恩动手的人。如今事实果然被他料中，刘希暹自然比任何人都更为恐惧。事后，他心里一直在担心天子会秋后算账，所以惶惶不可终日，经常在私底下跟王驾鹤诉说心中的疑惧，并发泄对天子的不满。

刘希暹万万没想到，他的哥们王驾鹤居然把这些话一五一十都记在了心里，然后又无一遗漏地报告给了天子。

代宗本来是没打算秋后算账的，可刘希暹如此不识时务，代宗也就没必要跟他客气了。

大历五年九月，亦即鱼朝恩被诛半年后，代宗便下令赐死了刘希暹。从此，有关鱼朝恩之死的话题就在禁军将士中成了一种禁忌。

除非你活得不耐烦了，否则就必须把“鱼朝恩”这三个字从记忆中抹去，彻底抹去！

在诛杀鱼朝恩的行动中，宰相元载表现得实在是很出色，可谓足智多谋，胆大心细。代宗极为满意，从此对他“宠任益厚”。

然而，诛杀鱼朝恩固然解决了宦官乱政的问题，可同时却难以避免一个新的问题。

什么问题？

宰相专权的问题。

随着鱼朝恩之死，原本那个相对平衡的三角政局被打破了，因而朝政大权势必会过多地集中到锄奸功成的元载手上。也就是说，在代宗培植起新的制衡力量之前，李唐朝廷就会面临宰相专权的危险。

那么，元载会专权吗？

答案是肯定的。

因为元载本来就不是什么好鸟。一旦没有了制约，他不仅会专权，还会弄权！

## 元载：弄权者的下场

从成功剪除鱼朝恩的那一天起，元载就开始得意忘形了。他经常在大庭广众中口出狂言，称自己文可安邦，武可定国，腹有经纶，胸怀韬略，古往今来，无人可及！

每当这种时候，听众就会阵阵反胃、恶心不已，可元载却总是洋洋得意、乐此不疲。

没有人会否认，元载这个人确实有才；可与此同时，满朝文武也没有人不知道——元载这家伙无德！帝国朝政一旦被这样一个有才无德的人把持，其结果也就可想而知了。

史称鱼朝恩死后，元载“弄权舞智，政以贿成，僭侈无度”，其小人得志的丑恶嘴脸比鱼朝恩有过之而无不及！

在这种人的手底下干活，正直的人肯定没什么好果子吃。当时，有个叫杨绾的吏部侍郎，为人正直，性情耿介，从不依附元载，而且在遴选官员时总是坚持公平公正的原则，这对“政以贿成”、卖官鬻爵的元载自然是一大阻碍。元载视其为眼中钉肉中刺，总想找机会把他拿掉。

大历五年三月底，一个叫徐浩的岭南节度使盯上了吏部侍郎这个肥缺，遂“倾尽南方珍货”贿赂元载。据说这个徐浩在地方上声名极臭，以“贪而佞”著称，可元载才不管他臭不臭，他唯独关心的就是一车一车拉到他府上的那些“南方珍货”。几天后，元载就把杨绾调到了清水衙门国子监，让他担任国子祭酒，同时把徐浩调入朝中，取代杨绾成为新的吏部侍郎。

毫无疑问，这种只会花钱买官的烂人一旦掌握了中央的人事大权，以后想要升职或补缺的所有帝国官员肯定都要被“雁过拔毛”了；而被“拔毛”的官员到了任上，也肯定要千方百计把买官花的钱从老百姓身上加倍搜刮回来。所以，无论什么时代，“买官卖官”与“官员腐败”必定是一对孪生子，有其一必有其二！

对于元载的所作所为，代宗李豫当然不会不知道。可元载毕竟当了好几年的宰相了，经验丰富，能力突出，而且又有诛除鱼朝恩之功，所以代宗还是不舍得拿掉他。

大历五年年底，代宗找了个机会单独召见元载，对他进行了一番深刻的批评教育，希望他能有所收敛，不要重蹈鱼朝恩之覆辙。

然而，元载却把代宗苦口婆心的劝导当成了耳旁风，仍旧我行我素，毫无半点悔悟的迹象。

通过大半年的等待和观察，代宗终于失去耐心、彻底失望了。

没想到这家伙跟鱼朝恩完全是一个德性、一路货色！

随后，代宗不得不开始考虑收回元载手中的权柄。

然而，代宗也很清楚，这个事情急不得，只能一步一步来。因为元载久任宰相，朝中党羽众多，比如宰相王缙，京兆尹杜济，吏部侍郎徐浩、薛邕等人都是他的死党，其他还有很多公卿大臣也惟其马首是瞻。在此情况下，要想从朝廷的文武百官中找到一个真正忠于朝廷、而且有能力对付元载的人，还真不是件容易的事。

大历六年（公元771年）八月，代宗经过一番谨慎的考察，终于把目光锁定在一个地方官员身上。

此人名叫李栖筠，时任浙西观察使。

为了避免元载等人的阻挠，代宗索性绕开中书省，直接颁布了一道诏令，召李栖筠回朝担任御史大夫。

代宗交给李栖筠的主要任务就是——寻找元载等人贪赃枉法、营私舞弊的证据，然后发起弹劾。

大历八年（公元773年）三月，李栖筠不负代宗所望，果然找到了一个突破口。

这个突破口就是从那个花钱买官的吏部侍郎徐浩身上找到的。

徐浩有一个小舅子，姓侯莫陈（三字姓），原任美原（今陕西富平县）县尉。徐浩想把他搞到京师来，就让京兆尹杜济捏造了一份政绩，声称侯莫陈在主管驿站驿马的工作中表现优异，成绩突出，特此向朝廷推荐。然后，徐浩又让他的同僚、吏部侍郎薛邕出面，将侯莫陈调任长安县尉。

依照规定，长安县尉赴任前必须先到御史台报到。结果侯莫陈一到御史台，李栖筠就不由分说地把他扣下了。

本来这也算不上多大的事，但是李栖筠自从到任之后，就一直睁大眼睛在找元载一党的毛病，如今侯莫陈自己撞上门来，李栖筠当然不会轻易放过。他稍微一调查，侯莫陈伪造政绩的行迹就败露了。李栖筠当即发起弹劾，把奏章递到了代宗手上。

代宗即命礼部侍郎于邵负责审理此案。

这个于邵也是元载的党羽，他压根没有意识到代宗就是想利用侯莫陈的案子引蛇出洞的，于是还傻乎乎地替侯莫陈辩解，声称此人虽然政绩造假，但他造假的时间却是在去年的大赦之前（大历七年五月，代宗朝廷曾有过一次大赦），既然“罪在赦前”，自然不该受到处罚。

代宗一听，顿时勃然大怒。

好你个于邵，如此牵强的借口你也想得出来？也好，既然你们都是一伙的，那朕就把你们这帮狐朋狗党一锅端了！

是年五月，代宗断然下诏，将徐浩贬为明州别驾，薛邕贬为歙州刺史，杜济贬为杭州刺史，于邵贬为桂州长史，一下子把元载一党的四个核心成员逐出了朝廷。

自此，元载的势力得到了一定程度的削弱，朝廷的风气也终于有所好转。

但是，这只是代宗收拾元载的第一步而已。

他真正想要的，是元载的命！

大历九年（公元774年），河北爆发了田承嗣之乱，代宗忙于平叛，无暇顾及朝廷内部斗争。一直到大历十二年（公元777年），河北叛乱好不容易尘埃落定，代宗才终于得以腾出手来对付元载。

这几年来，元载、王缙一党不仅没有因“侯莫陈案”而有所醒悟，反而在结党营私、贪赃枉法的道路上越走越远，连他们的家人、幕僚、手下低级官吏，甚至是出入他们家中的尼姑，也全部加入了招权纳贿的行列。史称，“载妻王氏及子伯和、仲武，缙弟、妹及尼出入者，争纳贿赂。又以政事委群吏，士之求进者，不结其子弟及主书（幕僚）卓英倩等，无由自达……”（《资治通鉴》卷二二五）

是可忍，孰不可忍！

是到采取行动的时候了。

当然，代宗是一贯小心谨慎的。由于不知道自己身边是否安插了元载的耳目，代宗从来不敢跟左右提起诛除元载的计划。满朝文武中，他也唯独只敢跟自己的母舅、时任左金吾大将军的吴凑商议。

这年三月末的一天，元载和王缙在夜晚设坛，请了一帮道士斋醮做法，具体在干些什么没人知道。可第二天一早，马上有人向代宗密报，说元载和王缙设坛斋醮，图谋不轨。虽然史书没有明载告密者的身份，但是我们不难推测——这个人很可能是代宗安插在元载身边的钉子。所以，不管元载和王缙设坛做法想干什么，他们这一回是在劫难逃了。

代宗立刻下令吴凑带兵进入中书省，逮捕了正在政事堂办公的元载和王缙，随后又逮捕了元载的儿子元仲武、幕僚卓英倩等人，最后命吏部尚书刘晏和御史大夫李涵组成合议庭，共同审理此案。

代宗虽然把案子交给了刘晏和李涵，但实际上“问端皆出禁中”，亦即调查重点和调查方向都是由皇帝钦定的。换句话说，这个案子的主审官其实就是代宗李豫本人。

既然天子亲自上阵，元载和王缙自然是浑身长嘴也讲不清了，更何况他们本来就劣迹斑斑。所以，开审没多久，元载和王缙就认罪伏法了。

但是，代宗的目标绝不仅仅是元、王二人。他要乘胜追击，挖出他们在朝中的所有党羽，将其一网打尽！

当天，左卫将军兼宦官总管董秀就被查出与元载有牵连，随即被乱棍打死。此外，吏部侍郎杨炎、谏议大夫韩洄、起居舍人韩会等十几个朝元党成员也先后被捕。

直到一切水落石出，代宗才下令将元载赐死于狱中。

接到赐死令后，元载万般绝望地对狱吏说：“求你快点让我死吧！”狱吏阴阴地答：“宰相大人，死很简单，不过在你死之前，多少总要让你受点委屈，请别见怪！”

说完，狱吏就脱下脚上的臭袜子，一把塞进了元载的嘴里。

直到怒目圆睁的元载尝够了臭袜子的滋味，狱吏才挥起一刀，砍下了元载的脑袋。

古人经常说，士可杀不可辱。对古代的知识分子而言，最可怕的并不是死亡，而是受辱。在帝国政坛上跋扈多年的堂堂宰相元载，或许也曾意料到自己总有败落的一天，但他绝不会想到，自己竟然会以吃臭袜子的屈辱方式死去。

元载死后，他的妻子王氏，儿子元伯和、元仲武、元季能也同日被杀，家产全部抄没。幕僚卓英倩等人被关数月后，于狱中杖杀。

王缙本来也已被下令赐死，但主审官刘晏替他求情，说王缙只是从犯，宜网开一面。代宗才留了他一条命，把他贬为括州刺史。

代宗本来也想把杨炎、韩洄等人全部诛杀，所幸吴凑力谏，才改为贬谪。

如果不是吴凑这一谏，杨炎就不可能在几年后东山再起，赫然登上德宗朝廷的宰相之位，并且创立那个著名的“两税法”了。

诛除元载次月，代宗任命了两位新宰相，一个就是曾遭元载排挤的杨绾，另一个是礼部侍郎常衮。

杨绾向来以“清简俭素”著称，如今代宗让他取代骄奢无度的元载，其用意不言自明。

据说，代宗的任命诏书下达这天，满朝文武便纷纷作出了反应——郭子仪晚年很会享受生活，此日恰好在大宴宾客，府上一派笙歌艳舞，一听到消息，赶紧撤除了五分之四的乐队和歌姬；京兆尹黎干原本拥有一个阵容十分豪华的仪仗队，当天便大力裁减，只留下十名骑兵；御史中丞崔宽，其府邸壮观豪奢、冠盖京华，也不得不忍痛将豪宅拆毁。

总而言之，没有人希望自己被天子和朝廷视为元载第二！

杨绾上任后，代宗对他抱有非常大的期望。因为这几年来，整个朝廷已经被元载一党搞得乌烟瘴气，代宗相信假以时日，杨绾必定能够革除弊政，重振朝纲！

然而，代宗再一次失望了。

因为老天爷只给了杨绾三个月的时间，所以杨绾几乎什么事都来不及做。

大历十二年七月，正准备大刀阔斧进行改革的杨绾忽然患病，短短几天后就与世长辞了。代宗李豫悲痛欲绝，面对群臣大声哀叹：“天不欲朕致太平，何夺朕杨绾之速！”（《资治通鉴》卷二二五）

老天爷不想让朕缔造太平啊，否则为何这么快就夺走了朕的杨绾！

是的，代宗李豫确实有理由质问上苍。

不仅是因为杨绾之死，还因为这十几年来发生的一切……

这十几年来，内有宦官乱政，宰相弄权；外有藩镇叛乱，吐蕃入寇。帝国深陷内忧外患之境，大唐天下几乎永无宁日。而在所有这些乱象中，最让代宗焦头烂额、心力交瘁的，就是此起彼伏的藩镇叛乱。

回首这十几年来的一幕幕藩镇之乱，代宗李豫充满了一种无力感和挫折感。

——永泰元年（公元765年），剑南骁将崔旰发动兵变，逼杀朝廷任命的节度使郭英乂，致使蜀中大乱；大历元年（公元766年），朝廷出兵讨伐，竟为崔旰所败，无奈之下只好任命崔旰为西川节度使，并赐名“宁”，才得以息事宁人。

——大历二年（公元767年），同华（治所在华州）节度使周智光擅杀监军宦官张志斌，公然叫嚣要“踏破长安城”，并“挟天子令诸侯”。稍后，周智光又被自己的部将所杀，淮西节度使李忠臣旋即“以收华州为名”，率部入关，大肆劫掠，把潼关方圆二百里内的官民财富洗劫一空，致使当地官吏大多衣不蔽体、食不果腹，老百姓就更是饿殍遍野、苦不堪言了。

——大历三年（公元768年），幽州兵马使朱希彩杀幽州、卢龙节度使李怀仙，自立为“留后”（相当于代理、候补节度使）。朝廷出兵讨伐，竟被朱希彩击败，只好任命其为幽州节度使。

——大历七年（公元772年），幽州军队又发动兵变，杀了节度使朱希彩，共同拥立经略副使朱泚为留后。朝廷也麻木了，照例任命朱泚为幽州、卢龙节度使。

……

事实上，代宗在位的这十几年中，各地爆发的兵变和骚乱可谓不胜枚举，远不止上面这些。换言之，大唐帝国自从经历一场安史之乱后，“目无法纪、犯上作乱、篡位夺权、自立自代”的恶劣风气就已经像瘟疫一样传遍了帝国的每个角落。四方藩镇中，士卒杀部将、部将杀主帅、主帅杀藩镇的事情屡见不鲜，若用一句话来概括，就是——层层太阿倒持，遍地骄兵悍将！

面对这一切，代宗朝廷为了维护表面的稳定，多数时候也只能采取绥靖政策，尽量姑息，一再容忍。

代宗当然不想这样子，可他没有办法。

这些年来，最让代宗感到无奈、也是最典型的一幕藩镇叛乱，就是河北的田承嗣之乱。

## 田承嗣之乱

田承嗣，原为安禄山麾下骁将，每次征战皆充当前锋，悍勇过人。安史之乱平定后，田承嗣与李怀仙、张忠志（后赐名李宝臣）等人暗中投靠了仆固怀恩，摇身一变就成了唐朝的河北诸藩。田承嗣被任命为魏博（治所在魏州，今河北大名县）节度使，下辖魏、博、德、沧、瀛五个州。

田承嗣名义上虽然归顺了朝廷，但骨子里仍旧是一个拥兵割地的军阀。这些年来，他“虽外受朝旨，而阴图自固”，在其辖境内“重加税率，修缮兵甲”，以“老弱事耕稼，丁壮从征役”，故短短几年间就建立了一支十万人的常备军。此外，魏博境内的所有州县官吏，田承嗣全都自己任命，而且多年来从未向朝廷上缴一分一毫的赋税。

对于田承嗣的所作所为，史书的评价就八个字——“虽曰藩臣，实无臣节”（《旧唐书·田承嗣传》）。

大历八年（公元773年），田承嗣又干了一件令人瞠目结舌的事情——公开为安禄山父子和史思明父子建立了一座祠堂，并尊其为“四圣”。

田承嗣是不是脑子进水了，竟然甘冒天下之大不韪，做出如此悖逆之事？

不，田承嗣的脑子没有进水。

他之所以这么干，是想以此要挟朝廷，让他遥领宰相[1]之职。

田承嗣的要求很简单——要想让我拆掉这座祠堂也可以，但必须拿一顶宰相乌纱来交换。

得知这件事后，代宗又惊又怒。

但是，除了答应田承嗣的要求之外，代宗实在是别无良策。

1　所谓“遥领宰相”，就是在原有官爵上加授“同平章事”之衔。虽然这个头衔并无实权，但却是身份、地位和荣誉的象征。

因为，他没有理由为了一个“同平章事”的虚衔，跟田承嗣的十万军队大动干戈！

代宗随即给田承嗣颁发了一道任命状，然后命他捣毁那个大逆不道的“四圣祠堂”。

大历九年（公元774年），为了安抚田承嗣，代宗又主动把自己的女儿永业公主嫁给了田承嗣的儿子田华，希望能以儿女姻亲的关系固结其心，防止他再做出什么过火的事儿。

然而，没过多久，代宗最不想看到的事儿还是发生了。

大历十年（公元775年）正月，昭义（治所在相州，今河南安阳市）兵马使裴志清忽然发动兵变，驱逐了昭义留后薛萼（原节度使薛嵩的弟弟），然后宣布归附田承嗣。田承嗣马上以救援裴志清为由，悍然出兵攻取了相州。薛萼只好逃到洺州（今河北永年县东南），向代宗上表请求入朝，随即便一口气逃回了长安。

为了阻止田承嗣吞并昭义，代宗赶紧下诏，任命昭义将领薛择为相州刺史、薛雄为卫州（今河南卫辉市）刺史、薛坚为洺州刺史（三人皆为薛嵩族人），同时派遣宦官孙知古前往河北告谕田承嗣，让他和三个新任刺史“各守封疆”，不得相互侵犯。

但是，田承嗣却拒不奉诏，马上又派遣大将卢子期攻取了洺州。稍后，田承嗣又命大将杨光朝攻击卫州，并写信劝薛雄投降。薛雄不从，田承嗣便派刺客暗杀了薛雄，同时屠杀了薛雄全家，然后占领卫州，继而又出兵攻陷了磁州（今河北磁县）。

至此，相、洺、卫、磁四州已悉数落进田承嗣手中，昭义大部被其吞并。田承嗣旋即任命了四个州的官吏，并将昭义的精锐兵马全部编入了自己的魏博军。

为迫使朝廷承认这个事实，田承嗣又导演了一幕“将士归心”的好戏。他事先交代相州和磁州的守将，让他们挑选出部分将士配合他做戏，然后，田承嗣便邀请朝廷使者孙知古一起去巡视相、磁二州。

田承嗣和孙知古一到，早已做好准备的魏博将士（假扮成昭义将士）便纷纷“割耳剺面”，强烈要求朝廷任命田承嗣为他们的节度使。所谓割耳剺面，意思是用刀割下耳朵或划破自己的脸；古代少数民族试图表达某种强烈的心志和愿望时，经常采用这种极端的行为方式。田承嗣本人虽不是胡人，但手下却不乏胡人士兵，所以他有条件导演这幕戏。然而，代宗李豫不是笨蛋，他当然不会这么轻易被田承嗣忽悠。更重要的是，田承嗣这种“公然抗旨、吞并昭义”的行为确实令人难以容忍。如果对这种行为继续采取姑息纵容的态度，任其为所欲为，那李唐朝廷的脸面何在？日后还有谁肯听从天子的诏令？

所以，代宗决定出兵讨伐田承嗣。

当然，代宗生性谨慎，做事一贯小心，从来不打无把握之战。他这次之所以敢跟田承嗣动手，是因为与魏博相邻的两个藩镇都很主动地向朝廷上表，请求讨伐田承嗣，所以极大地增强了代宗的信心。

这两个自告奋勇的藩镇，一个是成德（治所在恒州，今河北正定县）节度使李宝臣，一个是淄青（又称平卢，治所在青州，今山东青州市）节度使李正己。其实代宗也知道，这两个人之所以主动请缨，并不是因为他们对朝廷忠诚，想为国家建功，而是因为他们跟田承嗣有过节，都想趁机收拾他。

事实上，李宝臣和田承嗣的关系本来很好，不仅是同僚，而且还是姻亲——李宝臣的弟弟李宝正娶了田承嗣的女儿。有一次，李宝正去魏州做客，跟田承嗣的儿子田维打马球，纵横驰骋中，不小心把田维撞下马背，导致田维受了重伤，旋即不治身亡。田承嗣大怒，立刻把李宝正抓了起来，然后写信跟李宝臣讨说法。

李宝臣能有什么说法？虽然此事纯属意外，但毕竟人家的宝贝儿子死了，你总不能再维护自己的弟弟吧？李宝臣没办法，只好回信向田承嗣谢罪，说自己管教不严，请田承嗣不要有何顾虑，该怎么责罚就怎么责罚，他绝无二话。

田承嗣也干脆，一看到回信就命人鞭杀了李宝正。

李宝臣闻讯，顿时目瞪口呆。

他本以为，李宝正再怎么说也是田承嗣的女婿，虽然失手闯下大祸，但纯属无心，就算要罚也绝不至死！所以他才敢跟田承嗣说什么该罚就罚之类的漂亮话。可他万万没料到，田承嗣居然如此心狠手辣，一下就要了李宝正的命！

从这件事之后，李宝臣就跟田承嗣反目成仇了。

至于淄青节度使李正己，则向来与田承嗣不睦。他们之间具体有何恩怨，外人不得而知，但可以肯定的是，田承嗣自恃强大，始终看不起李正己。所以，李正己老早就想给田承嗣一点颜色瞧瞧了。这回田承嗣公然违抗诏令，李正己自然不会放过这个修理他的机会。

对代宗李豫来说，李宝臣和李正己是什么动机根本无关紧要。重要的是，他们手里头有兵，而且一心想收拾田承嗣，这就够了。

是的，这就够了！

大历十年四月，代宗下诏，把田承嗣贬为永州刺史，同时命河东、成德、幽州、淄青、淮西、永平、汴宋、河阳、泽潞九道节度使，从北面和南面同时进兵魏博，只要田承嗣拒不悔改、继续抗命，就狠狠地打，打到他认罪伏法为止！

此次征讨田承嗣，是代宗李豫自登基以来对叛乱藩镇采取的最大规模的军事行动。

代宗相信，只要打赢这一仗，就能用行动教育那些目无法纪、藐视朝廷的藩镇，并对天下所有的骄兵悍将起到一个震慑和警示的作用，从而树立起朝廷的权威。

代宗李豫对这个美妙的前景充满了期待……

当时，幽州留后朱滔（原节度使朱泚的弟弟）正一门心思盼着朝廷给他转正，所以表现得最为恭顺，一接到代宗诏书，马上与成德李宝臣、河东薛兼训联兵，从北面攻击魏博；淄青李正己则联合淮西、河阳等镇，从南面发起进攻。

五月初，田承嗣的部将、镇守磁州的霍荣国眼见大兵四合，慌忙举城向朝廷投降。

五月十五日，李正己攻陷德州（今山东陵县）；同日，淮西节度使李忠臣率步骑四万猛攻卫州。

面对来势汹汹的朝廷大军，田承嗣也不免有些发怵，可他还是准备顽抗到底。于是，田承嗣一边调兵遣将抵御南面之敌，一边命昭义降将裴志清率部攻击成德辖境冀州（今河北冀州市），企图用“围魏救赵”的办法，迫使北面的李宝臣撤兵。

然而，田承嗣万万没想到，这个刚刚叛到他麾下的裴志清却在这个节骨眼上跟他玩了一回黑色幽默，居然又率部投靠了李正己。

田承嗣气得差点吐血。

你小子可真是根墙头草！一会儿背叛这个，一会儿投靠那个，忒不地道了！老子为你惹了一身骚，你却屁股一拍就走人了，做人怎么可以无耻到这种地步？

田承嗣在心里把裴志清的祖宗十八代都问候了一遍，可骂人并不能解决问题，朝廷的南北两路大军依然在猛攻他的地盘。田承嗣没办法，只好按照原计划，亲自带兵攻打冀州。

不出田承嗣所料，李宝臣果然率部回援。只可惜，田承嗣一点好处也没捞着。因为李宝臣的部队太能打了，尤其是他麾下骁将张孝忠带领的那支骑兵，更是勇猛过人、以一当十。田承嗣连吃了几场败仗，最后只好烧毁所有辎重，灰溜溜地逃回了魏州。

八月，朝廷各路大军步步进逼，而魏博将士则军心涣散。田承嗣无奈地意识到，再这么打下去自己肯定完蛋！于是赶紧遣使入朝，向代宗上表，请求自缚其身到长安谢罪。

代宗大为振奋，遂命各军暂时停止进攻，以待田承嗣入朝。

可是，代宗高兴得太早了。

这只是田承嗣的缓兵之计。

田承嗣知道，自己寡不敌众，绝对不能跟九镇联军硬拼。要想逃过这一劫，只能耐心寻找联军的破绽，再设计将其分化瓦解、各个击破！

在田承嗣看来，九镇联军绝非铁板一块，要离间他们并不难。所以，田承嗣相信，在这场以一敌九、实力悬殊的较量中，自己虽然暂时处于下风，但未必不能笑到最后……

## 谁笑到了最后？

从八月初收到田承嗣的上表后，代宗李豫就一直在眼巴巴地等着他入朝。可直到八月末，代宗不但连个鬼影都没见着，还等来了一份新的战报。

战报说，田承嗣又派大将卢子期去攻打磁州了。

代宗大怒，急命各路大军继续进攻，一定要把田承嗣打趴下。

卢子期围着磁州整整打了两个月，就在他即将破城之际，李宝臣等人率部赶到，在清水（今河北磁县西北）将其击败。卢子期被生擒，旋即被押赴京师斩首。差不多与此同时，朝廷的南路各军又在陈留（今河南开封东南）大破田承嗣的侄子田悦。

败报传到魏州，田承嗣虽不免有些恐慌，但这样的恐慌并不足以让他举手投降。

因为他已经想到对付朝廷军的办法了。

朝廷的九镇联军貌似强大，其实关键就是李宝臣和李正己这两个人，只要搞定他们，九镇联军便会不战自溃。

那么，如何才能搞定这两个家伙呢？

田承嗣自有妙计。

开战之前，李正己曾经派了一个使者到魏州，后来就被田承嗣扣下了。现在，田承嗣打算把这个使者送回去，而且还要托他带给李正己一份厚礼。

田承嗣恭恭敬敬地把这位使者请到了自己的府上，好吃好喝一顿招待后，又请他来到大堂，面南而坐，田承嗣则郑重其事地面北而拜，并且万分谦恭地向使者呈上了一份特殊的礼物。

这个受宠若惊的使者接过礼物一看，一颗心差点从胸口蹦了出来。

他几乎不敢相信自己的眼睛。

因为这份礼物实在太重了，重得远远超乎他的想象！

——田承嗣交给使者的，是关于魏博的一份“完全档案”，里头包括了魏博全境的户口图籍、军队名册、钱粮账簿等所有机密资料。

换句话说，田承嗣这是在向李正己俯首称臣，并且拱手让出自己的地盘啊！

为了充分表明自己的诚意，田承嗣还请人画了一张李正己的肖像，挂在大堂上，天天焚香礼拜（古代人臣的事君之礼），俨然把李正己当成了至尊无上的天子。

最后，田承嗣又让使者给李正己捎去了一封信，说：“承嗣今年已经八十有六了（其实他才七十一岁，之所以说得那么老，无非就是想麻痹李正己），随时都可能死掉，儿子们没一个有出息，侄子田悦也是孱弱无能。所以，我今天拥有的一切，都不过是替您暂时保管罢了，又何必劳您兴师动众呢！”

田承嗣抛出的这根橄榄枝确实诱人，李正己马上被深深打动了。

这老小子过去最瞧不起李正己，现在居然主动当起了孙子，不仅俯首称臣，还表示要献出地盘，这真让李正己心花怒放。

李正己随即命令军队停止进攻，就地安营扎寨，不再前进半步。南路的各镇军队见李正己按兵不进，也都跟着停了下来。

田承嗣就这样轻而易举地解除了南面的威胁。接下来，他就可以专心对付北方的李宝臣了。

自从这一年五月开战以来，李宝臣对魏博的进攻可谓不遗余力，代宗对此甚为满意，就派遣了一个叫马承倩的宦官前去宣旨慰问。

然而代宗却没有想到，这次宣慰非但没有达到鼓励的目的，反而严重打击了李宝臣的积极性。

事情坏就坏在这个宦官马承倩身上。

按惯例，宦官到地方上宣慰，临走前都是要收一笔“劳务费”的，李宝臣当然也不敢怠慢了马承倩。这家伙回朝复命前，李宝臣专程带上了一百匹绸缎，亲自送到了马承倩所住的驿馆。没想到马承倩非但不领情，反而勃然大怒，指着李宝臣的鼻子一通臭骂，最后还让人把那一百匹绸缎全都扔到了大街上。

马承倩并不是廉洁拒贿，而是嫌东西太少。

他本来以为，李宝臣身为强藩，拥兵据地，财大气粗，出手肯定阔绰，不料却只送了区区一百匹绸缎，这不是打发叫花子吗？

最后马承倩一匹也没要，气呼呼地回长安去了。

李宝臣出来混了这么久，还是头一回在大庭广众之下受此羞辱，心里自然很不爽。他的心腹、成德兵马使王武俊就说：“您对朝廷新立大功，尚且被一个瘪三如此羞辱，来日平定叛乱，恐怕一道诏书就卸了您的兵权，把您召回京师软禁起来了。依在下所见，不如放田承嗣一马，这样朝廷才会始终重用您。”

王武俊的意思很明显，就是要李宝臣养寇自重。李宝臣觉得非常有道理，于是停止了进攻的步伐，跟李正己的南路各军一样按兵不动了。

听到李宝臣得罪天子使臣的消息后，田承嗣心里乐开了花。这样一来，南北两路的朝廷军就都不约而同地停火了，田承嗣真是打心眼里感激马承倩。

不过，让九镇联军停火只是田承嗣计划的第一步。

他真正想要的，是让他们之间爆发内讧。为此，田承嗣已经在成德李宝臣和幽州朱滔之间，设了一个阴险的局。

田承嗣知道，李宝臣是范阳（幽州治所）人，很早就在打范阳的主意，但始终找不到合适的机会，所以下不了决心。现在，田承嗣就打算帮他下这个决心。

首先，田承嗣让人在一块石头上刻了这么一句谶语："二帝同功势万全，将田为侣入幽燕。"然后命人偷偷把石头埋在了成德境内。接着，田承嗣又找了一个术士去忽悠李宝臣，说某某地方有帝王之气。李宝臣顺着术士的指引找过去，往地下一挖，就把那块写着谶语的石头挖出来了。

最后，田承嗣又派出一个口齿伶俐的说客，继续跟李宝臣忽悠，说："您若与朱滔共取沧州（田承嗣地盘，位于魏博最北端，与李宝臣的辖境接壤），就算打下来，沧州也是朝廷的，非您所有。可是，如果您愿意跟田承嗣尽释前嫌，精诚合作，他自愿把沧州献出来，划归成德。而且田承嗣还说了，如果您想打范阳，他可以竭尽全力，帮您完成心愿。只要您率精锐骑兵为前锋，他必率大军跟进接应，如此，范阳没有不克之理。"

李宝臣闻言大喜。

因为这番话跟石头上那句谶语完全相应，所以李宝臣相信，这一定是上天要把范阳送给他。既然如此，他还犹豫什么呢?

心动不如行动，说干就干!

随后，李宝臣便迫不及待地派人与田承嗣密谋，制订了一个袭取范阳的计划。

田承嗣非常守信用，计划一定下来，他立马率军北上，驻扎在魏博与成德交界，准备随时听候李宝臣差遣。

当时，朱滔正率部屯驻瓦桥（今河北雄县），李宝臣决定擒贼先擒王，出动一支骑兵奇袭瓦桥，把朱滔干掉，再和田承嗣联兵直捣范阳。

为了保证奇袭时能够精确打击，李宝臣就派人去跟朱滔说："听说朱公仪貌伟丽，威如天神，鄙人很想讨一幅画像，日夜瞻仰。"

朱滔被捧得晕乎乎的，立刻着人画像，送到了李宝臣手上。随后，李宝臣就把朱滔的画像挂在了演武堂上，然后天天跟将士们一块瞻仰，口中还不停赞叹："果然是神人啊！"

等将士们把朱滔轮番瞻仰了一遍，李宝臣便从中遴选了两千精锐将士，然后下达战斗指令，说："格杀演武堂画像上的那个人！"

奇袭部队当即出发，昼夜奔驰三百里，兵锋直指瓦桥。当时，幽州跟成德是友军，朱滔做梦也不会想到李宝臣会来偷袭。所以，直到成德的偷袭部队杀入大营，朱滔才从梦中惊醒。他仓促指挥部众应战，结果被杀得溃不成军。朱滔慌忙换上士卒的衣服，好不容易才脱离险境，狼狈不堪地逃回了范阳。

得知李宝臣与朱滔交兵的消息，田承嗣发出了一阵痛快淋漓的大笑。很好，老子要的就是这个结果！

田承嗣随即打道回府，并且派人给李宝臣送了一句话，说："河内有警，不暇从公，石上谶文，吾戏为之耳！"（《资治通鉴》卷二二五）

我境内有紧急情况，不能和您一起攻打范阳了，至于石头上的谶语，是我和您开玩笑的，千万别当真！

李宝臣目瞪口呆，一张脸涨得像猪肝。

他恨不得立刻插上翅膀，飞进魏州，把田承嗣千刀万剐，扒他的皮，抽他的筋，再掏出他的心肝炒着吃！

可李宝臣知道，这只是自己的意淫。

因为成德夹在幽州和魏博中间，本来就已经和魏博不共戴天，现在又跟幽州撕破了脸，自己已经落入腹背受敌的困境了，凭什么再跟田承嗣斗？此时此刻，李宝臣不但不能南下攻击田承嗣，而且必须分兵抵御北边的朱滔，防止他出兵报复。

随后，李宝臣垂头丧气地撤回了恒州，同时命骁将张孝忠率七千精锐将士驻守易州（今河北易县），防备朱滔。

至此，这场声势浩大的征讨田承嗣的军事行动就这样不战自败、无果而终了。

代宗李豫在位期间唯一一次与藩镇大动干戈的结果，就是劳师丧财、损兵失地，而且还换来了一肚子的愤怒、无奈和沮丧。

大历十年十二月末，田承嗣假惺惺地上表代宗，请求入朝。同时，淄青的李正己也频频上表替他说话，希望天子能给田承嗣一个改过自新的机会。

大历十一年（公元776年）二月，代宗李豫经过一番痛苦的思想斗争后，不得不颁下一道诏书，赦免了田承嗣的所有罪行，并恢复其官爵，准许他本人或家属入朝；此外，其麾下部众曾抗拒朝命者，也一概赦免，既往不咎。

谁笑到了最后？

当然是田承嗣。

田承嗣一次次说他要入朝谢罪，其实都是放屁。

他非但不入朝，而且始终没有放弃扩张的野心。

大历十一年五月，汴宋（治所在汴州，今河南开封市）留后田神玉病卒，都虞侯李灵曜趁机发动兵变，杀了该镇的几个军政首脑，随即自立为留后，并北结田承嗣为援。而田承嗣为了扩大自己的势力范围，竟公然充当李灵曜的靠山。

代宗为了安抚李灵曜，就任命他为濮州（今山东鄄城县）刺史。可李灵曜却嫌官小，拒绝赴任。代宗无可奈何，只好承认他为汴宋留后。

李灵曜得逞后，更加不把朝廷放在眼里，随即效仿河北诸镇，一口气任命了境内八州的所有刺史和县令，致使朝廷任命的那些官员一夜之间全部下岗。代宗忍无可忍，遂征调五道兵马征讨李灵曜。田承嗣出兵援救，代宗再度削除田承嗣官爵，宣布对田、李二人一起讨伐。稍后，田承嗣和李灵曜分别被朝廷军所败。李灵曜逃亡，后被擒，押送京师斩首。田承嗣惶悚，赶紧又上表请罪，李正己又替他说话，代宗只好再一次就坡下驴，下诏复其官爵……

唐代宗李豫在位的十几年间，这一幕幕藩镇叛乱的闹剧就这样此起彼伏、循环上演，而李唐朝廷根本没有能力彻底解决藩镇问题，只好见招拆招，走一步算一步。除了利用藩镇之间的矛盾使其相互制衡外，代宗李豫实在是别无良策。

朝廷对诸藩处处妥协、一再退让的结果，就是令其越发骄纵、日益坐大。

关于唐代宗大历末年的政局，司马光在《资治通鉴》中有一段准确的概述和评论：

> “平卢节度使李正己先有淄、青、齐、海、登、莱、沂、密、德、棣十州之地，及李灵曜之乱，诸道合兵攻之，所得之地，各为己有，正己又得曹、濮、徐、兖、郓五州……拥兵十万，雄据东方，邻藩皆畏之。是时田承嗣据魏、博、相、卫、洺、贝、澶七州，李宝臣据恒、易、赵、定、深、冀、沧七州，各拥众五万；梁崇义（山南东道节度使，治所在襄州，今湖北襄阳市）据襄、邓、均、房、复、郢六州，有众二万；相与根据蟠结，虽奉事朝廷而不用其法令，官爵、甲兵、租赋、刑杀皆自专之，上（代宗李豫）宽仁（实际上是无能为力、无可奈何），一听其所为……以是虽在中国名藩臣，而实如蛮貊异域焉。”

名为藩臣，实如异域！

这就是大唐帝国在安史之乱后所面临的历史困境。

大历十四年（公元779年）春，当心力交瘁的唐代宗李豫陪伴着内忧外患的大唐帝国步履蹒跚地走过十七度春秋后，一切显然都还没有好转的迹象。虽说在这年二月，朝廷的心腹之患田承嗣终于死了，但是代宗并不敢采取什么举措，只能听任其侄田悦自立为留后，随后任命田悦为节度使。三月，淮西都虞侯李希烈又发动兵变，驱逐了节度使李忠臣，迫使李忠臣单骑亡走京师。代宗无可奈何，仍复以李希烈为留后，不久又任其为节度使。

这年夏天，五十四岁的唐代宗李豫终于在无尽的烦忧和抑郁中一病不起了。

大历十四年五月二十一日。日暮时分。

长安大明宫紫辰内殿。

唐代宗李豫气息奄奄地躺在病榻上，看见夕阳的余晖正一点一滴从他的眼前褪去，同时看见一个未知的黑暗世界正一步一步地朝他走来。

这天早上，自知大限已至的李豫颁布了他一生中的最后一道诏书——命太子李适监国。

李豫知道，这个年已三十八岁的长子已经完全有资格继承李唐王朝的社稷江山，但他始终心怀隐忧的是——李适有能力对付那些“名为藩臣，实如异域”的跋扈藩镇吗？李适有能力驾驭这辆险象环生、前程叵测的帝国马车吗？

夜幕徐徐降临，内殿一片静阒。几个宦官小心翼翼地点亮了殿内的火烛。他们的脸在半明半暗的光影中浮沉闪烁。仿佛有那么一瞬间，李豫蓦然看见了几张熟悉的脸。

那是李辅国的脸、程元振的脸、鱼朝恩的脸……

他们来了吗？

他们去了又来了吗？

李豫痛苦地闭上了眼睛。

然后他的眼睛再也没有睁开。

李豫走了。

远处的世界依旧喧嚣，世上的人群依旧扰攘。

李豫走了，把骚动不安的尘世遗落在了身后，把一团乱麻的天下遗落在了身后，把无尽的流血、杀戮、阴谋、谎言、背叛、纷争，全部遗落在了身后……

| 第六章 |

# 德宗李适初政

## 礼法之争的背后

大历十四年（公元779年）五月二十三日，太子李适即皇帝位，是为德宗。

新天子登基，该做的第一件事并不是治理朝政，而是服丧。

在古代，服丧可是一件天大的事。按照儒家传下来的礼法，无论哪个人遭逢父母之丧，都要守孝三年，三年内不做官、不婚娶、不赴宴、不应考，学名叫“丁忧”。也就是说，不管你当再大的官，碰到爹娘死了，你也得老老实实回家去丁忧三年，除了吃饭睡觉看书写字之外，几乎啥事也不能干。

可是，这事要是搁在皇帝头上，就有点不太靠谱了。

道理很简单：宰相要是回家三年，别人还可以替他处理政务；皇帝要是三年不上朝，谁来替他君临天下？

为了解决这个不靠谱的问题，大概从汉文帝开始，就有了一个从权变通的办法，把皇帝的服丧时间从三年缩短为象征性的三十六天（代替三十六个月）。唐朝自高宗以后，都遵照这个办法执行，到了玄、肃二朝，更进一步缩短为二十七天。代宗临终之前，也在遗诏中表示，新君服丧二十七天，帝国各级官员则只需哀悼三天，“天下吏人，三日释服”。总之，大家意思意思就行了，三天后该干吗干吗去，别耽误了工作和学习，当然也别耽误了娱乐。

代宗这个遗诏显然是通情达理的，满朝文武极力拥护，都表示要坚决执行。

可是，偏偏有人对此提出了异议。他认为，所有官员都必须跟新君一样，服满二十七天，一天也不能少！

这个人就是宰相常衮。

常衮是代宗晚年颇为倚重的大臣，和当时的名臣杨绾同时入相，可杨绾没多久就病逝了，于是常衮就成了独秉朝政的首席宰相。

在常衮之前，当政的人是弄权宰相元载。众所周知，元载这家伙是出了名的腐败，不仅贪赃枉法、卖官鬻爵，而且总是变着法儿损公肥私。比如当时宰相上班，中午都是留在政事堂吃工作餐的，元载嫌饭菜不好，就公然向代宗提出，每天的工作餐都要由御膳房提供，吃的东西必须跟皇帝一样，而且每顿都要准备十个人的量。除此之外，还要求朝廷给宰相及公卿大臣们发放特别津贴——每年绸缎三千六百匹。代宗虽然心里不满，但还是硬着头皮答应了。

随后，这两项待遇就形成了惯例。

常衮上台后，为了树立清正廉洁的形象，就主动向代宗提出：“朝廷发给宰相和大臣们的餐费已经足够了，应该让御膳房停止供应膳食。”代宗很高兴，马上就批准了。不久，常衮又建议废除特别津贴，结果一下子就犯了众怒。

要知道，朝中的大臣们虽然厌恶元载，但没有人会厌恶特别津贴。说白了，当初大伙没跟着元载吃肉，至少还能跟着混口汤喝，可如今你常衮一来，就让大伙勒紧腰带喝西北风，你凭什么呀？

此议遭到众人的强烈反对，常衮只好闭嘴，此事遂不了了之。

事后，公卿百官都在背后大骂常衮，说："朝廷厚禄，所以养贤。不能，当辞位，不当辞禄。"（《资治通鉴》卷二二五）

朝廷高薪是为了养廉，你如果自认无能，对不起这份高薪，那就干脆辞职走人，何必自命清高地辞薪呢？

就这样，常衮一上台就把同僚们都给得罪了，史书对他的评价是："性刚急，为政苛细，不合众心。"简言之就是不会做人。

可是，常衮真的不会做人吗？一个混了大半辈子官场、最后混到首席宰相的人，会连最起码的团结群众都不会吗？

其实，常衮之所以触犯众怒，不是因为他不会做人，而是因为他太急于在皇帝面前表现自己了，从而不自觉地损害了百官的利益。

换言之，常衮的毛病就是自命清高，却又流于虚伪和矫情。

代宗驾崩后，常衮的虚伪和矫情更是表现得淋漓尽致。

按照礼制，满朝文武每天早晚都要到代宗灵前致哀。常衮或许是感怀于代宗的知遇之恩，或许是急于给新君李适留下一个良好的印象，总之每天都在灵堂上哭得稀里哗啦，一副肝肠寸断、悲痛欲绝的样子，让大伙忍不住浑身起鸡皮疙瘩。

这一天，常衮照例在灵堂上哭得死去活来，甚至做晕厥倒地之状，随从慌忙跑上去搀扶。堂上的百官一看，不免都有些反胃。时任中书舍人的崔祐甫终于忍不住了，指着常衮对众人说："臣哭君前，却要人搀扶，天下可有此等礼仪？"

堂堂首席宰相竟然被一个小小的中书舍人当众揶揄，常衮的恼怒是可想而知的。但他还是顾及了自己的宰相之尊，强忍着没有发作。

同日，新君李适召集群臣开会，讨论各级官员服丧期限的问题，常衮抓住这个表现机会，一再强调："先帝遗诏虽说'天下吏人，三日释服'，但意思是指低级官吏，不是指朝廷百官。古时候每遇国丧，公卿大夫都要跟天子遵循相同的礼制，如今皇上须服丧二十七日，朝中群臣也当如此。”

百官闻言，心里都在问候常衮的祖宗，可表面上还是保持沉默，不想得罪这个首席宰相。唯独崔祐甫再次无视常衮的权威，冷笑着说：“先帝遗诏，并无朝臣和庶人之别。朝野中外，莫非天下，凡是替朝廷做事的，哪一个不是‘吏人’？所以百官皆应遵从遗诏，一律服丧三日。”

常衮开始咬文嚼字：“按照古人的释义，‘吏’即‘胥吏’的简称，专指官员自行任命的僚属，岂能与公卿百官相提并论？”

崔祐甫寸步不让：“《左传》中有一句话，叫‘委之三吏’，其中三吏即指三公。难道史书上常说的‘循吏’‘良吏’，也是指‘胥吏’不成？”

常衮发现自己掉书袋比不过崔祐甫，赶紧转移方向：“礼法不外乎人情。当今公卿大臣，皆世受皇恩，若与寻常百姓同遵庶民黔首之礼，于心何忍，于理何安！”

崔祐甫再次发出冷笑：“常大人坚持这么说，将置先帝遗诏于何地？倘若天子旨意犹能随便改动，天下还有什么不能改的？”

常衮勃然作色，怒斥崔祐甫没有人臣之礼。崔祐甫毫不示弱，指责常衮肆意曲解遗诏。双方唇枪舌剑，你来我往，顿时吵得不可开交。

新君李适冷冷地看着这一幕，心里大为不悦，随即宣布会议解散。

常衮和崔祐甫如此撕破脸面、当众死磕，难道仅仅是单纯的礼法之争吗？

如果你这么看，那就把政治看得太简单了。

在中国古代的官场上，几乎每个朝代都会爆发程度不同的礼法之争，但明眼人都知道，其中十之八九都是权力之争。换句话说，所谓的祖宗礼法，往往只是政客们用来争权夺利的工具罢了。

常衮和崔祐甫之争，当然也不会例外。

其实，冰冻三尺非一日之寒。

常、崔二人的矛盾由来已久。

说到矛盾的起因，就不能不提唐朝宰相制度在安史之乱后的变迁。

玄宗时期，宰相班子主要由中书省的最高长官中书令、门下省的最高长官侍中以及一些挂有“同中书门下三品”衔的六部大臣构成，而在初唐时期作为当然宰相的尚书左、右仆射，此时基本上已被摒出宰相之列。从安史之乱起，为了适应急剧变化的形势，李唐朝廷开始把中书令、侍中这两个职衔拿来加授给一些功臣元勋，使得这两个宰相职位逐渐有了虚衔的性质。到了代宗大历二年（公元767年），李唐朝廷进一步将中书令和侍中升格为正二品（原为正三品），从此这两个职衔就彻底变成了虚衔。

相应地，原中书、门下两省的副职——中书侍郎和门下侍郎，也由正四品升格为正三品，成为两省的最高长官。此后，唐朝的宰相通常就由中书侍郎和门下侍郎分别加“同平章事”衔来担任，其他的低阶官员（四品或五品）只要加“同平章事”衔，也可不问资历，直接拔擢进入宰相班子。

很显然，这样的变革很大程度上是出于当时政治环境的需要。战争和叛乱此起彼伏，朝廷权威受到很大削弱，中枢政治的运作再也不可能像过去那样按部就班了，因此必须形成一套灵活简便的新的宰相制度，以便皇帝能够在必要的时候破格提拔一些有能力的低阶官员，让他们进入帝国的权力核心。

现在，我们再回头来看看常衮和崔祐甫之争的起因。

大历十二年（公元777年）春，代宗除掉了弄权宰相元载；四月，杨绾以中书侍郎衔入相，常衮以门下侍郎衔入相；七月，杨绾突然病逝，随后中书侍郎一职便长期处于空缺状态。在此情况下，崔祐甫作为一名老资格的中书舍人（正五品上），便自然而然地接手了中书省的政务，无形中就成了中书省的实际长官，虽无其名，却有其权。

与此同时，常衮也取代杨绾成了首席宰相。在他看来，区区中书舍人崔祐甫是没有资格掌管中书省的，于是很快就接管了中书省的政务。

崔祐甫被打回了原形，当然是愤愤不平。

大历十三年（公元778年）六月，司空朱泚向代宗呈报了一则祥瑞，说他一个部属的家里竟然出现了猫鼠同窝的奇异景象——有一只母猫把一只小老鼠当成了自己下的崽，天天用乳汁无私地喂养小鼠。朱泚说，这真是开天辟地以来闻所未闻之事啊，若非皇帝圣德广大，岂能有如此猫鼠和谐之祥瑞！

常衮闻讯，立刻率领文武百官入朝恭贺。

满朝文武中，只有一个人发出了不和谐音。

这个人当然就是崔祐甫。

他当着常衮和百官的面说："万物若违背自然，即为妖孽。猫抓老鼠是天职，如今却为老鼠哺乳，这难道不是妖孽吗？有什么值得庆贺的？朝廷应该做的事，是借此反省，看监察部门是否放纵了贪官污吏，看边防部队是否尽到了御敌的职责，这才是顺应天意的做法。"

代宗听说后，马上接受了崔祐甫的批评，并对他表示了嘉许和赞赏。崔祐甫这么做，摆明了就是要让常衮难堪。常衮表面上没说什么，几天后就给崔祐甫安排了一项新的工作，让他去分管吏部的选官事宜。

如果常衮是真的让崔祐甫"分知吏部选事"，那崔祐甫倒也没什么话好说，毕竟吏部是个至关重要的权力部门，分管官员的选拔工作更是让人垂涎三尺的美差。可问题在于——常衮不可能把选拔官员的权力真正交给崔祐甫。

后来发生的事情很快就证明了这一点：崔祐甫借调到吏部后，每次认认真真选报上去的候补官员，百分之九十以上都被常衮否决了。

什么理由呢？

不需要理由。

如果一定要有什么理由的话，那也很简单——你得罪领导了！

得罪领导是一件挺让人郁闷的事，但是崔祐甫并不郁闷。

因为他相信：风水是轮流转的，宰相是轮流做的，不得人心的领导迟早也是要下台的！

而常衮就是一个典型的不得人心的领导。崔祐甫知道，自己的群众基础比常衮坚实得多。仅此一点，他就具备了跟常衮博弈的资本。

所以，当常衮在服丧问题上再次把自己推到百官的对立面时，崔祐甫便意识到反击的机会来了，于是才会在百官敢怒不敢言的时候挺身而出，公开和常衮叫板。

说白了，常衮拿服丧问题大做文章，目的无非是讨好新君李适；而崔祐甫敢于公然和宰相叫板，也无非是想借此赢得百官的同情和支持，为自己积累更高的声望，以便有朝一日彻底扳倒常衮。

面对崔祐甫的挑战，常衮当然不会无动于衷，更不会坐以待毙。

跟崔祐甫撕破脸的第二天，常衮就上疏弹劾，声称崔祐甫“率情变礼，轻议国典”，要求德宗把这个大逆不道的家伙贬为潮州（今广东潮州市）刺史。

为了增强说服力，常衮还把另外两个宰相的名字也署了上去，以表明此次弹劾是宰相班子集体讨论的结果，并不是他一个人在发泄私愤。

被常衮代表的这两个人，一个就是四朝元老郭子仪，时任司徒、中书令，另一个是原幽州节度使朱泚，于大历九年主动入朝，被任命为司空、同平章事。他们虽然挂着宰相的头衔，实际上并不参与朝政，几乎从不到政事堂上班，而常衮则一向“独居政事堂”，大小政务都是一个人说了算，所以这次弹劾崔祐甫，他也就自然而然地把郭、朱二人给代表了。

对于此次礼法之争的实质，德宗李适其实是心知肚明的。他知道，常衮和崔祐甫为服丧问题而争执是假，因积怨甚深而借题发挥是真。从根本上来说，这场关于服丧期限的争吵其实是相当无聊的事情。在内心深处，德宗还是比较倾向崔祐甫的。因为若无常衮的矫情，也就不会有崔祐甫的异议和这场无谓的争吵。

然而，面对三个宰相联名弹劾的奏疏，德宗即便倾向崔祐甫也没有用。新君即位，通常都不希望和宰相班子意见不合，如今既然三个宰相都署名了，不处理崔祐甫显然说不过去。但是，把崔祐甫贬到潮州的处罚又未免太重了。思虑再三后，德宗只好采取一个折中的办法——把崔祐甫贬出朝廷，但不是贬到山高皇帝远的潮州，而是贬为河南少尹。

本来，这场无聊的礼法之争到此就该画上句号了，而常衮也已经毫无悬念地在这场争斗中胜出。然而，接下来发生的事情却出乎所有人的意料，更让常衮本人目瞪口呆。

不，是让常衮追悔莫及，欲哭无泪！

事情是因为那两个“被代表”的宰相而发生逆转的。

崔祐甫的贬谪令下达后，郭子仪和朱泚立刻入宫向德宗求情，称崔祐甫无罪，不应被贬。德宗满脸困惑，说：“二位贤卿不是刚刚上疏弹劾他吗，为何又出尔反尔？”

郭子仪和朱泚对视一眼，很无辜地表示：常衮所上的那道奏疏压根没让他们看过。

此言一出，德宗李适大为震骇。

怎么回事？常衮竟然未征得其他宰相的同意，就擅自代其署名弹劾大臣？

这是什么性质的问题？

这是宰相专权、欺君罔上啊！

如果说新君即位之初，比较忌讳的事情是和宰相班子意见不合，那么最忌讳的事情，恐怕就是被一个专权揽政的宰相蒙蔽和架空了。

大历十四年闰五月初五，德宗李适断然下诏，把首席宰相常衮贬为潮州刺史，同时擢升崔祐甫为门下侍郎、同平章事。

诏书一下达，不啻在满朝文武中扔下了一颗重磅炸弹。百官虽然大为讶异，但却不约而同地在心里拍手称快。

因为常衮的虚伪和矫情实在是让人忍无可忍，相比之下，既理性又务实的崔祐甫就要比他可爱多了。

此时，被贬出京师的崔祐甫刚刚走到昭应（今陕西临潼县），传诏使者就快马加鞭地从后面追上了他。

跪地听宣的那一刻，崔祐甫几乎不敢相信自己的耳朵。

但他知道自己不是在做梦，因为他一贯坚信——风水是轮流转的，宰相是轮流做的，不得人心的领导也总有一天会下台的！

现在，风水终于转到我家来了。

常衮，你认栽吧！

常衮万万没料到自己的结局会这么凄惨。

他本以为潮州是他给崔祐甫安排的归宿，没想到却是自己给自己挖的坟墓。

这真是一个令人欲哭无泪的黑色幽默。

常衮不知道自己错在哪里，更不知道新君李适为何如此决绝。他只能在无边的痛苦和失落中想起古人常说的一句话——一朝天子一朝臣。

作为代宗时代独秉朝政的首席宰相，常衮与新君李适之间势必存在着一种天然的紧张关系，因为任何一个皇帝都不会容许朝政大权过多地集中在某个大臣的手上！

所以，就算常衮不在此次礼法之争中落马，迟早也会因其他事情而下台。

从这个意义上说，常衮其实是应该感到庆幸的，因为早些走还可以保住一条老命，晚了很可能就什么都保不住了……

大历十四年这个阳光灿烂的夏天，当常衮黯然神伤地走上那条山高水远的贬谪之路时，德宗李适正踌躇满志地等待着崔祐甫的归来。

此刻的李适，已经在心里勾画了一幅重振朝纲、中兴李唐的宏伟蓝图，只等一个务实能干的宰相来到他的身边，帮他把这个美妙的理想一步步变成现实。

## 李适：闪亮登场的新帝

新君李适丧服未除，就毅然决然地拿掉了前朝的首席宰相，换上了一个区区五品的中书舍人，如此强悍的举动，不得不令满朝文武感到吃惊，也不能不让人感到眼前一亮。

而李适接下来的一系列举措，更是在朝野上下掀起了一股令人眼花缭乱的“新政”旋风。

——闰五月中旬，李适颁布诏书，宣布今后不再随便接受四方上贡的各种物品，同时撤除了由玄宗创立的皇家艺术中心（梨园），遣散乐工三百多名。

——闰五月十七日，一个不识时务的地方刺史献上一幅《庆云图》，以祥瑞之名谄媚朝廷、粉饰太平，李适对此深恶痛绝，下诏宣布：“朕以为，只有选贤举能、拔擢忠良才是真正的祥瑞。至于像庆云、灵芝、珍禽、奇兽、怪草、异木之类的东西，又有哪一样对百姓有益呢？朕在此昭告天下，从今往后，一律不得进献祥瑞。”

——数日后，李适又命人把宫内豢养的大象、豹子、斗鸡、猎犬等动物全部放逐，同时遣散了数百名宫女。

——六月初，李适下诏：“天下百姓，凡有冤屈诉状而地方政府拒绝受理者，可直接进京，向御史台、大理寺、刑部告状；此外，若地方政府受理诉状，但百姓认为审理不公、对判决不服者，也可直接到三法司敲‘登闻鼓’，上诉申冤。”此诏一下，四方百姓欢呼雀跃，每天到京师击鼓鸣冤者络绎不绝。

——六月中旬的一天，奉命出使淮西的宦官邵光超刚刚回朝，就被天子李适下令杖打六十，即日流放边疆。此事极为突然，但明眼人却不难知晓个中原委：邵光超出使淮宁时，“按惯例”接受了淮宁节度使李希烈的重贿，计有绸缎七百匹、上等茶叶二百斤，还有数量不等的奴仆、马匹等。天子这回拿邵光超开刀，摆明了就是要杀鸡儆猴，一举破除“宦官出差必收贿赂”的这个惯例。邵光超出事后，刚刚出使各地满载而归的宦官们得知消息，赶紧把收受的各种贵重物品全部扔掉，一个个空着双手回到了长安。此后的好些年里，凡是奉命出使地方的宦官，再也没人敢收受当地官员的贿赂。

——这一年七月初五，朝廷突然派出了一支工程部队，强行拆毁了大贪官元载等人名下的一批豪宅。很快人们便得知，这是新天子李适直接下达的命令。当时，四方百姓在连年战乱中流离失所，而朝中大臣、各地将帅、当权宦官，却竭尽人、财、物力，竞相修建豪宅，而且一座比一座豪华壮丽，一座比一座奢侈靡费。老百姓对权贵阶层的这种奢靡之风极度痛恨，纷纷咒其为“土木妖”。而德宗李适早在当太子的时候就对这种社会现象颇为不满，所以才有了这次铲平豪宅的举动。当那些象征着权贵利益的“土木妖”纷纷倒下之时，京师的百姓们顿时欢声雷动……

就这样，在即位之初的短短几个月里，德宗李适就用雷厉风行的手段革除了种种弊政，树立了全新的政风，同时向帝国臣民传达了这样一个信息——我李适绝对有信心、也有能力重振朝纲，中兴社稷！

作为一个盛年即位的天子，德宗李适的上述举措已经足以体现他锐意进取、矢志中兴的勇气和信念。但是，要想把前几任天子留下的这个烂摊子收拾干净，光有勇气和信念肯定是不够的，还必须具备足够的胆识、谋略和政治手腕。

那么，李适具备这些素质吗？

从下面这三件事中，我们不难得出判断。

第一件事：李适巧妙地削弱了“四朝元老”郭子仪的权力。

众所周知，郭子仪是大唐帝国首屈一指的功臣，历仕玄、肃、代、德四朝，战功卓著，勋业彪炳。历任天子为了奖赏他，不断给他加官晋爵。到了德宗即位的时候，郭子仪兼任的职务已经多得数不清了。

在此，我们不妨罗列一张郭子仪的职务清单：司徒、中书令、河中尹、灵州大都督、单于大都护、镇北大都护、关内副元帅、河东副元帅、朔方节度使、关内支度使、盐池使、六城水运大使以及押蕃部、营田使、河阳道观察使等等。

不难想象，对于这样一个功高权重、身兼十数职的帝国元勋，任何一个皇帝必然都会对其生出畏惧和猜疑之心。虽然郭子仪对李唐朝廷忠心耿耿，而且生性谨慎，做人非常低调（否则恐怕早就因功高震主而被兔死狗烹了），但是当初的代宗皇帝还是很不放心，多次想削弱他的权力，却始终下不了决心，所以才一直没有动手。

眼下，如何“摆平”郭子仪就成了德宗李适不得不面对的一道政治难题。

这个事情的难度在于：虽然郭子仪本人比较厚道，但他麾下那帮将领却没有一个是吃素的，万一事情做得不漂亮，把那帮将领惹毛了，后果将不堪设想。所以，要解决这道难题，必须有一个巧妙的办法。

经过一番审慎而周密的考虑，李适终于找到了一个既简单又安全的办法。

一个字——分。

也就是说，必须把郭子仪手中的权力“分解”开来，再“分配”到他麾下的几个主要将领头上。如此一来，朝廷便能收一石三鸟之效：既削弱了郭子仪的权力，又安抚了那些骄兵悍将，还能让那几个主要将领从此对德宗感恩戴德。

大历十四年闰五月十五日，德宗李适下诏，尊郭子仪为“尚父”，加授太尉，保留中书令，其余兼职全部免除；同时，将郭子仪原来担任的主要军职，分别授予他麾下的三个主要将领——李怀光、常谦光、浑瑊。至此，这个困扰了代宗许多年的问题，终于在德宗手上得到了妥善的解决。

第二件事：李适成功挫败了一起政变阴谋。

这起阴谋说大不大，说小也不小。说它不大，是因为牵涉面不是很广；说它不小，是因为它事关“废立”，直接威胁到了李适的皇权。

阴谋的策划者有两个：一个是兵部侍郎黎干，一个是高阶宦官（特进，正二品）刘忠翼。据称，黎干为人“狡险谀佞”，而刘忠翼则是“恃宠贪纵”，两个人沆瀣一气，内外勾结，很早就企图干预代宗“立后”和“立储”的大政。

若干年前，德宗李适尚未被立为太子，别有用心的黎干和刘忠翼就极力劝说代宗，让他立独孤贵妃为皇后，再立独孤氏的儿子韩王李迥为太子。但是代宗没有受他们的蛊惑，而是册立了长子雍王李适。

李适即位后，黎干和刘忠翼唯恐遭到报复，遂惶惶不可终日。当时长安坊间纷纷传言，说黎、刘二人日夜密谋，企图发动政变。李适当然不会掉以轻心，便派人暗中监视二人的一举一动。

大历十四年闰五月的一个黄昏，黎干又乘坐一顶小轿悄悄进入刘忠翼的府邸，与他密谈多时，至当天深夜才离去。德宗李适得到密报后，立刻采取行动，命有关部门将黎干和刘忠翼逮捕。经过审讯，黎、刘二人对自己的政变阴谋供认不讳。李适大怒，当即开除二人的官籍，并终身流放边地。

闰五月二十七日，黎干和刘忠翼刚刚走到蓝田（今陕西蓝田县），李适就命人追上了他们，宣诏将二人赐死。

第三件事：李适不动声色地从宦官手中夺回了禁军兵权。

肃、代之际，大唐帝国有两大乱象最为引人注目，一个是藩镇叛乱，还有一个就是宦官擅权。这两大乱象是相辅相成的。正是由于此起彼伏的藩镇叛乱让李唐天子对武将逐渐丧失了信任，才不得不把禁军兵权交给宦官，没想到却因此导致了宦官的恃宠擅权；而宦官掌握宫禁大权后，为了巩固权位，又回过头来勾结各地藩镇，致使那些跋扈藩镇越发骄纵难制。

代宗一朝，李辅国、程元振、鱼朝恩三个权宦先后掌控禁军，又因恃宠擅权而先后被代宗除掉。但是，代宗并没有从根本上解决禁军兵权的归属问题，所以总是治标而不治本——往往是旧一代的权宦刚刚倒下，新一代的权宦便又强势崛起。

总之，宦官虽然走马灯似的换，但宦官擅权的问题却始终如故。

李适即位时，面对的当权宦官是王驾鹤。此人继鱼朝恩之后崛起，时任神策都知兵马使、左领军大将军，“典禁兵十余年，权行中外”（《资治通鉴》卷二二五）。

对于阴魂不散的宦官擅权问题，李适自然也是深以为忧。同时他也很清楚，代宗之所以无法彻底解决宦官问题，是因为他始终不敢把禁军交给武将。

可是，为什么要非此即彼呢?

既然宦官和武将都不可信任，为什么不变通一下，索性把禁军交给文臣呢?

在李适看来，要彻底解决宦官擅权的问题，唯一的办法，就是把禁军交给文臣!

为此，李适一上台，就开始在文官中寻找合适的人选。

最后，他锁定了司农卿白秀珪。

严格来讲，白秀珪并不是文人，而是“胥吏”出身。他早年在李光弼帐下担任幕僚，做事细心勤勉，并且颇有心计。李光弼对他非常信任，将其引为心腹，时常让他参决军政大事。

这样一个人，其实最符合李适的用人标准：首先，他熟悉军旅事务，又没有一般武将桀骜不驯、骄横霸道的习气；其次，他性格沉稳，做事老练，却又没有一般文人纸上谈兵、不切实际的毛病。所以在李适看来，此人绝对是接管禁军的不二人选!

大历十四年六月中旬，德宗秘密召见白秀珪，表示了对他的赏识和器重，并明确告诉他：朕准备解除王驾鹤的兵权，然后把禁军交给你。白秀珪受宠若惊，当即发誓，愿为朝廷鞠躬尽瘁，为天子赴汤蹈火!

李适很满意，随即赐给他一个新名字：志贞。

禁军兵权的归属问题就这么解决了，但接下来的问题是——如何才能让白志贞顺利接管禁军？

李适找来宰相崔祐甫商议。崔祐甫略一思索，然后附在天子耳边说了一句话。李适微微颔首，一个笑容在他脸上缓缓绽开。

数日后，崔祐甫通知王驾鹤，说有要事与他相商。听到宰相传召，王驾鹤不敢怠慢，赶紧前往政事堂。崔祐甫热情而亲切地接待了他。宾主双方落座后，免不了一番寒暄。但是，让王驾鹤满腹狐疑又百思不解的是——这一天的寒暄也太长了。

崔祐甫一直东拉西扯，七讲八讲，却始终不提正事。王驾鹤耐着性子陪聊，感觉如坐针毡，却又不便开口告辞。

此刻的王驾鹤当然不会知道，正当他坐在政事堂里听崔祐甫海侃神吹的同时，白志贞已经揣着天子的任命状，以神策军使兼御史大夫的身份，大摇大摆地走进了神策军的军营。

等到王驾鹤走出政事堂，他的职务已经变成了东都园苑使。

所谓东都园苑使，就是到东都洛阳去看管皇家园林，一个很适合养老的清闲职务。

毫不夸张地说，唐德宗李适在历史舞台上刚一亮相，就出人意料地博得了个满堂彩。

在见识了新君李适施展的一系列雷霆手段后，朝野上下对他的执政能力顿时充满了信心，纷纷对他寄予厚望——“天下以为太平之治，庶几可望焉”。

尤其是当时的藩镇，对这个闪亮登场的新帝更是满怀忌惮、敬畏不已。反应最强烈的当属淄青镇。据说那里的将士曾经把兵器丢弃于地，相互感叹道：“明主出矣，吾属犹反乎！”（《资治通鉴》卷二二五）

明君出现了，咱们还能再造反吗？

更有甚者，大历十四年六月，“畏上威名”的淄青节度使李正己还主动上表，愿意向朝廷献钱三十万缗。

收，还是不收？

这是一个问题。

三十万缗不是个小数目，德宗李适一时有些犹豫不决。

收吧，毕竟拿人的手短，吃人的嘴软，日后不免有受其要挟的危险；不收吧，又找不到什么合适的理由推辞，如果硬拒，势必激起藩镇的不满。

就在德宗吃不准要怎么接招的时候，宰相崔祐甫发话了："不能收，绝对不能收！"

德宗无奈："朕也认为不能收，可又该如何推辞呢？"

崔祐甫笑了："很简单，借花献佛。"

德宗迷惑不解，问他此言何意。

崔祐甫正色道："请陛下派遣使者前去慰劳淄青将士，就用李正己给的钱赏赐他们。如此一来，既能让淄青将士对朝廷和陛下感恩戴德，又能让四方藩镇知道——朝廷是绝不会看重金钱的。"

德宗龙颜大悦，当即依言而行。

当朝廷使者来到淄青，把李正己的三十万缗分发给将士们的时候，淄青将士顿时欣喜若狂。他们不约而同地跪倒在地，对着长安方向三拜九叩，不停地山呼万岁……

看着眼前的这一幕，李正己傻眼了。

虽然心里很不爽，但对于朝廷此举，李正己还是不得不佩服。

只不过让他感到困惑的是：按说这世界上没人不喜欢钱，可如今的天子和朝廷却为何能够如此洒脱，拿钱不当回事呢？

其实，德宗并不是不喜欢钱，他只是不喜欢那些拿着烫手的钱而已。如果是来路正当的钱，比如朝廷每年从地方收缴上来的赋税，德宗绝对是喜欢的，而且多多益善。

为了让朝廷的腰包鼓起来，以便将来更有底气拒绝藩镇的收买，德宗决定找一个善于理财的人来当宰相。

大历十四年八月，在崔祐甫的大力推荐下，一个数年前遭到贬谪的大臣被德宗召回了长安，并随即被任命为门下侍郎、同平章事。

这个从道州司马任上直接入阁拜相的人，就是中唐时期著名的财政大臣——杨炎。

## 两税法：危机与拯救

据说杨炎这个人有三大优点：一、长得帅；二、文章写得漂亮；三、擅长理财。所以史书毫不吝惜对他的赞美之辞："美须眉，风骨峻峙，文藻雄丽""有风仪，博以文学，早负时称""救时之弊，颇有嘉声"（《旧唐书·杨炎传》）。

代宗时代，杨炎凭借前两个优点赢得了当权宰相元载的赏识，颇受重用，可惜元载垮台后，杨炎就被贬到了山高皇帝远的道州（今湖南道县）。直到德宗即位，他的人生才突然跃上一个前所未有的高峰。同时，他的第三个优点也才有了真正的用武之地。

杨炎一入相，首先解决的是皇帝的"小金库"问题。

在中国历史上，历朝历代的皇帝都有自己的小金库，主要用以宫廷和皇室的一些额外花销。一般情况下，小金库的钱是有限的，皇帝大人也得掰着指头过日子，稍不留神，大手大脚一下，皇帝也不免变成"月光族"。所以，大多数皇帝都会想方设法扩大小金库的收入。如果皇帝贤明的话，这方面往往还比较节制，要是碰上昏庸奢侈的败家皇帝，那朝廷的国库就遭殃了——小金库花光就从国库掏，反正天下都是朕的，朕爱怎么掏就怎么掏，想掏多少掏多少，谁也管不着！

有唐一朝，朝廷的国库名为"左藏"，宫内的小金库名为"大盈"。开国伊始，李唐朝廷就订立了一套制度，对国库实行非常严格的监管。每年春夏秋冬四季，负责管理左藏的库藏部（太府寺）都会对各地上缴的金帛分批点验，然后悉数登记入库，同时还要由审计署（比部）负责监督，实地查对，以防出现贪污现象。因此，在安史之乱前的一百多年里，左藏库和大盈库泾渭分明，一般不会出现皇帝乱掏乱摸的现象。

然而，到了肃、代之际，一切就全都乱套了。

问题首先出在朝中那些居功自傲、骄横跋扈的武将身上。这些人自恃对国家有功，加之手中握有重兵，于是就把左藏库当成了他们家的提款机，隔三差五就来提上一笔，连收条都不带打。

面对这些肆无忌惮的军阀，管理国库的官吏们都是敢怒而不敢言。当时的全国财政总监（度支使）第五琦就为此大伤脑筋，万般无奈之下，只好把左藏库里的金帛全都搬进了宫中的大盈库，交给宦官去管理。如此一来，军阀的魔爪固然是鞭长莫及了，但不幸的是，国家财富转眼又落进了宦官的腰包。在肃、代两朝的二十余年间，有权力染指大盈库的宦官前后多达三百余人。不管是库藏部还是审计署，没有人知道这三百多个宦官究竟从国库搬走了多少金帛，也不知道国家每年的财政收入到底是多少。

除了穷凶极恶的军阀和监守自盗的宦官外，还有一只无形的手也时常在内库中进进出出，而且比前二者更为理所当然、天经地义。

那是谁的手？

当然是皇帝的。

以前内外两库泾渭分明的时候，皇帝大人也时不时会落入囊中羞涩的窘境。现在好了，没钱花的时候也不用跟度支使开口了，只要往大盈库伸伸手，想拿多少拿多少，方便快捷，省时省力，真是不亦快哉！

杨炎上台时，摆在他面前的就是这样一个腐烂的局面。

他知道，如果不从国库的整顿和监管入手，治理国家财政根本无从谈起。

大历十四年年底，杨炎向德宗李适郑重提出："财赋者，国家之大本，民生之命脉。社稷兴亡、朝廷安危的关键之一，就在于如何管理国家的财政收入，所以历朝历代，都委派重臣进行掌管，但尽管如此，仍然无法彻底避免物资损耗和账目不清的情况。如今，国库被宦官把持，每年的收入多少，开支多少，盈余或亏空的情况如何，朝中大臣全都一无所知，政治上的弊端，没有比这更严重的了！臣建议，自即日起，将国库的管理和监管之权交回相关部门。至于宫中所需，每年可列出预算，由国库如数划拨，保证宫中用度不致匮乏。只有这么做，才谈得上财政的治理。”

德宗欣然采纳了杨炎的建议，当天便颁布诏书，宣布从今往后，所有财政收入全部划归左藏库，每年只需精选三五千匹上好绸缎，作为宫廷用度送交大盈库。

建中元年（公元780年）正月，杨炎又提出了一项重大的财政改革措施，彻底废除了已经在唐朝实施了一百多年的“租庸调法”，代之以一项全新的赋税制度。

这就是中国经济史上著名的“两税法”。

旧有的租庸调法是建立在均田制基础上的，“租”是指田赋，“庸”是指劳役，“调”是指捐税，正所谓“有田则有租，有身则有庸，有户则有调”。自唐朝开国以迄高宗时期，这项赋税制度一直运行得还算正常，但是从武周时代起，地主豪强兼并之风大起，失去土地的农民开始大量逃亡，到开元年间，逃户现象日趋严重，至玄宗末年，均田制实际上已经遭到严重破坏。在此情况下，各级政府的户籍、田亩档案就变得混乱不堪，与实际情况极不相符了。安史之乱爆发后，根据户籍、田亩档案进行赋税征收更是变成一句空话。各级官员为了交差，往往采用非常手段，在短时间内强制征收、加重摊派，令辖境内登记在籍的百姓苦不堪言。

由于战乱频仍、开支激增，李唐中央入不敷出，只好在各级政府中拼命增设财税部门，以致各部门职能重叠，权限交叉，到最后谁也管不着谁，财政状况一片混乱。此外，各地的军政长官又巧立名目，任意摊派，不断增设法令，对百姓横征暴敛，于是旧法未除、新令已行，社会矛盾日益加剧。

在这样的混乱局面中，富裕阶层和贫困群体的命运却大不相同。因为富人有很多逃避劳役和赋税的手段，比如入仕为官和削发为僧，就是当时普遍采用的逃税办法。而对于社会底层的老百姓来讲，当官一途基本上是难于上青天的，甚至连和尚也不是你想当就能当的。因为当时出家必须有主管部门颁发的资格证书（度牒），富人只要找找关系塞塞红包就到手了，可穷人就算把自己卖了，也不见得能换来那份度牒。所以，穷人们上天无路、入地无门，只能乖乖让各级衙门和贪官污吏把他们身上的血汗榨干。

职是之故，整个社会就陷入了富者愈富、贫者愈贫的状况之中。在战乱和苛政的双重迫害下，贫苦的老百姓没有活路，唯一的办法只能是逃——从户籍所在地逃到没人认识你的地方，让天天逼你交税的官府见鬼去吧！

到了安史之乱后，各地官府统计了一下，结果令人触目惊心：对照从前的户籍档案，仍然留在本乡本土的原住民还不到过去的15%[1]，其他的85%以上，要么死于战乱和饥荒，要么就是逃往异地他乡了。

形势发展到这一步，如果还按照原来的“租庸调法”派发徭役和征收赋税，那各级官府的大爷们就只能自己去修水渠、建大坝了，而朝廷和天子到头来恐怕也得去喝西北风。

所以，废除旧法，出台新法，就成了德宗朝廷的当务之急和势在必行之举。

“两税法”就是在这种情况下出笼的。

这项赋税改革的重点，可以用一句话概括：“户无主客，以见居为簿；人无丁中，以贫富为差。”意思是不管原住民还是外来户，只要在当地拥有土地和资产，一律要登记入籍，依法纳税；同时，不再以“丁身为本”征敛租庸调，而是根据拥有的土地面积和资产额度划分贫富等级，再按照不同等级缴纳相应的土地税和财产税。

1 根据《通典》卷七“历代户口盛衰”记载，唐朝天宝年间的户数将近九百万，至代宗大历中期仅余一百三十万。

具体的实施细则是：

一、将建中以前各种名目的正税、杂税及杂徭全部取消，只征收两税：以谷物方式征收地税（土地税），以现金方式征收户税（财产税）。

二、重新进行人口普查、户籍登记和土地、资产评估，根据贫富程度划分缴税等级，富者多交，贫者少交。

三、唐朝中央对各州府作出规定，以大历十四年的赋税收入为准，确定需要收缴的固定总额，再参照上面两条，将应缴的土地税额平均分摊到每亩，将财产税额按贫富等级分摊到每户[1]。

四、另有一条特别规定：凡异地经商者都要和当地居民一样承担纳税义务，按其利润的三十分之一（不久就改为十分之一）缴纳税收。

五、规定交税的时间为每年夏（六月之前）、秋（十一月之前）两季，所以此项赋税制度就定名为“两税法”[2]。

建中元年正月，德宗李适下诏，正式颁行两税法。

毫无疑问，这个新税制拯救了危机重重的帝国财政。

作为中国土地制度史和赋税制度史上的一次重大变革，两税法统一了此前混乱不堪的税制，把过去“以人丁为准”的征收原则进一步合理化，改变为“以贫富为准”，从而减轻了贫困阶层的负担，在一定程度上缓解了社会矛盾。更重要的是，德宗朝廷通过两税法的实施，把安史之乱以来被地方军政长官把持的财政大权重新收回到了中央手中，“自是轻重之权，始归于朝廷”（《旧唐书·杨炎传》）。

然而，在后来实行的过程中，这项新税法并没有从实际上减轻老百姓的负担，并且还产生了许多流弊：一、长期没有调整贫富等级，致使“以贫富为准”的征收原则得不到贯彻；二、由于两税中的户税（财产税）部分是以货币形式征收的，而中唐以后，民间货币的流通量严重不足，于是

1 可事实上在执行过程中，各州府均以大历年间当地赋税收入最高的那一年为准，因此各地额度参差不齐，全国也没有形成统一的税额。

2 一说是根据“地、户两税”而得名

产生了“钱重物轻”的通货紧缩现象，老百姓不得不贱卖绢帛、谷物或其他产品，换取钱币缴纳赋税，无形中增加了经济负担；三、在两税制下，土地的自由买卖被政府允许，所以土地兼并之风更加盛行，富人迫使穷人卖地，而土地依旧在穷人名下，其结果就是土地的实际拥有者不用缴税，而无地的穷人仍然要承担纳税义务，最后只能逃亡。于是“富者愈富、贫者愈贫”的恶性循环再度成为普遍的社会现象。尽管如此，李唐朝廷和以后历朝历代的统治者也找不到更好的制度取代它，所以，两税法还是成了此后一千多年历代王朝的基本税制。

两税法的成功实施让杨炎赢得了广泛的赞誉，也使得德宗李适对他更为倚重。恰好在这个时候，首席宰相崔祐甫患病，多数时候都在家里休养，而当初与杨炎一同提拔的另一个宰相乔琳则因为碌碌无为被德宗罢免，所以从建中元年春天开始，杨炎就顺理成章地成了“独任大政”的首席宰相。

事业、名望、地位、权力，该有的都有了。接下来，杨炎终于可以做他最想做的一件事情了——算账。

算什么账？

有恩的报恩，有仇的报仇。

## 一个宰相的快意恩仇

杨炎要报谁的恩？

答案是：元载。

虽然世人普遍认为这个弄权宰相恶贯满盈、死有余辜，但杨炎并不这么认为。

因为元载当年提携了他。

在杨炎看来，滴水之恩当涌泉相报。不管元载如何罪大恶极、臭名昭著，他永远都是自己生命中最值得怀念的恩人。

因此，杨炎要报仇的对象，就是当初整垮元载的人。

这个人就是刘晏。

尽管当时元载一案的幕后主使是代宗李豫，可刘晏却是该案的主审官。元载被定罪诛杀后，杨炎惨遭株连，被贬到了穷乡僻壤。这笔账，杨炎当然要记在刘晏头上。更何况，代宗死了，刘晏还活着，杨炎想要发泄心头之恨的话，当然不能找死人，只能找刘晏。

除此之外，还有一个比较私密的原因是——杨炎担心这家伙会对他的宰相之位构成威胁。

因为刘晏和他一样，也是一个理财高手，从某种程度上说，甚至还高他一筹。

如果说杨炎是在宏观政策的层面上拯救了帝国财政的话，那么首先必须归功于这个刘晏。因为许多年来，刘晏一直总揽朝廷的财政工作，长期兼领度支使、转运使、盐铁使、租庸使、青苗使等财政职务，在第一线上做了许多扎实有效的工作，“既有材力，视事敏速，乘机无滞……军国之用，皆仰于晏”（《旧唐书·刘晏传》）。

刘晏掌管财政之前，李唐朝廷每年的财政收入只有四百万缗，刘晏上任后，一年的财政收入就高达一千余万缗。“后来言财利者皆莫能及之”（《资治通鉴》卷二二六）。

如果没有刘晏，从肃宗时代起便已千疮百孔的帝国财政也许早就轰然崩溃了。换言之，假如没有微观层面上点点滴滴的改善和集腋成裘的积累，杨炎后来创设的两税法就没有了施行的基础和成功的条件，最多也只能是个画饼充饥的东西。

因此，像刘晏这种“任事十余年，权势之重，邻于宰相”的人，随时都有可能一步跨到相位上来，分享杨炎的权力。

面对如此强势的威胁，杨炎不能不感到极大的忧虑和恐慌。

所以，就算不提当年那笔旧账，杨炎也必须对刘晏下手。

就在两税法颁布的几天后，德宗召两位宰相议事。杨炎奏事完毕，忽然涕泗横流地对德宗说："陛下可知道，刘晏此人，很早就与黎干、刘忠翼同谋，臣身为宰相，没有尽到讨逆之责，罪当万死啊！"

客观地说，杨炎指控刘晏与黎、刘二人同谋，并不能算是诬告。因为京城早有传言，说当年黎干和刘忠翼怂恿代宗立独孤贵妃为皇后之事，刘晏也曾参与其中。至于这个传言是否属实，那就没人知道了。

对此传言，德宗实际上也早有耳闻，只是当朝宰相如此煞有其事地向他提出来，这还是第一次。

德宗没有说话，脸上是一种若有所思的表情。

这时候，崔祐甫发话了。他说："像这种暧昧不明的传言，不可随便采信，况且陛下刚刚颁布了大赦令（朝廷于正月初一改元，同时大赦天下），更不应该追究这种风言风语。"

杨炎一看皇帝的脸色，又听了崔祐甫的话，知道凭这则谣言八成是搞不定刘晏的，随即转移方向，说："尚书省及其六部是国家的政治中枢，这些年来增设了很多使职，大大分割了尚书省的行政权力，臣建议最好是裁撤诸使，恢复旧制。"

裁撤诸使，首当其冲者当然就是刘晏。

对德宗来说，关于刘晏参与阴谋的传言是无法证实也无法证伪的，所以，仅凭传言将刘晏定罪固然不妥，但完全不理会谣言似乎又让人不太放心。毕竟这则谣言传得这么凶，不会纯属空穴来风。德宗想来想去，觉得最妥当的处理方式还是像杨炎暗示的那样——可以不杀，但不能不贬。

这一年正月底，德宗下诏，宣布自即日起，将国家财税的管辖权（天下钱谷）收归户部的财务司（金部）和粮食司（仓部），同时罢免刘晏兼任的转运、租庸、青苗、盐铁等使。

二月，杨炎又怂恿德宗将刘晏贬出朝廷，理由是刘晏不久前呈上的一道奏章中有许多虚假不实之词，隐然有欺君之嫌。

欲加之罪，何患无辞！

德宗最害怕的事情就是大臣对他的欺瞒，而杨炎的话则一下子触痛了这根敏感神经。于是德宗不分青红皂白，马上将刘晏贬为忠州（今四川忠县）刺史。

事情到这里并没有结束。

因为杨炎的目的绝不仅仅是将刘晏贬官，而是将他置于死地！

这年六月，宰相崔祐甫病逝。杨炎顿时心中窃喜，因为崔祐甫一死，就再也没人替刘晏说话了。

不久，杨炎就暗中授意自己的死党、时任荆南节度使的庾准上疏指控刘晏，说他自从被贬到忠州后就满腹牢骚，经常埋怨天子，而且还与附近藩镇暗通款曲，此外又在本州大肆招兵买马，颇有起兵反抗朝廷的迹象。

庾准是刘晏的顶头上司，德宗很容易就采信了他的控辞，加上杨炎又在他耳边拼命煽风点火，德宗遂痛下决心，于这年七月派遣宦官前往忠州，秘密将刘晏缢杀，并将其妻儿老小全部流放岭南。事后，为了掩人耳目，杨炎又建议德宗发布了一道赐刘晏自尽的诏书。

然而，若要人不知，除非己莫为。杨炎疯狂复仇的行径还是被天下人看在了眼里。

刘晏无辜被诛后，朝野舆论一片哗然，纷纷替他鸣冤叫屈。

最先作出反应的是淄青节度使李正己。

去年，他卑躬屈膝地向朝廷献钱三十万缗，不料却热脸贴上了冷屁股，心里一直愤愤不平，总想找机会出出这口恶气。如今，朝廷在刘晏这件事上做得这么不地道，李正己当然要挺身而出，充当一回路见不平一声吼的正义之士了。

他旋即上疏德宗，对朝廷的做法提出了严正的抗议和强烈的谴责，同时要求德宗公布事实真相，严惩杀人凶手。

对李正己这一声吼，德宗置若罔闻，可做贼心虚的杨炎却吓得差点尿了裤子。

这就好比某梁上君子夜入暗室，盗得宝贝在手，转身欲走之际，忽然灯火大亮，满屋子站满了围观群众，这贼不活活吓死才怪。

杨炎自以为整死一个刘晏，不关别人鸟事，没想到却一下子触犯了众怒。

怪只怪他太低估刘晏的影响力了——这些年刘晏兢兢业业为国理财，其成绩实在引人注目，所以积累了相当高的威望。现在，朝野舆论的矛头都不约而同地指向了杨炎，不管他走到哪里都有人在背后戳脊梁骨，这滋味实在是不太好受。

怎么办？

事情都做下了，人也已经杀了，难不成叫杨炎公开忏悔主动辞官，或者挥刀自刎以谢天下？

不，这是不可能的。

唯一推卸责任的办法，就是找个人来背这口黑锅。

但是，人们无论如何也不会想到——杨炎情急之下抓来消灾避祸的这块挡箭牌，居然是当今圣上李适！

建中二年（公元781年）二月，为了转移舆论的矛头，杨炎派遣了一批心腹前往各地，向诸镇的头头脑脑们解释说："刘晏之所以获罪被诛，完全是因为他当年依附奸臣、谋立独孤氏为后的结果，皇上对他深恶痛绝，才会把他除掉，实在没有别的原因。"毫无疑问，杨炎在这里犯了一个低级错误，一个绝对不可饶恕的错误！

普天之下，他找谁来背这口黑锅都没问题，可他偏偏脑子进水，把皇帝拉出来挡枪子儿，这不是在找死吗？

马上就有人向德宗密奏，说："炎遣五使往诸镇者，恐天下以杀刘晏之罪归己，推过于上耳。"（《旧唐书·杨炎传》）杨炎之所以派遣五路使者前往诸镇，就是担心天下人把杀刘晏的罪名归到他头上，所以才把罪过全推给了皇上。

这下麻烦大了。

德宗刚开始还不太相信，赶紧派宦官到淄青找李正己求证，结果很遗憾——反馈回来的消息和密奏内容一模一样。

德宗李适勃然大怒。

自古以来，只有皇帝抓人来当替罪羊，哪有臣子抓皇帝来当挡箭牌的？这该死的杨炎真是活腻了！

皇帝很生气，后果很严重。

从这一刻开始，德宗就已经下定了除掉杨炎的决心。只是由于这一年春，河北诸镇因继承人问题屡屡跟朝廷叫板，德宗分身乏术，才不得不暂时搁置了这件事。

虽然暂时还留着杨炎，但必须马上找一个人来制约他的权力。

德宗随后找到的这个人，就是中唐时期赫赫有名的奸相——卢杞。

建中二年二月初六，德宗改任杨炎为中书侍郎，同时任命卢杞为门下侍郎、同平章事。

从此，德宗日渐倚重卢杞，基本上把杨炎给冷冻了。

此时的德宗当然不会知道，重用卢杞将成为他帝王生涯中最大的一道分水岭。

——在过去的两年中，德宗李适凭借自己盛年即位的一腔热情赢得了一个漂亮的开局，但是自从卢杞上台以后，那些令人鼓舞、令人欣慰的大好局面就一去不复返了，取而代之的，将是一连串令他刻骨铭心的痛苦和失败。

## 杨炎之死

说起这个卢杞，还是颇有些来头的。

他的祖父就是开元初年与姚崇搭档的宰相卢怀慎，一生清廉，家无余财，据说死后连个棺材都买不起；他父亲卢奕也官至御史中丞，在东都任职，安禄山叛军攻入洛阳时，其他官吏纷纷逃跑，唯独卢奕坚守岗位，遂被叛军所杀。

由于父祖两代皆有令名，卢杞便凭借门荫[1]直接入仕，历任监察御史、刑部员外郎、忠州刺史、虢州刺史等职，建中元年擢任御史中丞。

据说，卢杞此人有一个非常著名的特点，就是长得奇丑无比——“貌陋而色如蓝，人皆鬼视之。”（《旧唐书·卢杞传》）

世界上有黄、白、黑、棕四色人种，唯独没听说过还有蓝色人种，可卢大人偏偏就是蓝色的，怪不得人家都把他当成鬼。

关于卢杞大人的容貌，在长安坊间还流传着一则逸闻：说是郭子仪晚年接待客人时，姬妾侍女总是环绕在侧，有一次听说卢杞来访，郭子仪赶紧将侍妾全部屏退。卢杞走后，家人问他何故如此，郭子仪苦笑着说：“卢杞貌陋而心险，我是怕妇道人家一见卢杞尊容，忍不住非议讪笑。日后此人若是得势，郭氏岂能逃过灭顶之灾？”

这则逸闻起码可以说明三件事：一、卢杞的容貌的确已经丑到撼人心魄的地步；二、郭子仪的谨小慎微实在是无人能及；三、郭子仪阅人无数，他认定卢杞不仅貌丑，而且必定是一个心性阴险、睚眦必报之人。后来的事实证明，郭子仪的判断是对的。

其实，长得丑并不是卢杞的错，但是心地阴险就肯定是他的不对了。德宗派了这么一个既貌丑又心险的人来跟杨炎搭档，杨炎的日子当然不会好过。

自从卢杞来到政事堂上班，杨炎就不得不和他一块办公，而且每天还要和他面对面共进午餐，于是杨炎便时常有恶心欲吐之感。后来，每到中午用餐时，杨炎总是借口身体不适，跑到别的地方吃饭，才算解决了吃不

1 唐朝给予功臣后代的一种政治待遇，不经科举考试便可授予官职。

下饭的问题。

卢杞一看杨炎连吃饭都躲着他，气得一张蓝脸都变绿了。

为了给杨炎一点颜色瞧瞧，同时树立自己的权威，卢杞入相不久，就借故炒了一个中书主书的鱿鱼。要知道，中书主书可是杨炎的部下，卢杞这么干，摆明了就是要挑衅滋事。杨炎气得在背后直跺脚："主书是我的人，有什么过错我自会管教，哪轮得到你这个丑八怪来狗拿耗子？"

不过气归气，此时的杨炎也知道自己已经失势、风光不再了，所以除了跺跺脚、骂骂娘之外，实在也没别的办法。

建中二年六月，山南东道（治所襄阳，今湖北襄阳市）节度使梁崇义一再违抗天子诏命，大有割据反叛之势，德宗遂命淮宁（原淮西，治所蔡州，今河南汝南县）节度使李希烈率诸道兵马讨伐。可是，杨炎却力劝德宗不要任用李希烈。他说："李希烈是李忠臣的养子，深受李忠臣宠信，而李希烈却恩将仇报，驱逐李忠臣，夺其权位。此人狠戾无情，身无寸功之时尚且如此嚣张不法，一旦讨平梁崇义，朝廷何以制之？"

应该说，杨炎的担心是有道理的，可德宗正对李希烈寄予厚望，根本听不进他的话。杨炎一再坚持，令德宗大为恼怒。

七月，因淮宁地区阴雨连绵，故李希烈迟迟没有出兵。生性多疑的德宗不免七想八想，卢杞趁机向德宗密奏，说："李希烈之所以迁延逗留，正是因为对杨炎不满。陛下何必为了顾惜杨炎而坏了国家大事？依臣之见，不如暂时罢免杨炎，让李希烈高兴一下，等到平定梁崇义后，再恢复杨炎的职务也无妨啊。"

德宗颇以为然，遂罢免杨炎的宰相职务，改任左仆射[1]，同时在卢杞的举荐下，擢升前永平节度使张镒为中书侍郎、同平章事。

稍后，卢杞又提拔了一个叫严郢的人担任御史大夫。毫无疑问，张镒和

1　自玄宗时代起，尚书省的左、右仆射已经变成没有实权的虚职。

严郢都是卢杞的死党。随着卢杞一党全面把持朝政，杨炎的末日就到了。

这年八月，李希烈轻而易举地讨平了梁崇义。与此同时，卢杞也展开了对杨炎的绞杀行动。

卢杞是从杨炎的儿子杨弘业身上入手的。

按照“权力导致腐败，绝对权力导致绝对腐败”的官场铁律，老子贵为首席宰相，儿子通常不会是什么好鸟。这位杨公子就仗着他老爸的权势，干了一大堆贪赃枉法、受贿请托的事情。严郢被卢杞提拔为御史大夫不久，就在其授意下对杨弘业实施了立案审查。

杨公子被纪检部门“双规”后，吓得六神无主，不但把他自己干过的丑事儿一股脑儿全都抖了出来，而且还把他老爸不久前刚做的一件事也坦白交代了。

这件事的关键词是：家庙。

所谓家庙，就是宗族祠堂。在古代，凡是混得有头有脸的人都很重视宗族祠堂的建设，因为它不仅可以光宗耀祖，还能借此彰显自己的身份、地位和权势。所以，普通人盖家庙也就是一间两间，达官贵人一盖可就是一大片了。杨炎贵为首席宰相，他的家庙当然更要盖得傲视群雄，不仅要占地广阔、富丽堂皇，还必须建在一块风水宝地上。

杨炎物色的这块风水宝地，位于长安城东南角的曲江江畔。这里花红柳绿，景色宜人，在长安城里绝对算得上是一等一的宝地，因此，土地的价格自然就不会便宜了。

为了筹足资金搞到这块地，杨炎决定卖掉他在东都的一座宅子。

照理说，不管是卖宅子还是盖家庙，都是杨炎的私事，只要他不强买强卖、仗势欺人，也就没什么问题。但是，杨炎还是在这件事上出了问题，而且是大问题。

首先，杨炎并不是把东都的宅子卖给私人，而是卖给了公家。

为什么要卖给公家？

这里头当然就有猫腻了。当时，在东都洛阳说话算数的是河南尹赵惠伯，此人是杨炎的心腹。杨炎就建议他动用公款购买这座宅子，至于公家买这个宅子能干什么用，那就不在杨炎的考虑范围之内了。

杨炎关心的，只是价格。

当然，赵惠伯没有让杨炎失望，很快就用了一个让杨炎很舒服的价格购买了宅子。

后来，从杨公子的口供中，御史大夫严郢查明，这座宅子的成交价比当时的市场价高出非常多。

这回好了，围绕着家庙问题，杨炎的第一桩罪行浮出水面了。严郢立刻上奏卢杞。卢杞随即找来最高法院院长（大理寺卿）田晋，问他杨炎该当何罪。田晋答："依照法律，主管官员在公物交易中获利，视同索贿论处，应当撤职。"

"撤职"当然不是卢杞想要的答案。卢杞阴沉着脸对田晋进行了一番暗示，可田晋还是坚持要依法办事。卢杞不说话了，第二天就把这个大理寺卿逐出了朝廷，贬为衡州司马。然后，卢杞又找了大理寺的另一个官员，让他给杨炎定罪。这个官员很聪明，马上说："政府官员执法犯法，应当判处绞刑。"

要的就是这句话！

至此，杨炎的索贿罪名算是成立了。但是，要一举将他置于死地，卢杞觉得这个罪名还不够分量。

什么才够分量？

谋反。

可是，杨炎不过就是盖了一座家庙，够得上这么可怕的罪名吗？

够得上，绝对够得上！官场的事情历来如此，说你有事你就有事，没事也有事；说你没事你就没事，有事也没事。卢杞稍微动了下脑筋，往深里一挖，杨炎的第二桩罪行、也是足以令他死无葬身之地的罪行，立马浮现在世人眼前了。

原来，杨炎并不是第一个在曲江江畔盖家庙的。早在开元年间，当时的宰相萧嵩就在这里盖了一座家庙，可玄宗认为这里是长安官民休闲游乐的风景胜地，不适合建私人祠堂，就让萧嵩把家庙迁到别处去了。

抓住这个证据后，卢杞如获至宝，随即上奏德宗："杨炎家庙所在的这块地，历来就有王气，所以玄宗皇帝当初才会命萧嵩搬迁。杨炎明明知道这一点，却故意在此地建庙，显然是包藏祸心，图谋不轨！"

好了，啥也别说了。

皇帝非常生气，后果非常严重！

建中二年十月，德宗断然下令，将左仆射杨炎一下子贬到了天涯海角——崖州。

崖州，就是今天海南的琼山市。现在，海南是无数"驴友"趋之若鹜的热带天堂、度假胜地，可在当时，这里却是未经开发的蛮荒之地，终年瘴气肆虐、疾病流行。被贬到这里的官员，十个要挂掉九个，剩下那一个，就算有生之年能回长安，差不多也只剩半条命了。所以，在当时所有官员的心目中，崖州几乎就是地狱的代名词。

这年冬天，某个北风呜咽的清晨，杨炎坐在一驾吱吱作响的马车上，凄凄惶惶地走上了不归之路。在途经广西一个叫"鬼门关"的地方，文章圣手杨炎满怀悲凉地写下了一生中的最后一首诗：

一去一万里，千之千不还。
崖州何处在？生度鬼门关。

杨炎知道，被贬崖州就意味着死。

然而杨炎并不知道——他甚至已经不能活着走到崖州了。

德宗皇帝派出的使者，在距离崖州一百里的地方追上了他。然后，一条冰冷的绳索就不由分说地套上了他的脖颈……

数日后，河南尹赵惠伯被贬费州（今贵州思南县），还没走到贬所，就遭遇了跟杨炎一样的命运。

诛杀杨炎后，德宗李适终于去掉了一块心病。接下来，他终于可以集中精力对付那些跋扈藩镇了。

李适是一个胸怀大志、自视甚高的皇帝，早在即位之前就对肃、代两朝的政治乱象深感不满。他实在搞不明白，自玄宗末年以来，天下诸藩，尤其是河北诸镇，凭什么如此嚣张跋扈、为所欲为，动不动就自立自专、兴兵反叛？而李唐中央又为何如此软弱无力，屡屡被臣藩玩弄于股掌之间？

面对这一切，李适很愤怒。

所以自从登基之后，李适就一直在等待机会，以便铲除那些“名为藩臣，实如异域”的跋扈藩镇，将权力收归中央。

要想达成这个目标，最方便的入手处，当然就是废除诸藩“父死子继、兄终弟及”的世袭制了。在李适看来，只要那些强藩一死，朝廷拒绝承认强藩子弟的世袭权力，李唐中央的权威就有了重塑的可能。

建中二年正月，德宗李适等待已久的机会终于出现——成德（治所恒州，今河北正定县）节度使李宝臣死了，其子李惟岳向朝廷上表，企图继任节度使职。

李适意味深长地笑了。

他给出了一个世界上最言简意赅的回答——

不！

| 第七章 |

# 诸藩自立为王

## 向藩镇开刀

为了让儿子李惟岳能够顺利继承节度使之位，成德李宝臣在临死之前做了一件很重要的事——建中二年正月初，李宝臣以托付后事为由，把跟随他多年的十几个心腹大将召到恒州，并且在同一天全部杀死。

这件事很绝情，很残忍，可李宝臣不得不这么做。

因为李惟岳太年轻，而且生性软弱，缺乏主见，日后很难镇得住这帮悍将，所以李宝臣只好提前帮儿子清场。

当那十几颗血迹斑斑的头颅在李宝臣面前一字儿摆开的时候，他还没来得及感到欣慰，就不由自主地蹙紧了眉头。

因为漏掉了一个。

他麾下最骁勇的将领、时任易州（今河北易县）刺史的张孝忠并没有在这串头颅里面。

这可不妙。李宝臣想，张孝忠不死，儿子将来的麻烦可就大了。

李宝臣随即派遣使者前往易州，催促张孝忠来恒州晋见。

使者是张孝忠的弟弟张孝节。

看着弟弟那张拧成一团的苦瓜脸，张孝忠的气就不打一处来：“你回去问问李宝臣，那些将领犯了什么罪，竟然同日被诛？你告诉他，我张孝忠怕死，所以不敢去，不过请他放心，我也不敢背叛他。说来说去，就是跟他不敢奉诏入朝一样罢了！”

张孝节的眼泪哗哗就下来了，哽咽着说：“你要不去，我就死定了。”

“我要是去，咱哥俩就全死定了！”张孝忠说，“有我在，他不敢杀你。”

张孝节空手而回，李宝臣在心里一声长叹。

看来张孝忠是杀不掉了，而且这个笨蛋张孝节也不能杀，现在杀他就等于提前逼反张孝忠。

没办法了，让一切顺其自然吧。儿子李惟岳能不能守住这份家底，就看他自己的造化了……

正月初九，李宝臣卒。幕僚胡震等人劝李惟岳秘不发丧，随后以李宝臣的名义上表朝廷，请求由李惟岳继任节度使。

看着成德的奏表，德宗李适的心头不禁掠过一阵战栗。

这是兴奋的战栗。

李适很清楚，李宝臣肯定是一命呜呼了，否则李惟岳也不会这么急着上表。

机会来了！要想把藩镇的权力收归中央，这就是最好的机会。

于是，德宗一边斩钉截铁地拒绝了成德的要求，一边派遣了一个叫班宏的使臣前往恒州，去“探望”李宝臣的病情。

朝廷使臣一到，李惟岳顿时傻了眼。他知道瞒不住了，只好拿出重金贿赂班宏，希望他能够帮着隐瞒。不料班宏却一口回绝，马上回京向德宗禀报了李宝臣已死的实情。李惟岳无奈，这才匆忙发丧，同时自立为留后，并授意成德将领联名上奏，请求朝廷赐给旌节。

德宗再次驳回了他的请求。

天子的强硬态度让诸藩大为惊愕，同时也让他们感到了唇亡齿寒的危险。

尽管诸藩人人心怀鬼胎，处处明争暗斗，但是在“确保权力世袭”这一点上，他们却是空前团结、高度一致的。早在许多年前，成德李宝臣、魏博田承嗣、淄青李正己、山南东道梁崇义等人就形成了一个秘密约定——诸镇必须齐心协力，确保各自地盘的世袭。

当初田承嗣死时，李宝臣就曾极力帮他的侄子田悦说话，迫使代宗朝廷承认了田悦的世袭权力。

所以，当德宗此次明显流露出“削藩”的意图时，诸藩当然不会坐视。随后，魏博节度使田悦便代表诸藩频频上奏，一再替李惟岳求情。

德宗还是那个字：不！

眼看事情陷入僵局，朝臣劝谏德宗说：“李惟岳承袭父位已经是既成事实，若不顺水推舟，势必发生叛乱。”

德宗当然知道——敢于说“不”是要付出代价的。

对此他早有心理准备。

如果李惟岳及其河北诸藩胆敢抗命，他将不惜一切代价与之一战！

为了表示自己向藩镇开刀的决心，德宗李适对满朝文武说了一番话：“这些年来，各种反叛势力凭的是什么？还不是凭借朝廷封给他们的土地、赐给他们的权位！过去，朝廷为了息事宁人，不断给予他们任命，不断满足他们的欲望，可结果呢？叛乱还是有增无减！由此可见：爵命不足以消弭叛乱，适足以助长叛乱！所以，倘若李惟岳必定要叛，给不给他任命，结果都没什么两样。”

朝廷最终拒绝李惟岳的消息传出后，田悦和李正己的使者便迅速赶赴恒州和李惟岳见面。

诸藩紧急磋商的议题只有一个——武力联合，对抗中央！

建中二年五月，诸藩率先动手了。

魏博节度使田悦命兵马使孟佑率五千步骑北上增援李惟岳，同时命兵马使康愔率八千人进攻邢州（今河北邢台市），命别将杨朝光率五千人在邯郸西北扎营，阻击昭义方向来的朝廷军，而他本人则亲率数万大军围攻临洺（今河北永年县）。

与此同时，淄青节度使李正己出兵扼守徐州、甬桥（今安徽宿州市）及涡口（今安徽怀远县淮河入口）一带，与山南东道节度使梁崇义遥相呼应，封锁了朝廷的江淮运输线。

德宗没料到诸藩居然赶在他前面动了手，顿时勃然大怒，立刻与朝臣们制订了一个平叛计划。

六月初，德宗发布作战命令，准备在南、中、北三条战线上与叛乱藩镇全面开战。

南线战场，由于淮宁节度使李希烈屡屡主动要求征讨梁崇义，德宗感其忠义，遂晋封他为南平郡王，加授汉南、汉北兵马招讨使，命其统率诸道军队进攻山南东道。

中路战场，德宗命河东节度使马燧、昭义（治所相州，今河南安阳市）节度使李抱真、神策军先锋都知兵马使李晟，组成联合兵团向魏博的田悦发起进攻。

北线战场，德宗把进攻李惟岳的任务交给了幽州留后朱滔。朱滔二话不说，欣然领命。本来，幽州与成德、魏博（并称河北三镇）一直是同穿一条裤子的，可自从代宗大历十年，魏博田承嗣诱使成德李宝臣偷袭幽州的朱滔后，幽州镇就与成德镇结下了梁子。如今朝廷要讨伐李惟岳，朱滔当然要借这个机会报仇雪恨了。

浓密的战争乌云，又一次在帝国上空迅速聚集、剧烈翻涌……

值得一提的是，就在此次大战爆发前夕，亦即建中二年六月十四日，大唐帝国的头号功臣、四朝元老郭子仪终于走完了他沧桑而辉煌的一生，病逝于长安家中，享年八十五岁。

在平定安史之乱、挽救李唐社稷的那批功臣中，郭子仪是活得最久的一个，也是声誉最隆、威望最著、功业最盛的一个。其实，郭子仪身边不乏嫉恨他的小人，比如鱼朝恩、程元振等，都曾经不择手段地算计他，甚至想置他于死地，可郭子仪每次都能逢凶化吉、遇难呈祥。

这首先当然要归功于上天赐给他的好运气，但同时也跟他的处世之道息息相关。

说起郭子仪的为人处世之道，不外乎这四个关键词：谨慎，低调，宽容，坚忍。他之所以能够在惊涛骇浪、大起大落的一生中屡屡化险为夷，始终立于不败之地，很大程度上就是得益于这几条看似简单、其实并不简单的处世原则。

老子说："不自见，故明；不自是，故彰；不自伐，故有功；不自矜，故长；夫唯不争，故天下莫能与之争。"

郭子仪的一生，未尝不可作如是观。

和他同时代的很多武将、文臣和宦官，为了功名利禄争得头破血流，最后却大多死于非命。可郭子仪很少主动去争什么，到头来却拥有了世人梦寐以求的一切：权力、地位、名望、富贵、平安、长寿、妻妾成群、子孙满堂……

史称，郭子仪仅"中书令"一职就兼任了二十四年，光朝廷发给的俸禄每月就多达两万缗（两千万钱），加上各种渠道的私人收入，可谓富甲一方，所以家里的库房总是"珍货山积"。

郭子仪不仅门庭显赫，而且人丁也异常兴旺。在他的长安大宅内，家人、族人，连同奴婢、仆从加起来，足足有三千人，相当于今天正规部队的两个团！

郭子仪有八个儿子、七个女婿，"皆为朝廷显官"；孙子有数十个，每次请安的时候，郭子仪连认都认不过来，只好保持同一个表情，对每个孙子都微笑点头。曾担任郭子仪副将的仆固怀恩、李怀光、浑瑊等人，虽贵为王公，也经常被郭子仪呼来喝去，甘愿受其驱使，以至连郭子仪的家人，也把这几个大将视同家里的仆从差役。

盖棺论定之际，司马光在《资治通鉴》里对郭子仪做了这样的评价："天下以其身为安危者殆三十年，功盖天下而主不疑，位极人臣而众不疾，穷奢极欲而人不非之，年八十五而终。其将佐至大官、为名臣者甚众。"

终有唐一朝，做人做到这份上的，恐怕也只有郭子仪一个了。

郭子仪死后，德宗为之辍朝五日，命有关部门为他修建一品陵墓，并在一丈八的高度上诏令再加一丈，所有丧葬费用都由朝廷支付，文武百官全部赴郭宅吊唁。出殡那天，德宗李适率百官亲临安福门，为之哭泣送葬，随后谥号"忠武"，让其配享代宗庙庭。如此种种，可谓极尽人臣之哀荣。

就在郭子仪去世的同时，一场大规模的平藩战争也迅速拉开了帷幕。战争在三条战线上先后打响。

首先来看中路战场。建中二年七月底，马燧与李抱真合兵八万，从壶关（今山西壶关县）越过太行山直抵邯郸，对驻守在此的杨朝光部发起攻击。正在围攻临洺的田悦担心腹背受敌，亲率一万多人回师援救杨朝光。马燧命部将李自良在双冈（今河北邯郸市西北）阻截，并下死令："如果让田悦过了双冈，你就提头来见！"李自良遂奋力死战，击退了田悦援军。

随后，马燧以优势兵力一举击溃杨朝光，全歼其所部，随即进抵被围已久的临洺。田悦投入全部兵力迎击马燧。双方恶战一百多个回合，田悦军终因士卒疲惫而不敌，被斩首一万余级，连夜败逃。邢州、临洺二州之围遂解。

差不多在这个时候，淄青节度使李正已病死，其子李纳一直封锁消息，自领军政。田悦战败后，慌忙向李纳和李惟岳求援。李纳遂出兵一万，李惟岳出兵三千，与田悦残部合计二万余人屯驻于洹水（流经河南安阳市）。马燧等人率部进驻邺城，与其隔河对峙。

八月，李纳为父发丧，同时上表请求承袭节度使职。

李适不禁冷笑。

都什么时候了，还在做你的春秋大梦呢！

李适不想给李纳任何答复了。

他现在只想用刀剑说话。

南线战场，兵力单薄的梁崇义唯一一次主动进攻失败之后，便一直集中兵力龟缩在襄阳。李希烈大军沿汉水而上，直逼其老巢。梁崇义急命部将翟晖和杜少诚在蛮水（汉水支流，流经湖北南漳县南）阻击，被李希烈打败，二将皆降。李希烈即命二人暗中返回襄阳，对守城军民进行策反。梁崇义下令闭城坚守，但守城将士却打开城门纷纷出逃。梁崇义无力阻止，绝望之下带着妻儿投井而亡。

随后，李希烈轻而易举地入踞襄阳，割下梁崇义的首级传送京师。

就在中路战场首战告捷、南线战场获得完胜的同时，在北线战场，朝廷在战事未开时就先捡了个大便宜——朱滔成功策反了成德悍将张孝忠。

当时，张孝忠正率领八千精锐将士驻守易州（今河北易县）。朱滔想要南下攻打李惟岳，易州就是必经之地，是他必须拔掉的一颗钉子。朱滔知道，张孝忠骁勇善战，所以这颗钉子只能智取，不能硬拔。

大军未发之前，朱滔便先行派人去游说张孝忠，说："李惟岳是个乳臭未干的小儿，竟敢对抗朝廷，实在是不自量力！而今昭义、河东军已经攻破田悦，李希烈的淮宁军又克复了襄阳，河南的各路军队都在日夜兼程向北挺进，成德与魏博亡可立待，你若能率先以易州归顺，那么平灭李惟岳的首功便是你的，此乃转祸为福之上策！"

事实上，不用等朱滔来游说，张孝忠早就有心归降朝廷了。

自从李宝臣向功臣宿将挥起屠刀，张孝忠对成德的忠诚早已荡然无存，现在李惟岳又跟朝廷大动干戈，张孝忠当然没有理由再为成德卖命，所以朱滔这番话正中其下怀。随后，张孝忠奉表向朝廷请降。德宗大喜过望，于九月初任命张孝忠为成德节度使。

九月初七，为了表彰李希烈平定梁崇义的功劳，同时为了鼓舞前线官军的士气，德宗又加授李希烈为同平章事。

此时，诸道平叛军队已经对成德的李惟岳形成南北夹击之势，整个战略形势显然对李唐中央非常有利。

德宗李适大为自豪，他觉得自己基本上是胜券在握了。李适相信，用不了多久，那些拥兵割据的跋扈藩镇必将被一一铲除，而大唐帝国也必将回到大一统的轨道上来！

然而，李适高兴得太早了。

因为一个很严重的问题马上就摆在了他的面前。

问题出在刚刚被他树立为平叛英雄的李希烈身上。

种种迹象表明——李希烈并不是收复了襄阳，而是吞并了襄阳！也就是说，李希烈主动请缨、大举出兵的目的，并不是替朝廷平定叛乱，而是趁机壮大实力、扩张地盘！

怎么会这样？

刚刚在他心中涌起的那股豪情刹那间烟消云散，取而代之的是一种强烈的不安。

## 梦想很坚挺，现实很疲软

本来，在德宗李适的心目中，淮宁节度使李希烈绝对称得上是一个可造之才。他相信假以时日，李希烈完全有可能成长为像郭子仪那样的帝国功臣。

当初李希烈自告奋勇请求讨伐梁崇义，德宗别提有多高兴了，多次当着满朝文武的面大赞李希烈，说他心忧天下，忠勇可嘉。但是听到这样的赞语，却有好几个大臣不以为然，比如宰相杨炎，还比如黜陟使（负责考察地方官员的中央特使）李承。

当时，李承恰好从淮宁视察回来，对李希烈的野心已经有所察觉。他忧心忡忡地对德宗说："李希烈此役必能建立战功，可问题是，在此之后他很可能会居功自傲，不服从中央。到时候，朝廷恐怕还要对他发动第二次讨伐。"

德宗当时根本就听不进去

可现在，他终于明白——李希烈的所谓忠诚，只是因为背叛的筹码不够，一旦他具备足够的实力，必将成为朝廷的心腹大患！

同年九月初九，亦即刚刚加授李希烈为同平章事的两天之后，德宗便任命李承为山南东道节度使，让他赶赴襄阳接管梁崇义留下的地盘。

李承临行前，德宗提议要让禁军护送他去，可李承却婉言推辞了。

在他看来，李希烈现在刚刚占领山南东道，立足未稳，肯定不敢跟朝廷翻脸，如果他带着禁军前去，势必引起李希烈的猜疑和恐慌，甚至会迫使他铤而走险。

所以，李承决定单骑赴任。他知道李希烈肯定会视他为眼中钉，但是他相信，在目前的情势下，李希烈还不敢把他怎么样。

不出李承所料，当他带着朝廷的任命状到达襄阳时，李希烈尽管恨得牙痒痒，却不敢轻易动手，只把他软禁在宾馆里，百般威胁，千般恐吓，企图把他吓回长安去。可李承知道李希烈只是在虚张声势，所以不为所动。

到最后，李希烈实在是拿这个新任的节度使没辙，只好在襄阳全境纵兵大掠一番，才悻悻然引兵而去。

李希烈大军虽然撤走，但却留了一个将领在襄阳，名义上说是留守军队物资，实际上是在襄阳插了根钉子。李承接管襄阳军府后，差不多用了一年时间才让军政事务重新步入正轨。同时，李承也派出心腹数度前往许州和蔡州，暗中收买了李希烈的几个亲信，准备寻找机会干掉李希烈。

至此，德宗朝廷与李希烈的关系已经走到了一个危险的边缘，表面上虽然相安无事、波澜不惊，但背地里却是剑拔弩张、暗流汹涌。

从建中二年冬天起，唐朝政府军与叛乱诸藩展开了第二阶段的较量。令德宗甚感欣慰的是，官军在战场上又取得了节节胜利。

先是在这年十一月初，朔方将领唐朝臣等人在徐州大破淄青和魏博的军队，一举打通了被封锁达半年之久的江淮运输线。紧接着在建中三年（公元782年）正月，马燧等部又在洹水大败田悦的魏博军，斩敌二万余级，俘虏三千多人。

田悦带着残部一千余人，连夜逃回老巢魏州，守城大将李长春却闭门不纳。

很显然，李长春是想等官军杀来后举城投降。可直到第二天早上，李长春还是没等到官军，只好打开城门。田悦在城外冻了一夜，勃然大怒，一进城就杀了李长春，然后命令部众全部登城据守。

然而，此时的魏州城内，仅余士卒数千人，而且士气极为低落。尤其是那些阵亡将士的家属，更是哭天抢地，满街哀嚎，搞得整个魏州城人心惶惶。

田悦大为忧惧，这是他继任节度使以来遭遇的最严峻的一次信任危机。他意识到，如果不能尽快安抚人心、重振士气，说不定还没等官军来攻，士卒们已经把他的脑袋砍下来献给朝廷了。

在这种内忧外患的危急时刻，最能考验一个领导驾驭人心的本事。处理得好，还有机会从头再来；处理不好，身家性命随时可能玩完！

那么，田悦能渡过这次信任危机吗？

作为田承嗣的侄子，田悦能够把田承嗣的一帮儿子通通比下去，被田承嗣选为接班人，当然是有一些过人之处的。

逃回魏州的当天，田悦就在节度使府门口召集军民训话。他骑在马上，把自己的佩刀高高举过头顶，声泪俱下地说："田悦不成器，当初承蒙淄青、成德两位世伯（李正己、李宝臣）举荐，继承了伯父的事业。如今，二位世伯已经过世，他们的儿子（李纳、李惟岳）却不能子承父业，我不敢忘记二位世伯大恩，决心保举他们的儿子，所以才不自量力、对抗朝廷，以致落到今天这个地步，连累了父老乡亲，这都是我一个人的罪过。田悦上有老母，不能自杀，只希望诸公能用我手里这把刀，砍下我的首级，打开城门献给官军，自取富贵，不要和田悦一起陷入死地！”

话音未落，田悦便作出一副悲恸欲绝之状，一头从马上栽了下来。

将士们大惊失色，慌忙冲上去把他抱住。

节度使这番话，真可谓慷慨激昂，感人肺腑！军民们大受感动，当场纷纷表态：“大人是出于正义而举兵，并非为了一己之私。胜败乃兵家常事，我等累世受田氏厚恩，怎么忍心听到这些话！愿为大人拼死一战，若不能胜，再与大人共死不迟！”

田悦泪流满面，激动地说：“诸位不因落败而把我抛弃，田悦即便是到了九泉之下，也不敢忘记各位兄弟的深恩厚意！”

这张悲情牌打得实在漂亮，以至在场的每一个人都被感动得眼泪哗哗的。

田悦赶紧抹了一把脸上的泪水，然后挥刀断发，与诸位将领结成了生死兄弟。紧接着，田悦又打开府库，把积藏多年的一百余万钱全都拿了出来，分给了所有将士。

经过这一番感情和金钱的双重洗礼，将士们无不精神抖擞、勇气倍增，一个个都发誓要和节度使同生死，要与魏州城共存亡。

在泪弹加银弹的攻击下，田悦成功地俘获了所有将士的心。于是魏博“众心始定”，“军势复振”（《资治通鉴》卷二二七）。

数日后，马燧等部将魏州团团围困，并日夜猛攻，但是叛军的反抗意志却比他预料的强大得多，所以始终未能攻克。

建中三年正月中旬，朝廷军在战场上又取得了一连串胜利。

首先，魏博将领李再春以博州（今山东聊城市）归降，田悦堂兄田昂以洺州（今河北永年县东南）归降；接着，朱滔、张孝忠在束鹿（今河北辛集市）击败李惟岳，继而攻克深州（今河北深州市）。正月下旬，成德将领康日知又以赵州（今河北赵县）归降。到了闰正月下旬，成德骁将王武俊又发动兵变，斩杀了李惟岳，然后砍下他的人头向官军投降。

李惟岳的首级传至长安，德宗和百官大为振奋。

二月初，成德将领杨政义又以定州（今河北定州市）归降。

至此，黄河以北大致平定，只剩下田悦困守魏州孤城，而黄河以南的官军则猛攻濮州（今山东鄄城县）的李纳。李纳势穷力蹙，基本上也是败局已定。

面对如此大好局面，德宗朝廷顿时充满了乐观情绪，上自天子、下至百官，无不认为天下将从此太平。

可是，谁也没有想到，就在德宗朝廷距离最终的胜利仅有半步之遥的时候，形势却突然急转直下，再次把帝国卷进了更大规模的战乱之中……

叛乱诸藩的大部分辖区被官军收复后，朝廷就开始着手分地盘了。

一时间，河北诸镇分田分地，忙得不亦乐乎。

朝廷把成德一劈为三：易、定、沧三州给了张孝忠，任他为节度使；恒、冀二州给了王武俊，任他为都团练使；深、赵二州给了康日知，任他为都团练使。另外把淄青的德州（今山东陵县）和棣州（今山东惠民县）给了朱滔。其余的地盘，朝廷自己收了。

德宗对这样的安排感到很满意——既赏赐了有功之臣，又把旧成德劈成了三瓣，达到了令降将们互相制衡的目的，此外朝廷又收回了魏博大部、淄青大部和山南东道全部，这样的安排真可谓皆大欢喜！

但是李适错了。

这样的安排就让某些人很不欢喜。

比如王武俊就窝了一肚子火。他认为：既然是他亲手宰了李惟岳，那他的功劳绝对在张孝忠之上，凭什么张孝忠能分到三个州，还能当节度使，而自己才分到两个州，并且只封了个小小的“都团练使”，这不明摆着瞧不起人么？非但如此，皇帝还下了一道居心叵测的诏书，让他给朱滔送去三千石粮食，给马燧送去五百匹马……王武俊越想越愤怒：这又是什么意思？这岂不是在削弱我王武俊的实力？你李适是不是想借我之手先把魏博的田悦收拾了，接下来再来灭我？

有鉴于此，王武俊遂拒不奉诏。

跟王武俊一样，幽州节度使朱滔也是极度不爽。他本以为拿下富庶的深州之后能顺势将其占为己有，没想到朝廷却把它划给了康日知。朱滔再三请求得到深州，朝廷硬是不答应，朱滔索性就赖在深州，说什么也不给康日知挪地儿。

此刻，诸藩分赃不均的一幕被某个人看得清清楚楚。

他就是已经濒临绝境、困守在魏州城内的田悦。

田悦仿佛看见了一根救命稻草，立即派人前往深州游说朱滔，说："讨平李惟岳事实上都是你的功劳，当初天子承诺，一旦把李惟岳的城池打下来后就都归属于你，如今看来纯粹是一派谎言。之所以如此，是因为当今天子志在削藩，打算以文臣取代武将。在此情况下，魏博要是继续存在，你幽州就能高枕无忧；魏博要是亡了，你也就危在旦夕。如果你现在出手援救魏博，那就等于是在挽救你自己子孙万世的福利啊！"

朱滔觉得田悦的想法正与他不谋而合——朝廷要是把河北诸镇都扫平了，最后是不会单独留下他一个幽州镇的。随后，朱滔马上联络王武俊，二人一拍即合，遂决定三镇（幽州、恒冀、魏博）联兵，再度与朝廷对抗。

刚刚被朝廷任命为深赵都团练使的康日知一觉醒来，发现自己已经置身于狼群之中，第一时间向朝廷发出了求救信号。德宗皇帝匆忙下诏，给了朱滔一个通义郡王的爵位，试图以此安抚他。

然而，此刻的朱滔要的是实地，不是虚衔。他把天子诏书撕得粉碎，立刻与王武俊联合，先以部分兵力包围赵州的康日知，然后二人亲率主力驰援魏州的田悦。

形势突然逆转，此前的平叛力量现在都成了叛乱势力，屯驻河北的马燧兵团顿时陷入孤立无援之境。德宗紧急征调朔方节度使李怀光，命他率朔方军及神策军共一万五千步骑，开赴前线支援马燧。

建中三年六月底，魏州城下出现了戏剧性的一幕——两方援军在同一天进入战场。

田悦马上杀牛宰羊，犒劳朱、王援军；马燧不甘示弱，也摆出盛大军容迎接李怀光部。

所有人都很清楚，接下来的这场战斗将决定河北诸镇的命运。

李怀光求胜心切，打算趁叛军立足未稳发起进攻。马燧劝阻，可李怀光不听，独自率部向惬山（今河北大名县北）西面的朱滔展开攻击。

朱滔猝不及防，被杀一千多人，向后溃退。李怀光信马由缰地走上一面高坡，望着仓皇逃窜的敌军，满脸得意之色。士兵们见主帅没有追击的命令，随即一头冲进朱滔遗弃的营寨，疯狂争抢战利品。

李怀光没有料到，就在他自以为初战告捷的时候，王武俊突率两千精骑横冲而来，一下子将他的部众拦腰截断；朱滔紧随其后，对其发起猛烈的反扑。

正在抢夺战利品的官军毫无防备，顿时崩溃，逃跑中互相践踏挤压，落进永济渠溺毙者不计其数，尸体堆积如山，渠水为之断流。战场上的形势突然逆转，马燧想出兵援救也来不及了，只好坚守营寨。

当晚，朱滔又出兵截断了官军粮道。马燧等人大为惊恐，连忙拔营西撤，于七月初撤到了魏县（今河北大名县西南）。

惬山会战惨败，魏州围解，朱滔又遣将援救被困于濮州的李纳，一时间四镇联合，叛军声势重振。

败报传至长安，德宗李适呆立良久，半晌无语。

建中三年十一月，叛乱诸藩在一夜之间全部称王：朱滔自称冀王，田悦自称魏王，王武俊自称赵王，李纳自称齐王。

大唐帝国仿佛在一夜之间进入了战国时代。

诸藩设坛祭天，共推朱滔为盟主。朱滔自称“孤”，田悦、王武俊、李纳自称“寡人”；他们居处的厅堂改称“殿”，他们的政务公文改称“令”，所有的属下上书称为“笺”；他们的妻子称“妃”，他们的长子称“世子”。以他们所统治的各州为府，设立留守兼元帅；设立东西曹，视同中书、门下省，设置左右内史，视同中书令、侍中；其余各级官员的设置一律仿照中央政府，只是名称略有差异。

建中三年十二月，更让人抓狂的消息接踵而至——淮宁节度使李希烈在河北诸藩的劝进下，自立为天下都元帅、太尉、建兴王，俨然已有称帝之志。

消息传来，李适顿觉天旋地转。

乱套了，一切全都乱套了！为什么朝廷花这么大的力气平藩，到头来居然是前门驱虎，后门迎狼？为什么自己的梦想那么坚挺，可遭遇的现实却是如此疲软？

接下来该怎么办？

李适心里一片茫然……

## 李希烈之乱

茫然的德宗李适在新年伊始又遭到了当头一棒。

——建中四年（公元783年）正月初，李希烈派兵拿下汝州（今河南汝州市），继而攻下尉氏（今河南尉氏县），紧接着又包围了郑州，同时派出骑兵四处劫掠，前锋已进抵彭婆（今河南伊川县东北彭婆乡），对东都洛阳形成了严重威胁。

据来自东都的战报说，当地官军屡屡出兵征讨，却每每无功而返。东都

“士民震骇”，已经有好多人拖家带口逃出洛阳，纷纷躲进了深山老林。

德宗无比震惊。

尤其让德宗感到愤怒的是——东都的南面屏障汝州，几乎是在毫无抵抗的情况下投降李希烈的。

为什么会这样？

问题就出在德宗亲自任命的汝州守将李元平身上。

李元平，原本是湖南一个普普通通的中级官员，“薄有才艺，性疏傲，敢大言，好论兵”（《资治通鉴》卷二二八）。一个偶然的机会，当时的宰相关播听他谈了一通兵法，惊为天人，遂极力向德宗推荐，说此人有“将相之器”，才堪大用。德宗信以为真，赶紧把李元平派驻河南前线，让他专门防范蠢蠢欲动的李希烈。

李元平就这么带着天子和宰相的殷切期望，踌躇满志地来到汝州，准备大干一番事业。刚一到任，他就迫不及待地在城门口贴出告示，说要招募工匠修葺城墙、加固防御工事。

按理说，李元平这么做没什么不对，可问题是他的告示被李希烈看到了。

李希烈嘿嘿一笑，对手下说：咱也派些人过去，支持一下李大人的工作。

随后，便有几百个淮宁士兵化装成民工，光明正大地走进了汝州城。几天后，李希烈突然派出几百名骑兵，直抵汝州城下。还没等李元平反应过来，一伙“民工”就蜂拥而上，将他摁倒在地，然后把他捆成了一颗粽子，同时打开了城门。城外的淮宁骑兵遂长驱直入，群龙无首的汝州守军只好乖乖缴械投降。

李希烈就这样兵不血刃地拿下了汝州。

具有讽刺意味的是，这个被宰相关播誉为“有将相之器，才堪大用”的李元平被押到李希烈面前时，居然吓得屎尿失禁，弄得满身污秽。李希烈哭笑不得：“他娘的宰相瞎了眼，竟然把你当成我的对手，何至于把我轻视到这种地步！”

李希烈骂得没错，能从帝国基层的万千官员中挑出李元平这样的货色，宰相关播的眼光确实“非比寻常”。

那么，李唐朝廷为什么会有关播这样的瞎眼宰相呢？

答案很简单——他是首席宰相卢杞引荐的。

说白了，关播就是卢杞手中的提线木偶。

当初，卢杞除掉杨炎之后，知道德宗肯定要再提拔一两个朝臣为相，于是就主动推荐了时任吏部侍郎的关播。他给关播的定位很明确，就是木偶。他不但不让关播插手政务，甚至连话也不让他随便说。

有一次德宗召集宰相议事，卢杞侃侃而谈，关播忍不住也想畅所欲言，可刚刚要开口，就看到了卢杞那令人不寒而栗的目光，只好硬生生把话吞进了肚子里。会后，卢杞立刻向他提出严重警告：正因为你这个人恭谨少言，我才引荐你当宰相，刚才你怎么可以有说话的冲动呢？从此，关播就把自己的嘴巴缝上了。

有这样的两个宰相盘踞中枢，天下事可想而知。要命的是，德宗李适又偏偏对卢杞宠信有加，事无巨细皆与其商议定夺。这一次也不例外——当李希烈发动叛乱的消息传来，德宗的第一反应就是问计于卢杞。

卢杞胸有成竹地说：“李希烈年轻气盛、居功自傲，部将们肯定都不敢劝他。如果有一位德高望重的大臣，携带陛下诏书，前去向李希烈当面剖析祸福利害，李希烈定会洗心革面，重新做人。到时候，中央可以不费一兵一卒而把他降服。颜真卿是四朝元老，忠贞正直、刚毅果决、名重海内、人所信服，实在是此行的不二人选。”

德宗频频点头，觉得卢杞的话很有道理。

正月十七日，德宗下诏，命颜真卿前往许州（今河南许昌市）宣慰李希烈。诏书颁下，满朝文武尽皆失色。所有人都觉得，卢杞这么做无异于是让年过古稀的颜真卿去送死。

没错，卢杞就是要让他去送死。

自从当上首席宰相的那一天起，卢杞最关心的事情就是如何把朝中有威望、有资历、有水平的人一个个搞掉，好让自己永远待在首席宰相的位子上。

很不幸，四朝元老颜真卿就是这么一个有威望、有资历、有水平的人。这样的人不除，卢杞就寝食难安。

接到诏书后，颜真卿义无反顾地出发了。临行前，他给儿子留了封信，上面只写了六个字：奉家庙，抚诸孤。

很显然，这是遗言。

颜真卿知道卢杞的用意，也知道此行凶多吉少，但是他没有丝毫犹豫，更没有半句怨言。因为，从安史之乱爆发的那一刻起，他就已经把身家性命置之度外了，能够活到今天，实属幸运。若能在古稀之年为社稷和苍生略尽绵薄之力，他宁愿赴死，并且死而无憾。

走到洛阳时，东都留守郑叔则极力挽留颜真卿，劝他在洛阳逗留一段时间，看天子会不会改变主意。颜真卿谢绝了他的好意，说："这是圣旨，岂能逃避！"

颜真卿到了许州，见到李希烈后，刚刚要宣读皇帝诏书，李希烈就暗中指使一千多名亲兵冲进节度使府，一个个刀剑出鞘，将颜真卿团团围住。颜真卿脸不变色、心不跳，从容不迫地宣读了诏书。

李希烈见恐吓未能奏效，赶紧换了一副面孔，挺身挡在颜真卿面前，做出一副义愤填膺的表情，厉声斥退了那些亲兵，然后恭恭敬敬地把颜真卿送到了驿馆。

李希烈没有杀颜真卿，也不想放他回去，而是把他软禁了起来。

他知道，颜真卿这个人有很大的利用价值。作为当时硕果仅存的四朝元老，颜真卿在天下人心目中一直享有很高的威望，若能迫使他背叛朝廷，投到自己麾下，李希烈就能利用他的威望号令四方，增强起兵叛唐的合法性。

然而，李希烈打错了如意算盘。

倘若颜真卿真是他想的那种人，早在安禄山起兵时他就叛了，何必等到今天？

颜真卿到达许州不久，朱滔、王武俊、田悦、李纳也分别派遣使者来到许州，一起劝李希烈称帝。李希烈得意洋洋地对颜真卿说："如今四王皆遣使劝进，可谓不谋而合，太师（颜真卿时任太子太师）都看见了吧，眼下受朝廷排挤、深怀功高不赏之惧者，岂止是我李希烈一个人？"

颜真卿冷笑："我只看见'四凶'，没看见什么'四王'。大帅若不自保功业，而与乱臣贼子为伍，结果只能是和他们一同覆灭！"

李希烈强忍怒火，命人把他扶了出去。数日后，李希烈宴请四镇使节，特意邀颜真卿一起赴宴。席间，四镇使者在李希烈的授意下，纷纷以"宰相"之位劝诱颜真卿，说："久闻太师德高望重，而今大帅即将正位称尊，太师恰好到来，这岂不是上天要把开国宰相赐给大帅吗？"

众人话音未落，颜真卿就厉声怒斥："什么宰相？你们听说过那个痛骂安禄山而死的颜杲卿吗？那就是我的兄长！我已年近八旬，只知守节而死，岂能受你们威胁和利诱？"

四个使者无言以对，只好悻悻闭嘴。李希烈勃然大怒，当天就命人在颜真卿的驿馆里挖了一个大坑，扬言要把他埋了。颜真卿神色自若地对李希烈说："我自知死生已定，你又何必搞这么多花样？只要给我一把剑，大帅岂不就称心快意了？"

李希烈恨得咬牙切齿，可一想到颜真卿的利用价值，还是忍住没有杀他。在此后的一年多里，李希烈用尽各种手段，对颜真卿软硬兼施、百般胁迫，却始终不能得逞。

兴元元年（公元784年）八月，亦即被软禁了一年零七个月后，颜真卿终于被李希烈缢杀于蔡州（今河南汝南县），享年七十七岁。

第二年，李希烈之乱平定，德宗为颜真卿举哀，辍朝五日，追赠司徒，谥号"文忠"。在祭悼颜真卿的诏书中，德宗说了这么一句话："器质

天资，公忠杰出，出入四朝，坚贞一志。”（《旧唐书·颜真卿传》）

能在身后得到如此哀荣，颜公在九泉之下当可瞑目矣。

德宗当时虽然派了颜真卿前去宣慰李希烈，但他并没有放弃武力征讨。

建中四年正月下旬，德宗估计颜真卿此行不会有什么结果，遂以左龙武大将军哥舒曜（哥舒翰之子）为东都、汝州节度使，命他率部出征，会同各道征讨李希烈。二月下旬，哥舒曜克复汝州。三月，李希烈命亲信大将周曾率三万人进攻哥舒曜。

李希烈没有想到，这个周曾早已被山南东道节度使李承策反。周曾率军行至中途，随即与另外几个当初被一同策反的将领密谋，准备倒戈攻击李希烈，然后拥立颜真卿为节度使。可是，周曾等人的密谋旋即被李希烈获悉，李希烈立刻派人斩杀了周曾等人。

建中四年四月，哥舒曜率兵行至颍桥镇（今河南襄城县东北），突遇倾盆大雨，不得已而退驻襄城。李希烈命部将李光辉出兵攻打，被哥舒曜击退。

哥舒曜虽然遏住了李希烈的势头，也暂时解除了李希烈对东都洛阳的威胁，但随后的几个月里，官军在河南、河北两个战场上都没能取得任何进展，与叛乱诸镇形成了对峙态势，整个战局一片混沌。

日渐陷入泥潭的战争首先带来的就是庞大的军费开支。当时，河东、泽潞、河阳、朔方四军长期驻扎在魏县（今河北大名县西南）与河北诸镇对峙，而神策军及永平、宣武、淮南、浙西、湖南、剑南、岭南等十余镇军队，皆环绕在淮宁战区周围与李希烈相持。这么多军队参战，其粮饷和后勤补给本来就已经是一项沉重的负担，加上旧制规定，各道军队只要离开本镇，一切费用全部由中央的财政总署供给，而德宗李适为了表示对参战将士的体恤，又额外补贴了一份“酒肉钱”。这对于原本就捉襟见肘的中央财政无异于雪上加霜。更有甚者，各道军队还利用这些政策大发其财，总是以平叛之名离境，但一出本道边境便按兵不动，实际上并未参战，却照样享受比平时多了好几倍的军饷和补贴。

德宗李适无奈地发现——日益恶化的财政状况正在变成一个可怕的黑洞，即将把整个帝国吞噬。

当然，朝廷总是有办法的。

无论哪朝哪代，国家的财政亏空最终总能转嫁到老百姓头上。

建中四年六月，判度支（财政总监）赵赞奏请德宗，出台了两项新税法："税间架"和"除陌钱"。所谓"税间架"，实际上就是房产税，规定每栋房屋以两根横梁的宽度为一间，上等房屋每年每间征税二千，中等一千，下等五百；税务官员拿着纸笔算盘挨家挨户实地勘算，若有瞒报者，每隐瞒一间杖打六十，举报者赏钱五十缗（一缗一千钱）。

所谓"除陌钱"，则相当于交易税，无论公私馈赠还是各种商业收入，每缗征税五十钱。若是以物易物，亦当折合时价，按相同税率征收；隐瞒一百钱的，杖打六十、罚钱两千；凡有举报，赏钱十缗，由偷漏税者承担。

新税法颁布实施后，固然在一定程度上缓解了财政压力，可民间却是一片怨声载道。

当然，百姓的声音从来都是微弱的，天子一般听不见。

除非这些微弱的声音日渐聚拢，最终汇成改朝换代的轰天巨响，否则统治者不会意识到它的存在。

所以，此刻的德宗李适根本听不到。

眼下，光是李希烈与河北四镇称王称霸的叫嚣就已够让他头疼了。

这一年八月初，李希烈亲率三万精锐将士猛攻襄城，哥舒曜向朝廷告急。德宗急命淮西招讨使李勉派兵增援。李勉认为李希烈此次倾巢出动，总部许州必定空虚，因此向德宗上奏：由神策军大将刘德信和宣武军大将唐汉臣直取许州，则襄城之围自解。

为抓住战机，李勉还没等朝廷下诏便命二将出兵。九月十二日，刘、唐二军进抵许州仅数十里处时，德宗派遣的宦官就追上了他们，责备他们违抗诏令，擅自行动。二将无所适从，只好沮丧而回，在半路突遭淮宁李克诚部伏击，士卒死伤过半，唐汉臣逃奔大梁（今河南开封市），刘德信逃奔汝州。

官军援兵既破，李希烈更为猖獗，一边继续围攻襄城，一边派遣游击骑兵往洛阳方向一路洗劫，兵锋直抵洛阳南面十里处的伊阙。

眼看中原战场连连失利，作为东都屏障的襄城也岌岌可危，德宗李适只好征调关内的各道军队紧急出关，增援襄城。

在奉命出关的诸道军队中，有一支部队来自泾原（治所泾州，今甘肃泾川县北）。

此刻的德宗李适当然不会知道，这支部队即将给长安带来一场浩劫……

## 泾师之变：从天而降的劫难

建中四年十月初三，天气异常寒冷，长安城被笼罩在迷蒙的雨雪之中。

这一天，奉调出关的泾原节度使姚令言率领五千士兵途经京师，由于在天寒地冻中跋涉多日，士兵们都显得疲惫不堪。在这支无精打采的队伍中，还夹杂着一些半大的孩子。他们是士兵的子弟，反正留在家乡也没饭吃，索性跟着父兄一块走，以免在家里活活饿死。除此之外，士兵们也是想多拉几个人头来凑数，以便多分一些赏赐养家糊口。

按惯例，部队离开本镇到外地作战，朝廷都是要给予额外赏赐的。

然而，他们的期望落空了。

当泾原军抵达长安郊外时，负责接待的京兆尹王翃只给他们提供了一顿极其简陋的饭菜：饭是连皮带壳的糙谷米，菜也只是几盘青菜，连块肉都没有，更别提什么额外的赏赐了。

众人心里不约而同地燃起了怒火。

他们开始发出抱怨，紧接着就出现了骚动。有人踢翻了饭菜，破口大骂："我们就要死在敌人手上，却连一口饱饭都吃不上，凭什么让大伙拿小命去对抗白刃？听说皇宫中有琼林和大盈两座宝库，金银布帛堆得像山一样高，不如去把它劫了再说！"

士兵们一呼百应，立刻披上铠甲，扛起军旗，锣鼓喧天地涌向了长安城。

一场劫难就这样从天而降。

当时，节度使姚令言正在宫中向皇帝辞行，闻讯疾驰出宫，在长乐阪（长安东面）遇上了哗变的士兵。还没等他开口制止，就有人朝他放箭。姚令言吓得趴在马背上，抱着马鬃突入乱兵之中，声嘶力竭地大喊："你们犯下大错了！东征立功，还怕没有荣华富贵吗？为什么干出这种灭族的事来？"

可这种时候，节度使的话已经没有丝毫约束力了。乱兵们强行簇拥着姚令言，吵吵嚷嚷地向长安冲去。

德宗听说姚令言已经无力制止，慌忙下令赐给泾原士兵每人两匹绢帛。没想到传令的使臣刚刚走出城门，就被迎面而来的哗变的士兵乱箭射死了。德宗再派宦官出宫宣慰，乱兵已经冲到了通化门（长安东北第一门）。宦官来不及开口宣旨，就被丧失理智的乱兵们砍成了肉酱。德宗大恐，又下令装上满满二十车的金银绢帛赐给他们。

遗憾的是，这么做已经没有用了。此时乱兵已冲入城中，一个个眼冒绿光，唯一的目标就是宫中的府库，根本没把这区区二十车财宝放在眼里。

长安的百姓被这场突如其来的骚乱吓坏了，纷纷惊惶奔走，四散逃命。乱兵们大喊："你们不用怕，我们不会抢你们的财产，更不会要你们缴纳间架税和陌钱税！"

百姓们一听这口号，心头的恐惧顿时减轻了大半。

非但如此，老百姓心里甚至生出了一丝庆幸。假如这伙乱兵真的把这句口号付诸行动，那他们就不叫乱兵了，简直就是替天行道、除暴安良的“义兵”啊！

稍后，德宗又派了皇子普王李谊和翰林学士姜公辅出面安抚，但此时乱兵已经冲到皇宫的丹凤门外，随时可能破门而入，和平解决此次兵变的希望非常渺茫。

与此同时，数以万计的长安百姓则聚集在周围看热闹。

意识到危险已经迫在眉睫，德宗李适慌忙下令禁军紧急集合。

可是，德宗李适一连下了好几道命令，却始终不见一名禁军前来护驾。负责传令的宦官窦文场和霍仙鸣跑了好几趟，最后都是哭丧着脸回来禀报——皇上，根本无兵可调啊！

李适傻眼了。

怎么回事？朝廷长年累月供着这帮养尊处优的禁军，如今大难临头，居然无兵可调？

其实李适不必惊讶，因为他确实拥有画在纸上、每月按时领取薪饷的禁军名额，但并不拥有真正在职的禁军兵员。

为什么会这样？

答案很简单：神策军使白志贞并不是德宗想象中的能臣干吏，而是一个渎职贪贿的庸才！

由于深刻认识到肃、代两朝宦官执掌禁军所带来的种种危害，因而德宗李适刚刚即位，就把禁军兵权从宦官手上收了回来，交给了他认为更值得信任的白志贞。德宗以为这样一来，自己就能完全掌控禁军，从而不会再受到宦官的操纵和胁迫。

然而，德宗万万没想到，白志贞固然没有把禁军变成胁迫天子的工具，但他却把禁军变成了一个有名无实的空壳。

这些年来，白志贞一方面隐瞒了神策军东征的阵亡人数，另一方面又收受富家子弟的贿赂，用他们的名字替补。这些市井子弟虽然名列军籍，每月照常领取薪饷和各种补贴，但人却天天待在长安的商埠坊间做生意，一天也没进过军营，所以事到临头，天子根本无兵可调。

司农卿段秀实曾经察觉到白志贞的渎职行为，也曾向德宗进谏："禁军不精，兵员严重不足，万一有变，朝廷将无法应对。"可德宗始终信任白志贞，对此谏言置若罔闻。

如今，德宗李适终于尝到了自己亲手种下的苦果——"上（德宗）召禁兵以御贼，竟无一人至者。"（《资治通鉴》卷二二八）

就在德宗茫然无措之际，乱兵已经撞开宫门，蜂拥而入，呐喊声惊天动地。窦文场和霍仙鸣匆忙召集一百多名宦官，拥着德宗、太子、贵妃、诸王等人，从禁苑北门仓皇出逃。

此时此刻，天子李适的心头蓦然涌出一种从未有过的感慨——危难之际，还是宦官最贴心啊！

当这样的感慨发自于天子肺腑，我们完全有理由相信：不久之后，李唐王朝的中央禁军必将重新回到宦官手中，随之而来的就是新一轮的宦官擅权，而相同的历史也将再一次循环上演！

也许，这就是帝国的宿命。

也许从安史之乱爆发的那一刻起，大唐帝国已注定无法摆脱这样的宿命。

德宗一行由普王李谊为前驱，由太子李诵殿后，途经禁苑时，正好碰上郭子仪的儿子郭曙带着几十名家丁在此打猎。郭曙一看见天子的狼狈之状，赶紧上前护驾。与此同时，正在军营中教练射箭的右龙武军使令狐建闻讯，也带着四百多名士兵前来追随。

德宗李适就在这些人的簇拥下逃出了长安。

他是继玄宗和代宗之后，唐朝历史上第三个被迫逃离帝京的天子。

而这场突如其来的泾师之变，则是德宗李适即位以来遭受的最严重的一次挫折，也是他帝王生涯中最难以忘却的一个耻辱。

暮色徐徐笼罩了前方的大地，也渐渐覆盖了身后的长安。德宗李适策马狂奔在苍茫的天地之间，全身弥漫着一种痛彻骨髓的沮丧。

这是一个有志中兴却无力回天的天子灵魂深处的沮丧。

这种沮丧注定将弥漫他的一生。

德宗等人仓促逃离后，京师的大部分官员和皇室的大部分亲王、公主都没来得及逃走。只有宰相卢杞和关播、翰林学士陆贽、京兆尹王翃、神策军使白志贞、户部侍郎赵赞等人相继逃出，在咸阳追上了天子一行。

随后，长安城开始了一场大暴乱。

哗变士兵欢呼着冲上含元殿，大喊："天子逃跑了，我们可以自求富贵了！"随即争先恐后地冲进府库，大肆劫掠。部分乱民也趁机冲进皇宫抢夺财物，那些没能冲进宫中的，就在大街上公开抢劫，整个长安陷入了无政府状态，各坊居民只好成立自卫队自保。

暴乱持续了整整一夜，皇宫的金银财宝全部被洗劫一空。

抢完府库后，乱兵们一个个都钵满盆满、心满意足。可问题是：接下来该怎么办？他们一下子把天捅了个大窟窿，接下来该如何善后？

泾原节度使姚令言为此大为头疼。

他本来压根就不想造反，却在乱兵胁迫下参与了整个兵变行动，说起来实在是很冤枉。可他也知道，既然事情已经闹到了这一步，他身为节度使也难辞其咎，就算是有十个脑袋也不够砍。所以，他现在唯一的保命办法只有一个——将错就错！

既然无路可退，那就只能一条道走到黑了。

怎么才叫一条道走到黑？

很简单，找一个人出来当皇帝——另立新朝！

姚令言随后找到的这个人，就是当时正被软禁在家中的太尉朱泚。

朱泚是幽州节度使朱滔之兄，历任幽州、陇右、泾原节度使，也算是姚令言等人的老上级。本来，朱泚在朝中的地位还是比较高的，可自从朱滔与田悦、王武俊等人联合发动叛乱后，朱泚便被朝廷剥夺了职权，并遣归私邸，形同软禁。

朱泚原以为自己的一生就这么完了，可他做梦也不会想到，就在他最郁闷、最失落的时候，这些泾原的老部下竟然跑到长安发动了一场兵变，然后又找上门来拥立他当皇帝！

这真是否极泰来、喜从天降啊！

那一刻，朱泚的心脏狂跳不止，全身不由自主地滚过一阵战栗。

这辈子能过一回皇帝瘾，那就不虚此生、死而无憾了！

当天深夜，朱泚就在乱兵的拥护下进入大明宫，登上含元殿，当夜宿于殿中，自称“权知六军”。

其实，并不是没有人料到朱泚会篡位称尊。就在这一天白天，也就是德宗仓皇出逃之际，翰林学士姜公辅就曾跪在德宗马前极力劝谏，说：“朱泚曾担任泾原节度使，后因朱滔叛乱废弃在家，心中早有反意。臣以前劝过陛下，若终究信不过这个朱泚，不如早点把他除掉，以绝后患。如今陛下离京，乱兵一旦拥立他，其势力必将难以遏制，望陛下当机立断！”

然而，德宗只顾着逃命，根本听不进姜公辅的谏言。

十月初四，德宗一行从咸阳逃到奉天（今陕西乾县）；初五，部分文武官员陆续到达，左金吾大将军浑瑊也率部赶到奉天。浑瑊骁勇善战，随着他的到来，德宗和流亡朝廷的人心才逐渐安定下来。

与此同时，长安城里也开始了一场篡位登基的闹剧表演。以光禄卿源休为首的一帮趋炎附势之徒，纷纷向朱泚劝进，怂恿他称帝。随后，又有凤翔和泾原大将张廷芝、段诚谏率兵前来投靠。朱泚自以为众望所归，便开始对百官发号施令，并设置六军宿卫，一切仿照天子之制，篡唐之心已昭然若揭。

十月初七，陆续逃到奉天的大臣们都劝德宗加强奉天守备，以防朱泚派兵来攻。卢杞闻言，居然义愤填膺地说："朱泚的忠贞，满朝文武无人能及！我愿以阖家百口性命担保，朱泚绝不会造反！"

德宗深以为然。

可是，就在卢杞信誓旦旦替朱泚担保的第二天，野心勃勃的朱泚就用他的实际行动狠狠扇了卢杞一记耳光。

建中四年十月初八，朱泚进入宣政殿，自称大秦皇帝，改元应天。翌日，朱泚任命姚令言为侍中、关内元帅，李忠臣为司空兼侍中，源休为中书侍郎、同平章事、判度支，其余附庸他的朝臣亦各有任命。

此外，朱泚又封朱滔为皇太弟，并派人送信给朱滔，说："三秦地区（陕西中部）不日即可平定，黄河以北，就靠你剿灭残敌了，当择期在洛阳与你会面。"朱滔接信，欣喜若狂，立即将信在军府中传阅，同时复制多份通牒诸道，毫不掩饰他的志得意满之情。

伪朝既立，李唐宗室的灭顶之灾就降临了。

源休劝朱泚把滞留在京师的李唐宗室全部剪除，以绝天下之望，同时杀戮立威。朱泚觉得很有道理，遂下令屠杀了李唐的郡王、王子、王孙共七十七人。

就在长安沦陷的同时，被围达数月之久的襄城也陷入了内无粮草、外无援兵的困境，哥舒曜迫不得已，只好放弃襄城，撤至洛阳。李希烈旋即占领襄城。稍后，在河北与叛乱诸镇对峙的李怀光、马燧等人也接到了德宗从奉天发出的勤王诏书。诸节度使遽然听到长安沦陷、天子流亡的消息，无不仰天恸哭。数日后，诸节度使相继撤离战场：朔方节度使李怀光与神策都知兵马使李晟率部驰援奉天，河东节度使马燧率部退防太原，河阳节度使李艽率部退防河阳（今河南孟州市），昭义节度使李抱真亦率本部退防临洺（今河北永年县）。

突遭此重大变故，唐朝政府军不得不从主动进攻转入了战略防御。

十月十三日，朱泚亲率大军直取奉天，准备一举消灭德宗皇帝和他的流亡朝廷。

德宗李适万万没想到，自己抱着澄清宇内、重振河山的雄心壮志继承了李唐社稷，可即位才短短几年，天下就已经乱成了一锅粥——叛乱的烽火不仅燃遍了帝国的四面八方，而且直接烧到了他的眼皮底下！

李适苦笑着对自己说：现在，就连你自己的性命都朝不保夕了，还奢谈什么澄清宇内、重振河山呢？

朱泚叛军倾尽全力猛攻奉天，浑瑊等人率众死守、昼夜力战，唐军大将吕希倩、高重捷等人先后战死，奉天城危在旦夕……

自从安史之乱平定以来，大唐王朝还从未遭遇如此严重的危机。

帝国能安然度过这场危机吗？

德宗李适能逃过这场从天而降的劫难吗？

## 奉天保卫战

奉天只是一座中小规模的城市，其兵力、粮草、物资、装备都极为有限，被朱泚强攻半个多月之后，消耗巨大，形势万分危急。如果四方勤王之师迟迟不来的话，奉天随时可能被朱泚攻破。

建中四年十一月初，第一支援兵终于出现了。

这支援兵有一万余人，由灵武留后杜希全、盐州（今陕西定边县）刺史戴休颜、夏州（今陕西靖边县北）刺史时常春、渭北（治所在今陕西富县）节度使李建徽四路勤王之师集结而成。这支援兵虽然兵力不多，但毕竟是一支生力军，对于鏖战已久、伤亡惨重的奉天守军来讲，它就是一根救命稻草，就算不能解奉天之围，至少能帮奉天多守一段时间，以待后续援军。

然而，此刻奉天城的外围全是朱泚的军队，援军入城只有两条路可供选择：一是距离奉天北面十二里的漠谷，二是距奉天西北四里的乾陵（唐高宗李治陵寝）。

援军到底该走哪条路？

德宗的临时朝廷就此发生了激烈的争执。浑瑊和关播都认为，绝对不能让援军走漠谷，因为此地既险又窄，一旦遭到叛军伏击，后果将不堪设想。所以，唯一的选择就是走乾陵。援军可以利用茂密的树林隐蔽行军，在树林东北面的鸡子堆扎营，与奉天守军里应外合，分散敌军兵力，减轻奉天的正面压力。

可是，此议却遭到了卢杞的强烈反对。他的理由是：走漠谷的行军速度更快，就算遭到伏击，奉天也能立刻出兵接应，万万不可走乾陵，因为这会惊动先帝陵寝。

惊动先帝陵寝？

这真是一个愚蠢透顶的理由，可它却是一个冠冕堂皇的理由。

从军事上来讲，这个理由不值一哂，更不值一驳；但是从政治上来讲，这个理由绝对正确，而且让德宗李适很难反驳。

德宗眉头紧锁，默然不语。

关播看了看天子，又偷偷瞥了一眼卢杞，然后就闭嘴了。

只有浑瑊气得脸红脖子粗，大声说："自从朱泚攻城以来，日夜不停地砍伐乾陵松柏，要说惊动，先帝陵寝早就被惊动了！眼下奉天万分危急，各道救兵都还在路上，只有杜希全等人赶到，这支援兵关系重大，若能安全抵达奉天城下，据守要地，便可击破朱泚，岂能冒险去走漠谷？"

卢杞依旧大义凛然地说："陛下用兵，不能与逆贼相提并论！他们怎么做是他们的事情，倘若让杜希全走乾陵，那就是我们自己惊动了陵寝，罪无可赦！"

看着卢杞的一脸忠贞之状，德宗内心的天平终于倾斜了。他当即下令，命杜希全等人经由漠谷入援奉天。

德宗内心这一瞬间的倾斜，直接导致了接下来这幕惨剧的发生。

十一月初三，杜希全等部奉命穿越漠谷，果然在此遭到了叛军的伏击。

朱泚军占据两侧山头，居高临下发射强弩，投掷巨石。漠谷顷刻间变成了死亡之谷，唐军伤亡惨重。奉天紧急出兵接应，却被早有准备的朱泚分兵击退。最后，杜希全等人只好带着残部连夜退守邠州（今陕西彬县）。

唐军的救援行动彻底失败。

朱泚大为得意，命人将缴获的辎重及各种战利品陈列在奉天城下，然后大摇大摆地进行检阅。

唐朝的文武官员们呆呆地站在城头上，一个个面面相觑，心里充满了无奈和恐惧。

随后的日子，朱泚对奉天发动了更为猛烈的进攻，同时把中军大帐设置在乾陵之上，居高临下地俯视奉天全城。朱泚此举，首先当然是为了侦察敌情，但更重要的则是为了羞辱德宗，进而削弱德宗君臣和奉天军民的守城意志。

日子在一天天流逝，最后的时刻也在一步步逼近。

奉天被围一个多月后，城中的物资和存粮均已消耗殆尽，专门供应皇室的粮食也只剩下二石糙米，连下饭的菜都没有。负责管理御膳的官员只好趁半夜敌军不备，派人偷偷缒下城墙，去野地里挖些野菜来充当天子御膳。

此外，还有一件事，也足以证明此刻的奉天已经到了山穷水尽的地步。有一次，守军挑选了一个身手敏捷、健步如飞的人，准备派他出城执行侦察任务。此人衣服单薄，临行前向天子跪求一套御寒的衣裤。德宗命人拿一套给他，没想到找了半天，竟连一套像样的衣服都找不到，德宗只好伤心地把他打发走了。

在这样的困境中，奉天还能坚守几天？

德宗内心的沮丧达到了顶点。他近乎绝望地把所有公卿将帅召集过来，说："朕无德行，自陷于危亡之地，这是朕咎由自取。诸位爱卿并无罪错，还是趁早投降吧，至少能保住身家性命。"

群臣闻言，慌忙跪地叩首，一个个涕泪横流，纷纷表示愿为天子尽忠效死。德宗也止不住潸然泪下。

很显然，这是德宗李适的一张悲情牌。事到如今，除了这么做，他委实不知道该如何凝聚行将瓦解的人心和士气。尽管这番话不见得都是肺腑之言，可至少也算是真情流露。身为天子而主动引咎自责，毕竟不是一件容易的事。所以，德宗这张牌一打出去，没有理由不赢得臣子们的谅解、感动和支持。

然而，这已经是德宗李适的最后一张牌了。

奉天还能靠这张牌撑几天？

德宗心里根本没底。

建中四年十一月中旬，濒临绝境的奉天终于迎来了转机。

因为援军到了。

——朔方节度使李怀光率所部五万人渡过黄河，进抵蒲城（今陕西蒲城县）。

——神策都知兵马使李晟率本部四千人从蒲津关（今山西永济市西）渡过黄河，沿途招募士卒，最后共计一万余人进抵东渭桥（今陕西高陵县南）。

——奉命征讨李希烈的神策兵马使尚可孤得到奉天危急的消息后，迅速回师，从武关（今陕西商南县西北）进驻七盘山（今陕西蓝田县东南）。

——原驻华州（今陕西华县）的镇国军副使骆元光率一万余人进抵昭应（今陕西西安市临潼区）。

——河东节度使马燧派儿子马汇、部将王权率五千人从太原日夜兼程奔赴关中，进驻中渭桥（今陕西咸阳市东）。

各路勤王之师陆续抵达长安外围，虽然来不及驰援奉天，但已经对长安形成了一个完整的包围圈。

朱泚感到了莫大的恐惧。

他意识到，自己目前的势力范围只剩下一座长安孤城，如果不能在最短的时间内攻下奉天、颠覆李唐社稷，那他刚刚建立的朱秦王朝转眼就会灰飞烟灭。

最后一战，朱泚使出撒手锏，赶造了一种硕大而坚固的攻城云梯：高宽各数丈，外裹犀牛皮，下装大车轮，可同时承载五百名士兵。一见这庞然大物，德宗君臣和奉天官兵尽皆目瞪口呆。德宗慌忙问计于群臣，浑瑊建议挖掘地道陷其车轮，然后辅以火攻。

从十一月十四日开始，朱泚利用大型云梯对奉天城发动了空前猛烈的进攻。战斗持续了一天一夜，至十五日晨，叛军陆续攻上了东北角的城楼。眼看守城官兵死伤无数，奉天城破在即，德宗不禁与浑瑊相对而泣，群臣也只能仰天祈祷。

最后，浑瑊向皇帝跪别，然后率领敢死队冲上城防缺口，与叛军展开了短兵相接的肉搏战。战斗异常惨烈，冲在最前面的浑瑊身中流矢，依旧奋力砍杀，但是敌人却像潮水一样，一波接一波地涌了上来，而浑瑊身边的将士却一个一个地倒了下去……

就在这场奉天保卫战即将以失败告终的时候，老天爷终于站在了李唐王朝这边。

这天黄昏，风向突然逆转，城上唐军借着风势，赶紧把成捆成捆浇有松脂和膏油的芦苇草扔向敌军。与此同时，朱泚的攻城云梯也陷进了唐军挖掘的地道，动弹不得，埋伏在地道里的唐军马上点火，熊熊火焰立刻从地道口冲出。片刻之间，叛军的云梯和所有攻城的士兵全都被熊熊烈焰吞噬了，焦臭之气弥漫在整个奉天城的上空。

叛军遭到重挫，不得不向东面退却。唐军把握战机大举反攻，太子李诵亲自指挥作战，从东、南、北三个城门同时出兵，终于将叛军彻底击溃。

是夜，不甘心失败的朱泚又组织了一次进攻。战斗中，一支冷箭嗖的一声落在了德宗面前三步远的地方，把他惊出了一身冷汗。

然而，这已经是朱泚能够射进奉天的最后一支箭了。

十一月二十日，李怀光挥师援救奉天，在东南方不远的醴泉（今陕西礼泉县）击败了朱泚的阻击部队。朱泚大为震惊。他意识到，自己如果再不回防，长安马上会被唐军拿下，而自己最后肯定也会被诸路唐军包了饺子。

思虑及此，朱泚不得不放弃奉天，带着满腔的遗憾逃回了长安。

望着叛军远去时扬起的漫天黄尘，德宗李适终于长长地松了一口气。他知道，李怀光要是再晚到一天，一切就全完了！

奉天保卫战虽然以叛军的撤围而告终，德宗君臣也终于摆脱了这场可怕的梦魇，但是人们不禁要问：是什么原因导致了这场灾难的发生？或者说，导致长安沦陷、天子流亡的罪魁祸首到底是谁？

对此，朝野上下当然会有各种不尽相同的看法，可不管别人的看法如何，李怀光个人的态度是非常明确的。这一路走来，他只有两个目的：一是靖难勤王，二是奏请德宗诛杀三个人。

哪三个人？

宰相卢杞、度支使赵赞、神策军使白志贞。

李怀光坚持认为，这三个人就是造成长安沦陷、天子流亡的罪魁祸首。因为卢杞嫉贤妒能，以致政策失当；赵赞赋敛烦重，以致民怨沸腾；白志贞受贿渎职，以致关键时刻无兵可用。总而言之，这三个人都是祸国殃民的奸臣，不杀不足以平民愤，不杀不足以谢天下！

李怀光这一路走来，一直扬言到了奉天就要宰了他们。“天下之乱，皆此曹所为也！吾见上，当请诛之。”（《资治通鉴》卷二二九）

眼下奉天围解、大功新建，李怀光信心满满地认为：天子一定会以特殊的礼遇来回报他，而他的谏言也一定会得到天子的支持和采纳。

可是，李怀光错了。

他在奉天城外的军营中眼巴巴地等了多日，不但没等到天子召见他的消息，反而接到了一纸出兵的诏令。

诏令让他立刻率部进驻西渭桥，与李晟等部会师，择日克复长安。

这一刻，李怀光全身的每一个毛孔都散发着愤怒，同时又都浸透着无奈。这种感觉就像热脸贴上了冷屁股，又像一记重拳打在了棉花上。他万万没想到，自己千里迢迢前来勤王，而今大功告成，与天子近在咫尺，结果居然连一个面都见不着，连一句话都说不上，这算什么事儿？

其实，李怀光没必要感到困惑和失落，因为德宗李适和他的看法全然不同。

早在德宗刚刚逃到奉天的时候，就曾经和翰林学士陆贽谈到了这场祸乱的起因。陆贽很婉转地告诉德宗："致今日之患，皆群臣之罪也。"他的意思其实和李怀光一样，也是把原因归结到了卢杞等人身上，只是他说的话比较艺术，不愿指名道姓罢了。可是，德宗却对此不以为然。他的回答是："此亦天命，非由人事。"（《资治通鉴》卷二二九）

德宗的意思明摆着——这是老天爷的过错，不是哪个人的责任。

也就是说，即便天下的人都认为卢杞其罪当诛，德宗也是不会这么认为的。

这就让人难以理解了。自从卢杞当上首席宰相后，所犯的错误可谓不胜枚举，为什么德宗竟然视而不见，仍旧一心一意袒护他呢？为什么德宗即位时那么英武果决，现在却变得如此昏庸暗昧呢？

答案很简单，德宗受伤了。

众所周知，德宗本来是一个自视甚高、胸怀大志的人，但这几年遭遇了太多挫折，自信心被打击得一塌糊涂，所以日渐变得敏感脆弱，甚至还有些自卑。在此情况下，任何直言不讳的进谏都无异于往他的伤口上撒盐，只能引起他的抵触和反感；相反，只有像卢杞这种事事逢迎、处处随顺、从不说半句违逆之言的人，才能抚慰德宗受伤的心灵。

既然如此，德宗又怎么可能杀卢杞呢？

对于德宗的这种心态，卢杞洞若观火。所以，当李怀光扬言要诛杀奸臣的消息传进卢杞的耳朵时，他丝毫没有恐惧之感。因为他知道德宗离不开他。况且，要跟李怀光这种只会打仗不懂政治的大老粗过招，对卢杞来说根本就是小菜一碟。

奉天之围一解，卢杞马上向德宗提议——应该命李怀光乘胜攻取长安，不能拖延时日，尤其不能召他入城觐见，因为一进城就要赐宴、颁赏等等，一拖又是好几天，倘若让叛军利用这个时间重整旗鼓，想要消灭就难了。

德宗觉得很有道理，于是就让李怀光吃了闭门羹，还颁下了那道让李怀光怒发冲冠的诏令……

李怀光走了。

他带着自己的五万部众黯然离开了奉天。临走前他说了一句话："吾今已为奸臣所排，（天下）事可知矣！"（《资治通鉴》卷二二九）

显而易见，此时的李怀光已经对国家和个人的前途感到绝望了。

一个对国家和个人前途感到绝望的人，通常都属于危险人物。尤其是当这个人手里掌握着一支军队的时候，其危险程度更是不言而喻。

这样的人，接下来会干什么呢？

| 第八章 |

# 濒临破产的大唐朝廷

## 罪己诏：灵魂深处闹革命

李怀光虽然走了，但他并不是去克复长安。

他走到咸阳就按兵不动了，而且是在将近一个月的时间里雷打不动。在此期间，李怀光只做了一件事：频频上表，不厌其烦地声讨卢、赵、白三人。

事情明摆着，李怀光要跟天子做交易——想让我讨伐朱泚，就先诛杀这三人，不灭此三人，我绝不出兵！

面对李怀光的要挟，德宗很生气，但却无计可施。

因为李怀光的手里掌握着五万朔方军。

区区泾原的五千乱兵就把帝京长安搞得天翻地覆了，更何况这五万朔方军！

打从玄宗时代起，朔方军就一直是帝国最精锐的部队之一，从“安史之乱”直到今天，朔方军始终是李唐朝廷平定藩镇叛乱的核心力量。如今，天下已经乱成了一锅粥，朔方军要是再作壁上观，或者干脆跟着造反，那德宗拿什么来平叛？这一百六十多年的李唐江山岂不是要就此玩完？

就在德宗万般纠结、左右为难的同时，朝中的舆论也越来越猛烈，文武百官纷纷把矛头指向卢杞等人。

德宗彻底没辙了。

他决定跟李怀光做这笔交易。

建中四年十二月十九日，德宗无奈地颁下一道诏书，将宰相卢杞贬为新州（今广东新兴县）司马，神策军使白志贞贬为恩州（今广东恩平市）司马，度支使赵赞贬为播州（今贵州遵义市）司马。

卢杞一滚蛋，德宗李适的智商马上就有了显著的提升。在翰林学士陆贽等人的积极谋划下，德宗终于对目前整个天下的大势有了一个较为全面的考量。在此基础上，德宗朝廷针对叛乱诸藩制订了一个切实可行的应对方略。

这是一个“双管齐下、分而治之”的两手战略：对朱泚、朱滔、李希烈之流，就一个字——打；而对田悦、王武俊和李纳，则用另一个字——拉。

德宗知道，自从朱泚称帝后，朱滔便日益骄矜，目中无人，所以眼下田、王、李三人跟朱氏兄弟都是貌合神离，而且他们也会担心，万一朱泚兄弟真的夺了天下，接下来要灭的人就肯定是他们。河北诸藩有了这样一条致命的裂缝，李唐朝廷没有理由不加以利用。

建中四年岁末，德宗遣使暗中向田、王、李三人许诺，一旦反正，所有罪行全部赦免，而且赠以高官厚爵。

德宗的离间之计虽然产生了一定成效，但是田、王、李三人也只是暗中同意归顺，表面上仍旧与朱滔称兄道弟，而且并未取消王号。

很显然，这三个人是在骑墙。因为就目前这种混沌不堪的局势而言，他们还是很难确定该把宝押在哪一方，所以骑墙对他们最为有利，也最为安全。

幽州的朱滔当然不知道隔壁那几个哥们正在和朝廷眉来眼去，他现在一心只想举兵南下，和他的三哥朱泚遥相呼应，从东、西两个方向进军中原，然后在东都洛阳会师。

一旦占据两京，他们朱氏兄弟就有了逐鹿天下、号令四方的雄厚资本。每每想起这个激动人心的美好愿景，朱滔睡到半夜都会笑醒。

当然，仅凭他一镇之力，要南下扫荡中原还是有些底气不足的，所以，朱滔需要援手。

朱滔决定找两个帮手：一个是回纥人，还有一个就是魏博的田悦。

之所以找回纥人，一来是因为他们打仗厉害，二来是因为他们贪财好色，只要有打家劫舍的活儿，加之许诺给他们金帛美女，他们肯定召之即来、来之能战。

而之所以找田悦，是因为田悦欠他一个天大的人情。

当初田悦被朝廷军围困在魏州，要不是朱滔联合王武俊出手相救，田悦早就一命呜呼了，所以他没有理由不还这个人情。

这一年十二月末，朱滔的使者来到魏州，给田悦送了一封信，说："当初八郎（田悦排行第八）陷于危难之中，我与赵王（王武俊）舍命相救，好不容易帮你解了围，这事你应该没忘吧？如今我三哥在关中秉承天命，我打算和回纥人一起去帮他，希望八郎准备一下兵马，和我一道攻取大梁（同汴州，今河南开封市）。"

田悦见信后大为踌躇。要是答应朱滔，显然是被他当枪使，甚至是替他当炮灰，太不值得；要是不答应，就有忘恩负义之嫌，而且人家天天上门催讨人情债，这脸面实在挂不住。

田悦只好召集心腹扈崿、许士则等人商议，问他们对此有何看法、该如何应对。许士则当即对朱滔这个人进行了一番详尽的剖析。

他说："最初，朱滔只是幽州节度使李怀仙麾下一个小小的牙将，就和他三哥朱泚、大将朱希彩一起杀了李怀仙，然后拥立朱希彩，朱希彩从此对朱氏兄弟宠信有加。可没过多久，朱滔就和同僚李子瑗谋杀了朱希彩，拥立朱泚。后来，朱滔又怂恿朱泚入朝为质，随即自立为留后，夺取了朱泚的兵权。再后来，朱滔为了巩固权力，又杀了当初与他同谋的李子瑗，其后又陆陆续续杀了二十多人，都是曾经为他卖命的同党。现在，朱泚在关中称帝，朱滔马上又拉虎皮做大旗，日后他一旦得势，肯定会把朱泚取而代之。像朱滔这种利欲熏心、狡诈多变的人，亲兄弟尚且不认，何况同盟者？”

最后，许士则提出了他的应对之策：“而今之计，我们表面上不妨答应朱滔，可暗中必须加强戒备。等他来要兵马，随便找个理由搪塞一下，给他几千老弱应付了事。如此一来，大王既成全了报德的名声，又不必遭人胁迫，可谓两全之策。”

扈崿等人闻言，皆表赞同。田悦也是心中窃喜，但为了慎重起见，还是没有明确表态。

稍后，恒冀的王武俊听说朱滔在拉拢田悦，唯恐自己夹在中间腹背受敌（恒冀北面是幽州，南面是魏博），赶紧派人去给田悦打预防针，说：“朱泚还没有称帝之前，朱滔和我等比肩为王，就已经瞧不起咱们了，你要是再帮他平定中原，让他和朱泚连成一气，我等必成他们的阶下之囚！所以，八郎千万不能跟他一同南下。他若逼你出兵，你只管闭城拒守，我一定会寻找他的破绽，跟昭义的李抱真联手把他干掉，到时候我们还是唐朝的节度使，犯不着跟他这种乱臣贼子一块遭殃！”

接到王武俊的信后，田悦心里面有数了，随即给朱滔回了一封信，承诺跟他一起出兵。

朱滔大喜过望。

十二月二十四日，朱滔亲率幽州步骑共计五万人，外加团练一万余人，还有回纥铁骑三千人，浩浩荡荡从河间出发，准备去实现他逐鹿中原、号令天下的梦想了。

然而，这注定只是朱滔一厢情愿的美梦。

因为，隔壁那几个哥们现在都拿他当贼防着，不会让他的野心得逞；而被他寄予厚望的三哥朱泚，也已经自身难保、命不久矣。

建中四年岁末的这些日子，叛乱诸藩中最得意的人当属李希烈。

朝廷任命的淮西招讨使李勉根本不是李希烈的对手。李勉在汴州（今河南开封市）被李希烈围攻数月，一直等不到关中来的援军，最后不得不放弃汴州，率所部一万多人突围，退至宋州（今河南商丘市）。

李希烈于十二月二十七日占领汴州，随即向北、西、东三个方向同时出兵。

——北路，叛军刚刚兵临滑州（今河南滑县）城下，刺史李澄便举城而降。

——西路，叛军围攻郑州，一举控制了武牢（今河南荥阳市西）以东地区。

——东路，李希烈亲率大军攻陷襄邑（今河南睢县），守将高翼城破后投河自尽，李希烈乘胜进攻宁陵（今河南宁陵县），江、淮大震。唐淮南节度使陈少游为了自保，赶紧派人晋见李希烈，表示已命令辖下的濠州（今安徽凤阳县东北）、寿州（今安徽寿县）、舒州（今安徽潜山县）、庐州（今安徽合肥市）四地守军解除武装，放弃抵抗，一切听从李希烈指挥。

在建中四年这个冰冷刺骨的冬天里，由强藩李希烈点燃的战火正在帝国的腹地肆意蔓延，并且已经烧到了帝国的财富重镇江淮地区。

与此同时，唐德宗李适正坐在奉天简陋的天子行宫里，看见另一场火焰正在他的灵魂深处灼灼燃烧。

这是一场旧我与新我激烈交战的火焰。

翰林学士陆贽告诉他：要想让这个千疮百孔的帝国在熊熊燃烧的战火中像凤凰涅槃一样获得重生，他就必须迈出他帝王生涯中最艰难的一步，“痛自引过以感人心”，向天下人公开忏悔自己的所有过错。简言之就是四个字——下诏罪己！

德宗李适并不知道“下诏罪己”能否让帝国获得新生，他只知道自己别无选择。

他只知道，如果不这么做，离散的人心将难以凝聚，沦陷的土地将难以收复，失落的尊严将难以挽回，破碎的家国将难以重建。而他本人，也将永远无法走出由这一切构成的巨大梦魇……

兴元元年（公元784年）正月初一，大唐帝国的臣民们听到了一则令他们万分意外的消息：天子李适颁布了一道《罪己诏》。

天子罪己？

这可是一件新鲜事儿。

诏书公开发布的当天，四面八方的老百姓无不奔走相告，都想一睹为快。

这是中国历史上比较著名的一道皇帝罪己诏，其辞痛切沉郁，其情挚诚感人。尤为可贵的是：以往的皇帝通常是在面对重大灾变时，出于对“天谴”的敬畏才不得不下诏罪己，其辞往往流于形式，其情亦难免惺惺作态。而李适此诏则迥然不同。他一下子就把批判的矛头指向自己，以一种“知耻近乎勇”的精神，一一剖析了自己的毛病、缺点、过错。这既是在灵魂深处闹了一场革命，又不啻于是在天下人面前裸奔了一回。此诏虽是由翰林学士陆贽所草，但肯定是要李适过目点头才能公布的。所以说，李适在这件事上所表现出的真诚和勇气，应该是毋庸置疑的。今将此文节录于下，以飨读者：

致理兴化，必在推诚；忘己济人，不吝改过。朕嗣服丕构，君临万邦，失守宗祧，越在草莽。不念率德，诚莫追于既往；永言思咎，期有复于将来。明征其义，以示天下。

小子惧德不嗣，罔敢怠荒，然以长于深宫之中，暗于经国之务，积习易溺，居安忘危，不知稼穑之艰难，不恤征戍之劳苦，泽靡下究，情未上通，事既拥隔，人怀疑阻。犹昧省己，遂用兴戎，征师四方，转饷千里……或一日屡交锋刃，或连年不解甲胄……死生流离，怨气凝结，力役不息，田莱多荒……转死沟壑，离去乡闾，邑里丘墟，人烟断绝。天谴于上而朕不寤，人怨于下而朕不知，驯致乱阶，变兴都邑，万品失序，九庙震惊；上累于祖宗，下负于蒸庶……罪实在予！

李希烈、田悦、王武俊、李纳等，咸以勋旧，各守藩维，朕抚驭乖方，致其疑惧。皆由上失其道而下罹其灾，朕实不君，人则何罪！宜并所管将吏等，一切待之如初。

朱滔虽缘朱泚连坐，路远必不同谋，念其旧勋，务在弘贷，如能效顺，亦与惟新。

朱泚反易天常，盗窃名器，暴犯陵寝，所不忍言，获罪祖宗，朕不敢赦。其胁从将吏百姓等，但官军未到京城以前，去逆效顺并散归本道、本军者，并从赦例。

诸军、诸道应赴奉天及进收京城将士，并赐名“奉天定难功臣”。其所加垫陌钱、税间架、竹、木、茶、漆、榷铁之类，悉宜停罢。

据说，这篇非同寻常的《罪己诏》发布之后，“四方人心大悦”，“士卒皆感泣”（《资治通鉴》卷二二九）。

此诏由文章圣手陆贽所草，其文采自不待言。然而，陆贽绝不仅仅只是一个迂阔的文人。这篇诏书固然以其真挚的情感打动了人们，但是这绝非重点。

重点是——它关注了各方的利益诉求。

用陆贽的原话来说就是：“使人人各得所欲，则何有不从者乎！”

当一个政权想要收拾人心的时候，煽情的口号是没有多大用处的，只有真正关注百姓的利益诉求，并把这种关注落实到政策上，老百姓才会真心拥护这个政权。

具体到德宗的这篇诏书，能够让百姓眼前一亮的东西，能够让他们重新拥护李唐的关键所在，显然是间架税、除陌钱以及各种苛捐杂税的罢废。若非如此，老百姓是不可能被什么廉价的“真情”感动的。

至于叛乱诸藩，德宗朝廷则通过这篇诏书表达了最大的诚意：只要不称帝、不突破德宗李适最后的底线，所有叛乱者均可既往不咎。所以我们看见，除了朱泚之外，叛乱诸藩及所有胁从者都得到了赦免。为了建立一个最广泛的统一战线，朝廷甚至帮朱滔找了一个理由，说他“路远必不同谋”，只要他愿意，也给他改过自新的机会。

李唐朝廷抛出这样的橄榄枝，无疑在最大程度上消除了反叛者之间原有的利益共同点，瓦解了他们缔结联盟的基础。不管叛乱诸藩是否会因此归顺中央，反正李唐朝廷已经拿出了自己所能拿出的最大诚意。

所以，与其说此诏是德宗李适裸裎自我的真情告白，还不如说这是李唐政府面对日趋复杂的戡乱形势及时出台的一套战略构想。

这道出人意料的诏书一下，叛乱诸藩迅速作出了反应。

当然，各方的反应是大不相同的。

首先是朱泚。由于被锁定为唯一的打击目标，朱泚大为光火，决意回敬。可他业已称帝，还能有什么比称帝更有力的反击呢？朱泚思前想后，最后挖空心思地把“秦”的国号改为“汉”，自称汉元天皇。这当然称不上是比称帝更有力的反击，但是在历史上，秦的国祚短，汉的国祚长，朱泚改国号为汉，至少表明了他与李唐对抗到底的决心。紧接着作出反应的是王武俊、田悦和李纳。他们本来便已和朝廷暗通款曲，如今又看见了朝廷建立统一战线的决心，遂取消王号，上表请罪。最后反应的是李希烈。

尽管被朝廷列入了赦免之列，可李希烈并不领情。因为在此刻的叛乱诸藩中，他的兵力最强、地盘最大、财用最足，而且又刚刚打了一连串胜仗，形势一片大好。在此情况下，他如何甘心再向李唐俯首称臣。他当然不干。

所以，德宗发布《罪己诏》的数日后，李希烈就在汴州断然称帝了。

他把国号定为“大楚”，同时改元武成，并设置了文武百官。

在新的一年开始之际，虽然恒冀、魏博、淄青归顺了，但是这样的结果并不能让德宗李适满意。

因为大唐帝国的土地上还赫然矗立着另外两个称帝的政权。

李适很无奈。

该忏悔的忏悔了，该罪己也罪己了，灵魂深处的革命闹完了，令人难堪的“裸奔”也奔过了……可德宗李适仍然不知道，他的帝国能否在新的一年里获得新生。

## 图穷匕见：李怀光叛乱

唯一没有对德宗《罪己诏》作出任何反应的人是朱滔。

因为他还在做着逐鹿中原的美梦。

朱滔带着大军浩浩荡荡地进入恒冀地界时，王武俊表现得非常殷勤，一连数日杀牛宰羊，设宴犒劳；朱滔军进入魏博后，田悦比王武俊更为恭敬，不仅沿途供应丰盛，而且频频派出使者，在朱滔经过的每个地方都举行了极为隆重的欢迎仪式。

朱滔很满意。

他现在可不是一般人了，他是堂堂“汉元天皇”的皇太弟啊！也难怪这帮草头王要千方百计地拍他马屁。朱滔相信，等他平定中原后，这帮趋炎附势的孙子肯定要争先恐后地管他叫爷了！

可是，事实证明这只是朱滔的臆想。

正月初五，朱滔大军进抵永济（今河北馆陶县东北），派出使者与田悦在馆陶会面。

田悦一见到使者，马上愁眉苦脸地说：“我本来一心想追随五哥（朱滔排行第五）南下，没想到昨天大军刚要开拔之时，将士们突然把我围住，并警告说：‘这一年多来，我们屡屡作战，但是败多胜少，而且粮草和物资也已消耗殆尽，如今将士们缺衣少食，怎么还有力气远征？大王您现在亲自坐镇魏州，尚且担心有变，倘若动身南下，您早上一走，晚上必将发生变乱。’这些话都是将士们说的，不是我的意思。我个人对五哥那是绝无二心的，只是拿将士们没办法。不过请五哥放心，我已命大将孟祐率五千步骑随同南下，定为五哥效犬马之劳！”

使者回去，如实转达了田悦的话。朱滔一听，顿时暴跳如雷，破口大骂：“田悦这个逆贼！当初你身陷重围、命悬一线，都是我不顾一切前去解救，幸而保你一命。你说要把贝州给我，我没接受；你要拥立我当天子，我也坚决辞让。没想到你竟然忘恩负义，害我大军远道而来，你却编出一套说辞拒不出兵，你到底是何居心？”

其实也怪不得朱滔如此暴怒，因为田悦出尔反尔、不肯出兵，绝不仅是令朱滔的南征兵力大幅缩水，最要命的是，他这么一搞，等于是让朱滔的南征计划彻底泡汤了！

为什么这么讲？

因为，对朱滔来说，经此变故，他根本就不敢再南下半步。因为他担心：田悦既然阳奉阴违，王武俊八成也是没安好心，倘若他执意南下，这两个人联手抄他的后路，甚至把他的老巢幽州也给端了，他朱滔怎么办？他能冒这个险吗？

肯定不能。

所以，朱滔现在只能乖乖地打道回府。所谓逐鹿中原，所谓会师洛阳，如今都成了黄粱一梦！

当然，朱滔是不会吃这个哑巴亏的。就算要打道回府，他也绝不能空手而回。当天，朱滔就出兵攻占了魏博下辖的宗城（今河北威县东）、经城（今威县北）、冠氏（今山东冠县）。

正月中旬，朱滔在北归途中顺势包围了贝州（今河北清河县），继而攻陷武城（今山东武城县），同时放纵麾下部众和回纥兵在附近各县烧杀掳掠。最后，朱滔又命大将马寔率五千步骑进驻冠氏，对田悦所在的魏州进行威慑。做完这一切，朱滔才意犹未尽地引兵北还。

就这样，朱滔和田悦彻底翻脸了。

对李唐朝廷来说，这当然是件好事。只要河北诸镇形成相互牵制的局面，它们的力量就会相互抵消，这样一来，德宗朝廷就可以集中精力对付关中的朱泚了。

然而，德宗李适绝对没想到，眼下他要对付的敌人不仅有朱泚，还要加上一个人——李怀光。

作为一个对国家和个人前途绝望的人，李怀光自从率部离开奉天的那一刻起，心里就已经生出谋反的企图了。尽管德宗最终还是接受了他的谏言，放逐了卢杞等人，但这并不足以让李怀光回心转意。

因为他怕德宗会秋后算账。

他知道，德宗之所以作出让步，是因为长安还在朱泚手中，德宗现在还需要他。一旦长安光复，他李怀光也就没什么利用价值了。到那时候，卢杞等人很可能会大摇大摆地回到朝廷，官复原职，而他李怀光则十有八九会被德宗兔死狗烹！

带着这样的疑虑和恐惧，李怀光自然不会再替李唐朝廷卖命。

他现在一心只想保存实力，而且在正式拉起反旗之前，他还想伺机壮大实力。

如何壮大实力？

很简单：吞并友邻部队。

当时，和李怀光一起屯驻在长安外围的部队有三支。

其将领分别是：神策都知兵马使李晟，鄜坊节度使李建徽，神策行营节度使杨惠元。

三个人中，李晟的军事才能最高。在心怀异志的李怀光看来，此人对他构成的潜在威胁当然也最大。

不搞定李晟，李怀光绝不敢轻举妄动。

兴元元年正月初，德宗频频遣使催促李怀光出兵，李怀光趁势提出条件，要求与李晟等部合兵一处。德宗没有多想就同意了。随后，李晟等部奉命与李怀光在咸阳西面的陈涛斜会师，这三支部队的节制之权就此落到了李怀光手上。

德宗本以为这样一来，李怀光肯定可以出兵了。没想到他总揽兵权之后，在咸阳一待又是一个多月，始终逗留不进。德宗屡屡派遣宦官前去催促，李怀光总是以“士卒疲弊”为由敷衍搪塞。

德宗当然不会知道，这一个多月里，李怀光已经暗中跟朱泚搭上了线，缔结了互不侵犯条约。在此期间，李晟等将领也几乎天天劝请李怀光开战，但同样被他以各种理由否决。李晟最后终于明白——李怀光八成是想造反了。

一想到这里，李晟顿时惊出了一身冷汗。一旦李怀光动手，那他和李建徽等人岂不是成了李怀光砧板上的鱼肉?

李晟随即上奏德宗，要求与李怀光分兵，回到他原来的驻地东渭桥。可德宗却仍然把收复长安的希望寄托在李怀光身上，所以就把李晟的奏章扣了下来，根本不理会他的请求，以免再次触怒李怀光。

然而，德宗的步步退让只能换来李怀光的得寸进尺。

几天后，李怀光又开出了一个条件。他上奏德宗说：“各军的粮饷和赏赐都很菲薄，唯独神策军的待遇最为优厚。如此厚此薄彼，又怎么驱使士兵去作战？”

李怀光的意思明摆着——要想让我去打仗，就要给我涨工资。

应该说，李怀光反映的情况是属实的，神策军是中央禁军，其待遇历来比诸镇的军队高得多。说难听点，跟神策军比起来，其他地方部队都像是后娘养的。如果在平时，李怀光提这个条件，德宗或许还能答应，可问题是现在这个节骨眼上，朝廷自己尚且囊中羞涩、捉襟见肘，拿什么来给李怀光的部队涨工资？

德宗郁闷了。要是拿不出真金白银，李怀光立马又有了撒娇使气的借口，说不定还会激起士兵哗变，导致泾师之变的悲剧重演，这个后果不堪设想。但是，眼下朝廷这么困难，上哪去给他弄真金白银？

无奈之下，德宗只好派陆贽出马，希望他去做一下李怀光的思想政治工作。

像这种事，陆贽其实也没辙。

想通过思想政治工作让李怀光这种人发扬奉献精神，那基本上是在扯淡。陆贽所能想到的唯一办法，不是给李怀光涨工资，而是让李晟主动提出降工资。

只有这样，才能做到一碗水端平，也才能堵住李怀光的嘴。

来到李怀光军中时，陆贽特意叫上了李晟，一起到李怀光的大帐中商议。李怀光一看见陆贽就大发牢骚："将士们打的是一样的仗，得到的粮饷赏赐却截然不同，如何叫他们同心协力？"

陆贽无语，只好频频给李晟使眼色。

李怀光满脸得意，也用一种挑衅的目光看着李晟，看他如何接招。

这一回，他算是把李晟逼进死角了——只要李晟自己开口削减福利，一下子就会失去部众的拥戴，到时候不用李怀光动手，神策军将士就会把他生吞活剥了。

在李怀光的逼视下，李晟不慌不忙地开口了："李公，您是元帅，拥有号令三军之权；我只是一支部队的将领，一切当然要听从您的指挥。像削减福利这种事情，还不是您一句话吗？我坚决听从李公的裁决。"

聪明，实在聪明！陆贽忍不住在心里暗暗叫好。他偷眼瞥了下李怀光，只见他脸上一阵红一阵白，嘴里却说不出一个字。

李怀光当然不能开这个口。

他拿待遇问题做文章，目的就是要迫使神策军上下离心、将士反目，最好是激起变乱，他好趁火打劫。可要是他亲自下这个命令，就等于是把神策将士的怒火引到了自己身上，李怀光当然不会做这种傻事。因为没人愿意开这个口，涨工资的事情也就不了了之了。

说到底，李怀光只是个粗人，要跟李晟要心眼，他的智商还不够。

李晟后来之所以成为德宗一朝的三大名将之一，原因也很简单——他不仅打仗比别人厉害，脑子也比别人好使。

陆贽在李怀光的军营中待了几天，敏锐地察觉到了李怀光的异动。回到奉天后，他马上向德宗提议，赶紧让李晟撤回东渭桥，否则迟早会出乱子。德宗听完他的分析，觉得有一定的道理，只好批准李晟撤离。

李晟就此躲过一劫。他一撤，李建徽和杨惠元的势力更显薄弱，陆贽又劝德宗下令，让李、杨二部也从陈涛斜撤出来，以防被李怀光吞并。但是，此议却遭到了德宗的否决。

德宗说："你的想法固然周密，可李晟一走，李怀光很可能已经怀恨在心，倘若再让李、杨二部离开，恐怕李怀光又有意见，反而难以调停，还是缓一缓再说吧。"

这一年二月下旬，李怀光频频与朱泚密谋，狼子野心已经昭然若揭。李晟看在眼里，立刻上疏，向德宗发出警报："李怀光反状已明，无论哪一天生变，都要早加防备。臣建议，通往蜀中和汉中的道路绝不能被阻断。"李晟在奏疏中提议，应即刻派兵进驻洋州（今陕西洋县）、利州（今四川广元市）、剑州（今四川剑阁县）等咽喉要地，一旦关中有变，圣驾可及时入蜀避险。

可是，即便所有人都已经看出了李怀光的野心和阴谋，德宗李适却仍旧对他抱有幻想。为了安抚李怀光，德宗宣布，不日将亲赴咸阳，慰问三军。数日后，德宗又下诏晋升李怀光为太尉，增加食邑，并赐免死铁券。

当天子使臣带着诏书来到李怀光的军营时，李怀光终于图穷匕见了。他当着使臣的面把免死铁券扔到地上，说："圣上难道怀疑我吗？通常是担心人臣造反才赐免死铁券，我李怀光又不想造反，圣上却赐铁券给我，莫非想逼我造反？”

使臣目瞪口呆。

见过强词夺理的，没见过这么强词夺理的！

李怀光如此跟朝廷撕破脸面，朔方军的上上下下当然都看在了眼里。作为郭子仪当年一手带出来的部队，朔方军的多数将士对李唐朝廷还是忠心耿耿的。一见李怀光如此悖逆，朔方左兵马使张名振第一个站了出来。

他故意站在军营的大门口，对着众将士高声呼喊：“大帅眼睁睁看着叛贼占据长安却不出兵，今天对天子使臣又如此不敬，难道真的要造反吗？他如果定要放弃一世英名，自取灭族之祸，我今日拼了这条性命，也要以死相争！”

李怀光闻言，对左右说：“我不会造反，只是因为叛军的势力还很强大，我军必须养精蓄锐，以待时机。”

当天，李怀光就以天子要巡幸咸阳为名，命人加固咸阳的城墙，数日后，又下令全军拔营，入踞咸阳。

如果李怀光真的要攻打长安，他还有必要移师咸阳吗？这显然是此地无银的举动。张名振忍无可忍，直接去找李怀光，说：“前几天还说不想造反，现在又带大军来这里干什么？为何不攻打长安，诛杀朱泚？”

李怀光勃然作色，对左右道：“张名振疯了！”马上命人把他拉了出去，当场砍杀。

至此，再也没有人怀疑李怀光的谋反之心了。

李怀光有一个养子叫石演芬，目睹张名振被杀后，立刻派人暗中前往奉天，向德宗密报，请求罢免李怀光的兵权。然而，此事很快被李怀光知悉。石演芬旋即被捕，李怀光厉声质问他：“我把你当成亲生儿子，你竟然要灭我全家！你也知道，我绝不原谅背叛我的人，你还有什么话说？”

石演芬苦笑：“天子视您为股肱，您视我为心腹；您既然能背叛天子，我为何不能背叛您？能免于反贼的恶名，我情愿一死。”

李怀光本来想亲手杀了石演芬，听到这句话后，他马上改变了主意。他对左右侍从说：别杀他，让他活着，但要把他身上的肉一片片剐下来吃！

左右侍从面面相觑，一动不动。

没有人愿意执行李怀光的命令。

最后，有人走上去一刀割断了石演芬的喉咙，然后转身离去。其他人也跟着陆续走出了大帐。离开之前，他们给李怀光留下了一句话：石演芬是个义士，不能受此凌辱！

李怀光气得七窍生烟，可他没有办法。

除非，他把所有人都杀了。

使臣回到奉天，向德宗如实禀报了李怀光的种种悖逆之状。

直到此刻，德宗李适才终于看清了一个早已昭然若揭的事实——李怀光要造反了！

意识到事态的严重性后，德宗匆忙下令加强警戒，同时命文武百官整理行装，准备一旦有变就移驾梁州（今陕西汉中市）。

二月二十四日，德宗加授李晟为河中（原名蒲州，唐玄宗开元八年改为河中府，今山西永济市）、同绛节度使，把原属李怀光的主要辖区划给了他[1]。

二十五日，德宗又加授李晟为同平章事。

德宗的上述举措，显然是要让李晟取代李怀光在帝国军界的地位。

二十五日夜里，李怀光动手了。

他悍然发兵杀进了李建徽和杨惠元的军营。李建徽单骑脱逃，杨惠元在逃往奉天的半路上被追兵所杀，两个人的部众都被李怀光吞并。得手之后，李怀光公然叫嚣："吾今与朱泚连和，车驾且当远避！"（《资治通鉴》卷二三〇）

1　李怀光历年来身兼多职，除朔方节度使外，又兼河中尹、灵州大都督、镇北大都护，以及邠、宁、庆、晋、绛、慈等多地节度使，俨然就是军方的一号人物。

我已经和朱泚联手了，李适有多远就滚多远吧！

兴元元年二月二十六日，德宗李适与文武百官仓皇逃离奉天，前往梁州。

看着前方漫漫的流亡路，李适的眼中写满了惶惑和苍凉。

因为他看不见道路的尽头。

## 造反也是个技术活

魏博的田悦自从跟朱滔翻脸后，日子就越来越不好过了。

几个月来，朱滔连连出兵，在魏博境内攻城略地、烧杀掳掠，而魏博军则屡屡败北，不仅丢失了大量城邑和土地，而且士兵伤亡多达十之六七，将士们普遍出现了厌战情绪。

田悦担心部众造反，赶紧派人向朝廷告急，恳求朝廷遣使宣慰，安定魏博人心。

兴元元年三月，德宗派遣给事中孔巢父来到了魏博。这个孔巢父是孔子的三十七世孙，据说相当博学，而且口才一流。到了魏州后，孔巢父首先代表天子和朝廷向魏博官兵表达了最亲切的慰问，然后深入基层，了解官兵百姓的疾苦，最后又召开了一次大会，发表了一番重要的讲话。

在讲话中，孔巢父努力宣传中央对藩镇的各项方针政策，尤其强调指出，中央对魏博是一贯信任、始终支持的，希望魏博官兵发扬艰苦奋斗、顽强拼搏的精神，克服当前困难，排除一切障碍，紧密团结在以田悦同志为核心的领导层周围，自觉与所有分裂势力、叛乱势力划清界限，认真学习、贯彻落实儒家经典中有关忠孝节义的精神，忠诚履行朝廷赋予的神圣职责，在把魏博建设成为一个模范藩镇的道路上勇往直前、再立新功！

据说，孔巢父同志的讲话紧扣主题、言之有物、思路清晰、内涵深刻，富有感染力和吸引力，在魏博官兵中唤起了极大的共鸣，引起了强烈的反响，就像和煦的春风一样，深深滋润了田悦和所有魏博官兵的心田……（《资治通鉴》卷二三〇："巢父性辩博，至魏州，对其众为陈逆顺祸福，悦及将士皆喜。"）

只可惜，这一切都是假象。

就在这场团结的大会、胜利的大会结束当晚，魏州就爆发了一场叛乱，导致田悦及其老母、妻儿十几口人全部死于非命。

叛乱者名叫田绪。

他就是前幽州节度使田承嗣的儿子，也就是田悦的堂兄弟，原任幽州兵马使，现在的身份是囚犯。

是的，他现在是田悦的阶下之囚。据田悦对外宣称，这个堂兄弟生性"凶险""多过失"，本来应该杀头，田悦念在兄弟之情，不忍杀他，就把他"杖而拘之"。

田绪是否真像田悦说的那么坏，外人不得而知，但有一点可以肯定——对于老爸当初把节度使的宝座送给田悦一事，田绪绝对是耿耿于怀、极度不甘的。

更何况，田悦现在又剥夺了他的兵权，把他关在牢里，这种事摊到谁头上，谁都不会感到愉快。

魏州召开大会的当天，田悦被中央领导高屋建瓴的讲话感动得热泪盈眶，就在大会结束后举办了一场丰盛的酒宴，以表达对孔巢父的感激和崇敬之情。宾主双方开怀畅饮，席间一片欢声笑语。

与此同时，田绪却在昏暗潮湿的牢房里咀嚼着只属于他一个人的愤怒和悲伤。

还好，这天后半夜，终于有人来看望田绪了。由于田悦大人今天心情好，允许魏博官兵们放开肚皮喝酒，狱卒们也都放松了管制。田绪的几个弟弟和侄儿就趁这个机会，带着酒肉来给田绪打打牙祭。

田绪三杯酒下肚，就借着酒劲发泄对田悦的不满和怨恨，弟侄们都劝他少说为妙，没想到田绪竟然一发不可收拾，嗓门越来越高。弟侄们大惊失色，赶紧去掩他的嘴。田绪只感觉血往上冲，猛然抽出一个侄子身上的佩刀，顺手一挥就把他砍翻在地。弟侄们被眼前的这一幕惊呆了，旋即夺路而逃，作鸟兽散。

被砍翻的那个侄子当场毙命。田绪看着手上这把滴血的刀，知道自己已经没有选择了。

除了造反，他已无路可走。

当天夜里，田绪挥刀冲出牢房，迅速纠集了过去的一帮亲信，从节度使府的后门翻墙而入，径直杀进田悦所在的内院，把酒足饭饱、睡梦正酣的田悦砍死在了床上，然后又把他的老母、妻子、儿女共十几口人全部砍杀。

是日凌晨，田绪假借田悦之命，召集田悦的心腹扈崿、许士则、蒋济到节度使府议事。扈崿昨晚喝高了，睡得晕晕乎乎，接到通知后，翻个身又睡了过去。而许、蒋二人则来不及细想，赶紧跑来开会。他们刚刚迈进府门，田绪的伏兵便一拥而上，将他们乱刀砍死。

此时天色渐亮，附近的军营已经吹响了早起训练的集合号。田绪立刻带着几个手下赶往军营，准备夺取兵权。此刻，田悦的亲信大将刘忠信刚刚集合好部众，田绪就冲进去对着将士大喊：“扈崿和刘忠信串通谋反，昨夜杀害了田大人！”

众将士一片哗然，旋即骚动起来。刘忠信未及自辩，就被一伙不明真相的士兵砍倒在血泊之中。

与此同时，姗姗来迟的扈崿目睹了节度使府的惨状，情知大事不好，赶紧跑到军营，准备组织力量平叛。

扈崿是魏博的二号人物，说话还是比较管用的，很快就有差不多三分之一的将士拥到了他的麾下。田绪又惊又怒，匆忙跑上城楼，居高临下地对着校场高声呼喊：“我本是前任大帅之子，诸君深受大帅厚恩，今日若能立我为帅，兵马使赏钱两千缗，大将一千缗，下到士卒，每人百缗。我就算用尽公私财产，也一定在五日内将所有赏钱发到各位手上。”

关键时刻，银弹还是最有效的攻心武器。聚集在扈崿周围的将士纷纷转过头去，用一种兴奋而又怪异的目光看着扈崿。

当然，他们看见的不是扈崿，而是一串一串的铜钱。

接下来发生的事情就没什么悬念了。将士们杀了扈崿，全部归顺田绪，然后簇拥着他去找孔巢父。这位负责宣传安定团结的中央领导刚刚起床，就蓦然发现魏博已经变了天了。

当然，领导的应变能力通常是很强的。孔巢父看了看满身血迹的田绪，又看了看刀剑出鞘的魏博将士，马上以魏博宣慰使的身份，代表天子和朝廷，授予了田绪“权知军府”的职务。所谓权知军府，差不多就等于代理节度使。

几天以后，魏博将士们才知道，他们被田绪这小子忽悠了。

原来谋杀田悦的人并不是扈崿和刘忠信，而是刚刚被他们拥立的领导田绪。

然而，生米已经做成熟饭，大伙也只能承认现实，何况腰包里还多出了沉甸甸的东西，他们也就不跟田绪计较了。

过后，田绪又陆续杀了田悦的亲信将领薛有伦等二十多人，魏博将士也都装聋作哑。

反正没杀到自己头上，就权当没这回事。

得知魏博兵变、田悦被杀的消息之后，最高兴的人莫过于幽州的朱滔了。

他仰天狂笑：“田悦忘恩负义，老天爷终于借田绪之手把他宰了！”随后，朱滔抓住机会趁火打劫，大举出兵进攻魏州，其部众和回纥人在魏州附近肆意劫掠，如入无人之境。

同时，朱滔还派人给田绪送去了一封信，表示承认他魏博节度使的身份。田绪大喜，连忙向朱滔馈赠了大量金帛。朱滔对田绪的表现很满意，让使者回去告诉田绪——当初因田悦背信弃义而撕毁的盟约，即日起恢复如初。

对于魏博的变乱，比较尴尬的人是恒冀的王武俊和昭义的李抱真。十几天前，他们得知田悦已被朱滔打得没有还手之力，于是亲自带兵前来救援，不料魏博突然爆发叛乱，他们只好停止进兵，静观待变。后来，田绪迅速控制了魏博的局势，而朱滔也抢先和田绪恢复了盟约，王武俊和李抱真才赶紧做出反应，派人告知田绪——恒冀和昭义始终是魏博最坚定的盟友，只要魏博有难，二镇一定全力支援。

言下之意，就是希望田绪不要和朱滔结盟。

面对各方抛来的橄榄枝，田绪顿时有些受宠若惊，同时也有些举棋不定。他召集将佐商议，几位幕僚一致认为："幽州军队穷凶极恶，所到之处白骨盈野，虽说是前任大帅背信所致，可百姓有何罪错，要遭此浩劫？朱滔目前的兵力虽然强大，但他不行仁义，亡可立待。何况恒冀和昭义正准备对他发动攻击，大帅完全没必要屈居其下，跟着他反叛朝廷。而今之计，应该立即遣使入朝，上表归顺。天子正流亡在外，听说魏博诚心归顺，一定倍感欣慰。相信用不了几天，大帅的官爵定会到手。"

田绪笑了，遂依计而行，遣使入朝。

李怀光虽然扯起了反旗，但他的境况实际上并不舒心，甚至可以说相当窘迫。

原因很简单——他的造反不得人心。

从下面这一连串事件中，我们不难窥见李怀光的窘迫。

首先，发兵吞并李、杨二部的同时，李怀光就企图策动两名朔方旧部在奉天城中发动兵变，一举诛杀德宗。这两个旧部，一个叫韩游环（时任邠宁兵马使），一个叫赵升鸾，当时都在奉天护驾。假如他们真的和李怀光同时发难，德宗必定在劫难逃。所幸，这两个人都心向李唐。接到李怀光的密信后，韩游环就主动向德宗呈上密奏，揭露了李怀光的阴谋；而赵升鸾也同样向奉天的最高军事长官（行在都知兵马使）浑瑊作了禀报，以致李怀光的如意算盘彻底落空。

其后，当德宗车驾仓促逃离奉天时，李怀光又派孟保、惠静寿、孙福达三个将领率精锐骑兵去追杀天子。可三人奉命出发后，却故意在途中逗留延宕，放走了德宗。虽然他们回来后立刻被李怀光解职，但他们都认为自己做了一件正确的事，所以无怨无悔。

接下来，李怀光想发兵攻打李晟，可一连下达了三次动员令，将士们都拒不从命。他们说："如果是打朱泚，我们一定效死；要是想谋反，我们宁死不从！"

除了部众和李怀光离心离德之外，朱泚和他的关系也在迅速恶化。

李怀光反叛之前，兵多将广，势力强盛，朱泚对他非常恭敬，不仅致函尊其为兄长，还相约与他在关中称帝，愿为兄弟之国。但是当李怀光起兵后，朱泚却发现李怀光很快失去了部众的拥戴，于是朱泚便又端出一副傲慢的面孔，赐给李怀光"诏书"，以臣节相待，并打算征调他的部队。李怀光勃然大怒，但又无可奈何。因为他现在既担心麾下的部众哗变，又担心李晟会从背后攻击他，所以根本不敢和朱泚兵戎相见。

兴元元年春天，关中的形势显得微妙而复杂：李怀光、李晟、朱泚三方既相互敌对，又相互制约，谁也不敢率先动手。每一方都怕被第三方抄了后路，所以都想等另外两方开打，然后坐收渔翁之利。

三方的心态都一样，没有人敢轻举妄动，其结果就形成了对峙僵持的局面。

最后，李怀光终于打破了僵局。

不过，他并不是出兵去打谁，而是三十六计走为上策——跑了！

李怀光不跑不行。

因为三方之中，他的处境是最尴尬、最不妙的。

人家朱泚戴着“汉元天皇”的冕旒，坐拥帝京，有钱有粮，耗到猴年马月都没问题；而李晟已经取代李怀光，成了大唐军界的一号人物，上有天子宠信，下有部众拥戴，只要秣马厉兵、静观待变，其他的事一点也不用操心。

唯独他李怀光，枯守一座咸阳孤城，内有兵变之虞，外有强敌窥伺，既无外援支持，又无后勤补给，有什么理由跟别人耗下去?

这一年三月初，李怀光命部众烧毁营房，然后纵兵大掠泾原十二县，把这一带掳掠得鸡犬不留，最后率部撤出了关中。

此时此刻，除了撤回自己的老巢河中府，李怀光已经没有别的地方可去了。

然而，即便李怀光主动放弃了对关中的争夺，这条回家的路对他来讲还是很不平坦。

因为一路上不断有人叛他而去。

他刚刚走到富平（今陕西富平县），大将孟涉和段威勇就带着数千人突然掉头，投奔了李晟；此后每走一段路，几乎都有人叛逃；接近河中时，守将吕鸣岳本来想焚毁黄河上的渡桥，不让他进城，后来考虑到守城的兵力太少，恐怕无力抗拒，才硬着头皮打开了城门；进入河中城后，李怀光即命大将赵贵先进驻黄河西面的同州（今陕西大荔县），以防关中唐军来犯，不料赵贵先一到同州就归降了朝廷；最后，李怀光又命大将符峤进驻坊州（今陕西黄陵县），没想到符峤也旋即向附近的官军投诚了……

李怀光万万没想到，自己起兵造反才十几天，就已经落到了众叛亲离、举步维艰的境地。同样是提着脑袋造反，人家朱泚和李希烈至少获得了部众拥戴，至少赚到了一顶天子冕旒，不管将来怎么样，好歹也过了一回当皇帝的瘾，可他李怀光得到了什么呢?

不但什么都没得到，而且连原本拥有的兵力和地盘也在一天天缩水。照这样下去，李怀光迟早会变成孤家寡人，甚至变成人人喊打的过街老鼠!

看来，造反也是个技术活。假如你没有审慎考虑“天时、地利、人和”这三个基本要素，没有事先做好市场调研、风险评估和可行性分析等工作，仅凭一时冲动就起兵造反，其结果很可能就是玩火自焚！

可是，李怀光能怎么办呢？

现在的他已经是“人在囧途”、身不由己了。

明知前途一片黯淡，他也只能硬着头皮走下去，不可能走回头路。

因为，就算他现在肯回头，朝廷虽然也给他改过自新的机会，李怀光也还是会担心一件事，那就是在将来的某个时候被德宗秋后算账。

## 王者归来

兴元元年三月下旬，德宗李适经过二十多日的车马颠簸，终于抵达梁州（今陕西汉中市）。

梁州是山南西道的治所，自古地薄民贫，经历一场安史之乱，户口更是减损大半。所以，此道虽下辖十五个州，但财政收入却不及中原地区的几个县。德宗带着文武百官到来后，各方面的供应都很差，连最基本的粮食供应都有短缺之虞，德宗大感困窘，打算继续流亡，逃往物阜民丰的成都。

这显然是个极其愚蠢、缺乏大局观念的想法。

如果德宗的流亡朝廷真的躲进蜀中一隅，关中军民对李唐的忠诚度势必会受到很大的削弱，而长安的光复恐怕也会遥遥无期。

道理很简单，你当天子的自己都逃到千里之外了，谁还肯替你卖命呢？不要说光复长安的计划会搁浅，各地的叛乱恐怕也会像雨后春笋一样冒出来。反正关中无主了，谁不想趁机玩一把逐鹿问鼎的游戏呢？

相反，如果德宗以大局为重，安心坐镇梁州，对各种潜在的叛乱势力就会起到一种震慑作用，而对关中军民则会起到一种安抚和鼓励的作用。所以，此事非同小可，可以说直接关系到了李唐社稷的安危。

山南西道节度使严震得知天子入蜀的意图后，立即进言："山南西道毗邻京畿地区，如今李晟正准备克复长安，需要借助陛下和朝廷的声势作为支援，一旦陛下西幸川中，收复长安的日子恐怕就很遥远了。"

德宗闻言，不禁产生了犹豫。文武百官也就此事议论纷纷，莫衷一是。就在这时候，李晟的一道奏章递到了梁州。他说得比严震更明白："陛下驻跸汉中，足以系亿兆黎民之心、成剪灭叛贼之势；若取小舍大、迁都蜀地，则官民士庶将因之绝望，虽有猛将如云、谋臣如雨，也将束手无策、徒唤奈何！"

就在数日前，德宗刚刚又加授李晟京畿、渭北、鄜坊、丹延四镇节度使的职务，显然是把光复长安、匡扶社稷的重任全部寄托在了他的身上。如今，李晟的这番劝谏当然具有很大的分量，德宗无话可说，只好打消入蜀的念头。

这一年四月初十，靠兵变上台的田绪收到了德宗颁发给他的节度使旌节，被正式任命为魏博节度使。

在朝廷和朱滔之间，田绪明智地选择了朝廷，踢开了朱滔。

很显然，这个宝押对了。

可是，被一脚踢开的朱滔是不会善罢甘休的。他随即加紧了对魏博重镇贝州、魏州的进攻。五月初，王武俊和李抱真见魏博危急，遂信守承诺，亲自率部驰援贝州，在距贝州三十里外扎营。

正在攻打贝州的朱滔闻讯，连忙把攻打魏州的大将马寔召回，准备集中兵力与王、李二军决一死战。朱滔本想第二天就发起攻击，可好几个幕僚都劝他说，王武俊擅长野战，不可与其正面交锋，应派兵断其粮道，待其疲敝再伺机进攻。

朱滔一时犹豫不决。就在这时候，部将杨布、蔡雄带着回纥将领来到了他的大帐。

他们是来请战的。

回纥将领对着朱滔猛拍胸脯，说：“我们回纥人每次与邻国交战，只要五百骑兵，便可击破敌人数千骑，就像秋风扫落叶一样。我在大王军中多时，接受大王的金帛、酒肉无数，一心想为大王建功，眼下正当其时。明日，请大王策马登上高岗，观看回纥铁骑如何为大王剪除王武俊，让他一匹马也别想回去！”

杨布和蔡雄也在一旁帮腔：“大王英雄盖世，举幽燕大军南下，本欲横扫河南、肃清关中，如今面对一个小小的敌人就观望不前，势必令远近失望，何以成就霸业！请大王同意回纥的请战要求。”

朱滔一听，顿时豪情满怀，遂决意出战。

此时的朱滔当然不会知道——明天的会战将彻底终结他逐鹿天下的梦想，并将给他的军事生涯画上一个惨痛的句号。

次日清晨，王武俊命部将赵琳率五百骑埋伏在阵地旁边的一片树林中，让李抱真列方阵于后，由他本人亲率精锐骑兵担任前锋，迎战回纥人。战斗一打响，牛皮烘烘的回纥人就扬鞭奋蹄，直冲王武俊的前军。

王武俊的骑兵们忽然一提缰绳，向两侧避开。回纥骑兵一直冲到阵后，正准备回马之际，王武俊下令全军发起攻击，赵琳的伏兵也从树林中突然杀出，将回纥骑兵拦腰截断。回纥人一下就傻了眼，那个昨天还牛气冲天的将领此刻也顾不上什么脸皮了，慌忙率部杀出重围，一路落荒而逃。

王武俊和李抱真乘胜发起冲锋。朱滔的骑兵一见回纥人败了，赶紧掉头而逃，旋即冲垮了自己的步兵阵地，于是步骑两军未及接战便全线溃败。朱滔拼命想要制止，无奈兵败如山倒，根本止不住，只好逃回大营，闭门坚守。

此次会战，朱滔出兵三万，被杀一万多，逃散的一万多，最后跟着他跑回大营的只剩下数千人，几乎可以说是血本无归。

当天傍晚，战场上忽起大雾，王武俊和李抱真不敢贸然进攻，就在朱滔大营的西北角和东北角分别扎营。是日夜里，朱滔放火焚烧大营，然后带着残部从南门出逃，亡奔东面的德州。他在魏博掳掠的堆积如山的财帛和物资一样也带不走，全都落到了王武俊和李抱真的手里。由于雾浓夜黑，王、李二军没有出兵追击。朱滔就此逃过一劫。

跑到德州后，喘息未定的朱滔就愤然砍下了杨布和蔡雄的脑袋。但事已至此，朱滔就算把这两个家伙碎尸万段也于事无补，要怪的话，只能怪他自己太自信、太轻敌了。

随后，朱滔狼狈逃回了幽州。

虽然侥幸捡回一命，但经此一战，朱滔已是元气大伤。从此，朱滔自顾尚且不暇，就更别提那个逐鹿中原、号令天下的美梦了。

李怀光撤出关中后，李晟克复长安的计划就进入了倒计时状态。

与此同时，朱泚和姚令言也开始感到了恐惧。他们频频派遣间谍潜入李晟防区，企图打探唐军进攻长安的计划，包括具体的进攻时间。不料，这些间谍却先后被李晟的侦察骑兵一一捕获。

兴元元年五月二十日，李晟在驻地举行了一场盛大的阅兵式，故意安排朱泚的那些间谍坐在观礼台上全程观礼。结束后，李晟又设宴招待他们，并一一发给他们路费，把这帮人搞得受宠若惊。最后，李晟对他们说了一句话："回去告诉所有叛军士兵，小心防守长安，一定不要背叛朱泚！"

间谍们面面相觑。

他们知道，没有什么比这句话更能展示李晟的自信，也没有什么比这句话更能从内心瓦解叛军士兵的斗志了。

简言之，这是李晟的心理战。

次日，李晟率领大军进抵通化门（长安东北第一门）外，大举炫耀兵威。叛军上下人人胆寒，都不敢出城迎战。是日，李晟召集众将商议攻城之计。众人一致认为："应先攻克外城，占领坊市，再向北进攻皇城。"李晟反对，他说："坊市狭小，如果叛军跟我们展开巷战，百姓惊慌奔走，不利于我军进攻。依我看，如今叛军的重兵都集结在大明宫北面的禁苑里，我军不如从苑北攻进去，直接打掉叛军的指挥中心，余众必定溃逃。如此，宫阙不残，坊市无扰，方为上策！”

众将均表赞同，此计遂定。随后，李晟派快马连夜通知行在都知兵马使浑瑊、镇国节度使骆元光、商州节度使尚可孤等部，约定日期在长安城下会师。

唐军反攻长安的战役就此打响。

——二十二日，尚可孤部进抵蓝田以西，在此击败了叛军仇敬忠部，并斩杀仇敬忠。

——二十五日，李晟大军推进到大明宫东北面的光泰门外。

——二十六日，李晟军正在修筑营寨，朱泚趁李晟立足未稳，命大将张庭芝、李希倩出城攻击。李晟笑着对众将说：“我正愁叛军闭门不战，没想到他们却主动跑来送死，此乃上天助我，战机不可失也！”随即出兵，大败张、李二军。

——二十七日，叛军再度出战，又被李晟击败；同日，骆元光部也在浐水（灞水支流）西岸大破叛军。当天夜里，李晟命部众在禁苑北墙凿开了一个两百步宽的缺口，准备从这里突入大明宫，对叛军总部发起强攻。

——二十八日，李晟命全军发起总攻。不料，叛军已连夜在禁苑北墙的缺口处修筑了一排木栅栏，唐军的几次冲锋均被击退。李晟大怒，对众将咆哮：“今天要是攻不进去，我就把你们的脑袋砍了！”

众将大恐，只好率众拼死冲锋，最后终于攻破叛军栅栏，兵分数路杀进了大明宫。此时，亲临一线指挥战斗的叛军首领姚令言犹然力战不已，无奈唐军的攻势太猛，只好带着部众且战且退。唐军将叛军迫至白华门时，数千叛军骑兵突然从唐军后侧杀出。眼看唐军即将落入腹背受敌之境，李晟立刻掉转马头，亲率一百多名骑兵杀了过去，同时命左右高呼：“李晟来也！”

这支叛军一听李晟之名，顿时丧失斗志，当即四散溃逃。

战斗进行到这里，叛军基本上是败局已定了。朱泚和姚令言知道大势已去，只好带着余众将近万人，从长安西门仓皇出逃。李晟一边安抚城中士民，一边命兵马使田子奇率部追击朱泚等人。同日，浑瑊、韩游环等部也合力克复了咸阳。至此，沦陷了八个月的长安及附近城邑终于又回到李唐王朝的手中。

六月初四，李晟派快马向德宗呈上了长安光复的捷报。德宗闻报，不禁喜极而泣："天生李晟，是为了社稷，不是为朕一人啊！"

朱泚和姚令言带着余众逃出长安后，一路向西北方向狂奔，打算投奔吐蕃。

然而，他们的部众却在一路上不断逃散。刚出长安时还有将近一万人，可当他们跑到泾州（今甘肃泾川县北）时，逃得只剩下百余骑兵。要命的是，此时的泾州守将、被朱泚任命为泾原节度使的田希鉴还坚闭城门，拒绝接纳他们。

朱泚大怒，在城下向田希鉴喊话："你的旌节是我授予的，为何在我危难之时忘恩负义、落井下石？"随即命人焚烧城门。

田希鉴站在城头上看着朱泚冷笑。

没错，我田希鉴的官固然是你朱泚封的，可你朱泚的官又何尝不是李适封的？你既然可以背叛李适，我为何就不能背叛你？

当然，田希鉴没有跟朱泚费这番口舌。他只是命人取来节度使的旌节，往城门下的火堆里一扔，大喊一声："还你的旌节！"

前无去路，后有追兵，朱泚的部众纷纷发出绝望的哭泣。一部分泾原籍的士兵索性杀了姚令言，砍下他的首级向田希鉴投降。朱泚只好带着余下的亲兵、幕僚和族人，继续向北面的驿马关（今甘肃庆阳县西南）方向逃窜。途经宁州（今甘肃宁县）时，刺史夏侯英又闭门抵拒，朱泚只好折往西面继续逃亡。

当朱泚一行疲惫不堪地逃到彭原西城屯（今甘肃镇原县东）的时候，

有两个人不想再跑了。

他们是朱泚的大将梁庭芬和韩旻。

梁庭芬故意放慢速度，让自己的坐骑落在众人之后，然后从容地搭弓上箭，一箭就把朱泚射落马下。朱泚负伤掉进一个土坑中，还没等他挣扎着爬起来，韩旻就挥刀上前，一刀砍下了他的脑袋。随后，韩旻等人提着朱泚的首级返回泾州，向朝廷投降。

数日后，朱泚的首级被传送至梁州的天子行在。

至此，由泾师之变引发的这场重大叛乱终于尘埃落定，一度兵戈扰攘的京畿也终于恢复了往日的安宁。

说到底，朱泚这场叛乱充其量只能算是一场闹剧，而他本人也不过是个跳梁小丑而已。

对于朱泚的败亡，柏杨先生有过一段十分中肯的评论："史迹斑斑，急于当皇帝的人，没有一个有好下场，这就跟地基刚铺上水泥，还没有凝固，就急着盖一百层高楼一样。而且，当国王（意指称王）还有后退的空间，当皇帝就踏上不归之路。当初孙权劝曹操当皇帝时，曹操失笑说：'这小子想把我弄到火炉上坐！'朱泚何德何能，一看宝座空出来，屁股立刻就凑上去，仅此一点，他就头脑简单……李怀光军势稍弱，朱泚就马上端起嘴脸，化友为敌，见识何以如此浅陋。一个只知道摆摆架子过干瘾的人，层面就未免太低……智慧及常识两缺，一个笨瓜而已。"

诚哉斯言。

兴元元年七月十三日，在外流亡了十个多月的德宗李适终于回到了长安。

大明宫依旧矗立在那里，默默守候着王者归来。

亮丽的阳光下一切如初。

尽管玄武门上的每一块砖墙都曾经历过流血和死亡，尽管含元殿前的每一寸丹墀也都见证过阴谋和背叛，可如今在灿烂的阳光照耀之下，它们看上去依旧是那么庄严静美，仿佛什么都没有发生过。

王者归来的李适受到了万千军民的夹道欢迎。

李适一路上都保持着一副矜持和美好的笑容。那笑容仿佛在说：百姓别来无恙，长安别来无恙！所有的灾难和不幸终将过去，让我们找回昔日的勇气和力量，来重建一个美丽而幸福的家园！

然而，没有人知道，此刻李适的心头正响着另外一种声音。那声音仿佛在说：这世上有一种东西丢了就是丢了，那是找不回来的。

李适不知道自己到底丢了什么。

可他知道肯定有什么东西丢了……

## 三朝帝师李泌

朱泚败亡，长安光复，德宗接下来要对付的人当然就是李怀光了。

早在长安光复之前，德宗就已经下了一道诏书，历数李怀光的种种罪恶，同时极力褒扬朔方将士的忠贞。在诏书中，德宗宣称，念在李怀光过去对社稷有功的份上，可以赦免他的死罪，但是他担任的太尉、中书令、河中、朔方及诸道节度使和观察使等职，却要全部罢免，另授予太子太保之职；其麾下所辖兵马，命军中将士推举一个功高望重的人来统领，一旦这个人推选出来，朝廷立刻授予旌节。

诏书虽然很早就发布了，但总要派一个人去宣诏才行，否则李怀光也看不到。

回到长安的当天，德宗就迫不及待地向河中派出了一个宣诏使臣。

这个人就是孔巢父。

当初去魏博传达中央精神，其实孔巢父是非常尽心尽责的，要不是那个该死的田绪兴兵作乱，魏博的安定团结就实现了，他也不至于被搞得那么难堪。为此，孔巢父一直感到很遗憾。此次河中之行，他发誓一定要做得漂亮一点，把上次丢掉的脸面挣回来。

可是，孔巢父万万没料到——他这次非但没把脸面挣回来，反而还把小命弄丢了。

一到河中，孔巢父就摆出了一副特别严肃的公事公办的样子，把猛人李怀光的嚣张气焰一下子镇了下去。在孔巢父同志的浩然正气面前，李怀光自惭形秽，赶紧脱掉身上的官服，“素服待罪”。见此情景，李怀光的左右将士都忍不住长吁短叹。虽然他们并不支持李怀光造反，但毕竟跟着他出生入死好多年了，现在看他一世功名毁于一旦，都不免替他惋惜。

通常情况下，受诏官员“素服待罪”其实不过是作作姿态，除非皇帝要将此人砍头或流放，否则负责宣诏的特使是要请对方把官服重新穿上的。换句话说，待罪官员作这个姿态，目的是表明自己的悔过之意；而朝廷特使同样也要作姿态，目的是表明朝廷的宽宏大量。不管这个受诏官员最终命运如何，反正这套官场太极都是要打一打的，这才是上道的表现。

可令人遗憾的是，这个孔巢父偏偏很不上道。人家李怀光乖乖把官服脱了，只等他一番好言劝慰，再把官服穿上，没想到这位孔兄理都不理，连正眼也没瞧李怀光一下。

这就有点过分了。

就算李怀光过去的官职都被免了，人家现在好歹也是从一品的太子太保，你孔巢父什么官？小小给事中，区区正五品，你有什么资格跟李太保摆谱？

面对这个很不上道的特使，李怀光的左右不禁都有些怒火中烧。

紧接着，这个不上道的特使又作出了更加让人无法容忍的举动——他居然当场召集众将，命他们立刻贯彻天子诏令，推举一个人出来取代李怀光。

完了。

孔巢父就这样把自己送上了断头台。

要知道，诏书虽然是这么写的，但你的任务仅止于传达，并不涉及执行。何况这道诏书本来就是得罪人的，你念完诏书赶紧走人就没事了，何苦充这个冤大头呢？这不是引火烧身、自寻死路吗？

孔巢父话音刚落，李怀光的左右立刻炸开了锅，旋即拔刀出鞘，冲上去把这个不识时务的中央特使砍成了一摊肉泥，连带着把跟他一起来的宦官也砍了。

李怀光冷冷地看了一眼血肉模糊的孔巢父，慢条斯理地穿上官服，然后向左右将士下达了一个命令。

这个命令就八个字——操练士卒，严守城池！

他要跟朝廷干到底了。

李怀光纵容手下残杀中央特使的消息很快就传回了长安。

德宗又惊又怒。

很显然，李怀光知道朝廷的真正意图是想温水煮青蛙——先解除他的兵权，给他一个闲职，等到时机成熟，再找个借口把他干掉！

所以，李怀光不上这个当。既然软的不行，德宗也只好来硬的，跟李怀光刀兵相见、一决雌雄！

但是说说容易，真的要开打，李怀光麾下的朔方军却始终是德宗的一大顾虑。尽管相当一部分朔方将士心系李唐，不愿追随李怀光造反，可仍旧忠于李怀光的部众也不在少数。朝廷要想剿灭这支军事力量，其难度肯定要比对付朱泚大得多。

一连数日，德宗为此辗转反侧，夜不能寐。

七月下旬，有个朝野瞩目的重要人物从地方上奉诏回到了朝廷，德宗精神为之一振，立刻任命他为左散骑常侍[1]。

此刻，被德宗引为智囊的这个人，就是大唐帝国硕果仅存的三朝帝师、四朝元老——李泌。

---

1　按《旧唐书·职官志》，该职原为从三品，后升为正三品，“掌侍奉规讽，备顾问应对”，相当于皇帝的高级智囊，通常都授予德高望重的元老勋臣。

早在肃宗灵武时期，德宗就以皇长孙的身份就学于李泌；肃宗朝廷迁回长安后，李泌功成身退，归隐衡山；代宗时代，李泌禁不住代宗李豫的再三邀请和软磨硬泡，重新入朝辅佐，以翰林学士衔居于宫中的蓬莱书院，李适便以太子身份与李泌问学交游；后来，李泌频遭宰相元载、常衮等人排挤，被贬出朝，辗转担任楚州、杭州等地刺史。德宗即位后，本以为凭一已之力足以澄清宇内，不料到头来却引发了天下大乱。直到流亡梁州时，追悔莫及的德宗才终于想起了三朝帝师李泌，赶紧“急诏征之”，“命泌日值西省以候对”。

基本上可以说，每当天下不宁、社稷有难的时候，李泌必定会被召入朝中；一旦局势稍稍安定，他马上就会出于各种原因淡出人们的视野。自从安史之乱以来，李泌的人生轨迹就是这么运行的，几乎成了一种规律。如果是一般的官场中人，老这么被折腾来折腾去，恐怕早就牢骚满腹、心灰意冷了，可李泌却无怨无尤。因为他对功名利禄本来就没什么兴趣，所以对他来说，得亦不足喜，失亦不足忧。

李泌一回朝，德宗就迫不及待地跟他谈起了李怀光的问题。德宗说：“河中与京城距离很近，朔方兵又素称精锐，如李怀光麾下骁将达奚小俊等人，都是出了名的万人敌，朕为此日夜担忧，不知如何是好？”

李泌淡淡一笑：“天下事值得担忧的固然很多，可要说到河中，实在是不足为虑。对付敌人，该重视的是统帅而不是喽啰。如今，李怀光是统帅，达奚小俊这些人不过是喽啰而已，何必在意？至于李怀光这个人，依臣看来，也不过是昏了头的一介武夫。当初，是他解了奉天之围，可他面对朱泚这种行将灭亡的叛贼，却不肯出手剿灭，反而去跟他联手，让李晟建立了消灭朱泚的大功。如今，长安已然光复，陛下已还宫阙，李怀光非但不束身待罪，反而虐杀使臣、倒行逆施，这种人无异于梦游之人，恐怕很快就会被他的部下所杀，甚至都不用朝廷动手。”

德宗闻言，连日来的忧虑顿时减轻了许多。

虽然李泌这番话多少有些过于乐观，但是对于几年来屡遭挫折、自信心备受打击的德宗而言，多一些自信和乐观总不是什么坏事。

李泌的乐观精神固然增强了德宗的信心，但李怀光也不是那么好对付的。

兴元元年秋天，奉命征讨李怀光的浑瑊、骆元光部在同州长春宫（今陕西大荔县东）一带遭遇河中猛将徐庭光部的顽强阻击，官军数度失利，不得前进半步。与此同时，连年战乱也耗尽了国库的钱粮，致使朝廷一度捉襟见肘，于是部分朝臣纷纷建议德宗赦免李怀光，以缩减日渐增长的军费开支，缓解财政困难。

然而，德宗断然拒绝了他们的建议。

赦免李怀光固然可以避免当前的战争，但并不能换来真正的和平。因为朝廷和李怀光之间的相互信任早已经荡然无存，即便双方暂时偃旗息鼓，也不可能化干戈为玉帛。换言之，依靠绥靖政策换来的虚假和平不仅难以持久，而且很可能只是为下一场更大的战争积蓄能量。与其如此，还不如一鼓作气铲除战乱的根源。更何况，几年来被诸藩叛乱搞得心力交瘁、颜面扫地的德宗太需要一场货真价实的胜利来重振声威了。所以，不管目前的局面有多么困难，他都必须坚持到底。

德宗的坚持很快就有了令人满意的回报。

从八月初到十月末，奉命从北面进攻李怀光的河东节度使马燧取得了一连串骄人的战绩。他先是成功劝降了李怀光的妹夫要廷珍，大将毛朝扬、郑抗，收复了晋州（今山西临汾市）、隰州（今山西隰县）、慈州（今山西吉县），继而亲自率部攻克了绛州（今山西新绛县），然后分兵横扫河中，一连攻下闻喜（今山西闻喜县）、万泉（今山西万荣县）、虞乡（今山西永济市东）、永乐（今山西芮城县西南）、猗氏（今山西临猗县），与南线战场的浑瑊、骆元光部遥相呼应，对困守河中城的李怀光形成了一个完整的包围圈。

李怀光已成瓮中之鳖。

纵然还在困兽犹斗，可他的败亡只是时间问题了。

就在河中捷报频传的同时，两河战场上的形势也是一片喜人：河北，朱滔被王武俊打得节节败退，局面日蹙，再加上朱泚已死，朱滔极度惶恐，只好上表向朝廷请罪；河南战场上，以宋亳节度使刘洽为首的唐军也开始转败为胜，先后逼降或击败李希烈的大将李澄、翟崇辉、田怀珍、孙液等人，克复了滑州（今河南滑县）、汴州（今河南开封市）、郑州等战略要地，迫使李希烈不得不收缩战线，退保老巢蔡州（今河南汝南县）。

四面八方传回的捷报让德宗李适大为振奋，然而，偌大的天下还是有一块地方让他始终牵肠挂肚。

那就是帝国的财赋重镇——江淮地区。

自从李希烈发动叛乱以来，他的隔壁邻居淮南（治所扬州）、镇海（治所润州，今江苏镇江市）两镇就不得安生了。淮南节度使陈少游是个见风使舵、贪生怕死的软骨头。李希烈刚刚起兵之时，他还曾装模作样地出兵讨伐，后来李希烈兵势大盛，陈少游就慌忙把辖区内的四个州主动割让给了李希烈。不久，陈少游听说朱泚在长安称帝，德宗又出逃奉天，他就觉得李唐快完蛋了，于是忙不迭地把朝廷储存在扬州的盐铁专卖收入、总值八百万的金帛全部据为己有，同时又修筑城池、秣马厉兵，大有拥兵割据之势。

李希烈耀武扬威、攻城略地，陈少游又趁乱割据、不断扩充战备，这一切迫使镇海节度使韩滉也不得不进入一级战备状态，立刻采取各种措施闭境自保。他下令封锁了辖区内的所有关卡和渡口，禁止车马舟船随意出境，同时花大力气重筑辖下的军事重镇石头城（今江苏南京市东），并在建业（今南京）、东岘（镇江市东）一线紧急修筑了大量营寨碉堡……

韩滉的武力威慑显然发挥了作用。此后，李希烈虽然在河南与官军打得不亦乐乎，但始终无暇也无力出兵江东；而陈少游一看韩滉摆出了那么生猛的架势，当然也不敢轻举妄动。因此，在德宗朝廷流亡期间，整个江淮地区尽管剑拔弩张，结果倒也维持了一个平衡局面，始终没打起来。

然而，随着长安光复、德宗回銮，陈少游和韩滉大举扩充战备的行为就不能不受到质疑了。尤其是韩滉，动作那么生猛、场面搞那么大，更是引起了朝中舆论的极大非议。人们纷纷传言，说韩滉显然是心怀异志、图谋不轨，否则他为何趁銮驾播迁之机秣马厉兵，还大修石头城?

德宗李适被这个传言搞得心神不宁。

江东可是帝国的大粮仓啊，韩滉若真的心怀异志，那麻烦就大了!

德宗随即向李泌吐露了自己的不安。

李泌知道，德宗是一个疑心病很重的人，这几年诸藩接连叛乱，更是在很大程度上加重了他的猜忌之心。眼下如果在韩滉这件事上处置不当，后果将不堪设想——因为逼反一个韩滉事小，引起相邻诸道人人自危事大，若因之导致整个江淮漕运断绝，那可真是天大的麻烦了!

李泌决意打消德宗的疑虑。他说："韩滉忠贞清廉，自从陛下乘舆播迁，他的贡赋始终没有断绝。而且，韩滉镇抚江东十五州，地方匪患不生、一派升平，可谓卓有政绩。他之所以修筑石头城，是因为看见中原板荡，说不定陛下会有江东之行，故提前作迎接圣驾之准备，此乃人臣一片忠诚之表现，奈何反以为罪状!韩滉性情刚正严明，不附权贵，得罪的人太多，难免招惹一些毁谤之辞，愿陛下明察，臣敢保证他绝无二心。"

德宗轻轻瞟了李泌一眼："外面议论纷纷，举报他的奏章多如乱麻，贤卿难道都没有听说?"

李泌道："臣当然听说了。臣还知道，韩滉的儿子韩皋在朝中担任考功员外郎，已经很长时间不敢回江东探望父母，就是因为这些甚嚣尘上的毁谤之言。"

德宗冷笑："是啊，连他的儿子都吓成这样，你还替他担保?"

"韩滉的想法臣最清楚，臣愿上疏替他申辩，请陛下将奏疏发到中书省，再向文武百官公布，让所有人都了解真相。"

"这就没必要了。"德宗说，"朕正准备重用你，你千万不可卷入如此复杂的人事当中。担保一个人，谈何容易啊！你最好不要跟多数人意见相左，以免受到连累。”

德宗说完，故意面露倦容，示意李泌退下。

李泌退出后，当天就呈上一道奏章，愿意用阖家百口的性命替韩滉作保。

德宗无奈，数日后又召见李泌，说：“贤卿竟然真的上疏替韩滉作保，朕为你着想，已经把奏章留中了（即留在宫中，没有下发到中书省）。朕也知道，你与韩滉是故交，但也没必要为他豁出身家性命啊！”

德宗此言，表面上是爱惜李泌，实际上已经在指责他“回护亲旧”了。李泌当然不会听不出这层意思。他正色道：“臣岂敢因亲旧之故负于陛下！只是韩滉确实没有异心。臣之所以上疏，为的是朝廷，不是为自己。”

德宗眉毛一扬：“哦？如何为了朝廷？”

“如今天下大旱，蝗虫成灾，关中一斗米卖到了一千钱，公私仓廪都已耗竭，唯独江东丰稔，是朝廷命脉所系。”说到这里，李泌明显提高了音量，“愿陛下早日公布臣的奏章，以解朝中百官之惑，并面谕韩皋回家省亲，令韩滉生感激之情、消自疑之心，以最快的速度把江淮贡米发往京师，这难道不是为了朝廷？”

德宗恍然大悟，喃喃地说：“好，你说得好……朕总算明白了。”

当天，德宗立刻公布了李泌替韩滉申辩作保的奏章，同时召见韩皋，让他回家省亲，并当场赐给绯衣[1]。最后，德宗对韩皋说：“最近，你父亲受到很多人的诽谤，朕现已查明内情，不会再听信那些谣言。现在关中缺粮，回去告诉你父亲，赶紧运粮，越快越好！”

韩皋回到润州，韩滉果然感动得眼泪哗哗的，当天就亲自赶到码头，

1　韩皋原为从六品，穿绿衣；绯衣即红衣，浅红为五品，深红为四品。

命人将一百万斛稻米全部装船，并告诉儿子韩皋，只准他在家里待五天，时间一到立刻回朝。

五天后，韩皋去跟母亲辞行，哭哭啼啼，恋恋不舍。韩滉大怒，把他叫出来打了一顿，然后亲自把他带到船上，不管风大浪高，立即下令开航。

淮南陈少游听说韩滉向朝廷献了一百万斛米，赶紧也献了二十万斛。德宗大为感慨，对李泌说："没想到韩滉居然能感化陈少游，让他也献了米！"

李泌笑答："岂止是陈少游，江淮诸道必然都会争相入贡！"

这年年底，陈少游得知宋亳节度使刘洽攻克汴州时，获取了他当初投靠李希烈的确凿证据，顿时忧惧惶悚，一病不起，没几天就一命呜呼。陈少游死后，淮南大将王韶企图拥兵自立，韩滉得到消息，马上派人去警告他："你敢作乱，我即日率军渡江把你灭了！"王韶知道自己不是韩滉的对手，只好夹起尾巴做人，乖乖等候朝廷任命新的节度使。

德宗获悉此事后，喜不自胜，对李泌说："韩滉不仅能安定江东，还能安定淮南，真乃大臣之器，贤卿确实有知人之智啊！"旋即加授韩滉同平章事、江淮转运使。

此后，韩滉就从一个备受猜忌的潜在叛乱分子，一跃而成为天子最赏识的国之重臣。史载，"滉（韩滉）运江、淮粟帛入贡府，无虚月，朝廷赖之，使者劳问相继，恩遇始深矣。"（《资治通鉴》卷二三一）

韩滉能够保住身家性命，还能加官晋爵、平步青云，实在应该感谢李泌；德宗李适能顺利消除一场潜在的叛乱，保住天下粮仓和朝廷命脉，也应该感谢李泌；而江淮地区的老百姓因此避免了一场生灵涂炭、家破人亡的战祸，更应该感谢李泌！

古人常说"一言兴邦，一言丧邦"，李泌在"韩滉事件"中的表现，虽然还提不到"一言兴邦"的高度，但也庶几近之，足以称得上是功德无量了。德宗李适若有悟性，应该不难从李泌身上学到一些识人用人的本事，就算不能举一反三，至少也该变得聪明一点。

然而，令人遗憾的是，即便有李泌这样的智者在身边，德宗李适的执政能力也没有得到丝毫提高。下面这件事足以证明这一点。

兴元元年岁末的几天，一则令人不安的小道消息开始在长安坊间流传。消息说：当初逼反李怀光的那个奸相卢杞要回朝了。

据说，天子李适很想念他。

## 德宗勒紧了裤腰带

新年的正月初一，德宗朝廷大赦天下，同时把年号改为“贞元”。

此前的“兴元”年号仅仅使用一年就被抛弃了。新年号的这两个字，出自《周易》，是“贞下起元”的缩略，有严冬已过、春天来临之意，本来是表示天道人事的循环往复、周流不息。而在德宗君臣这里，当然是希望“贞元”二字能让历尽劫波的大唐帝国在新的一年里否极泰来、浴火重生……

帝国能不能在新的一年里否极泰来目前还难以断言，但帝国的前宰相卢杞确实是要时来运转了。德宗的大赦令一颁布，他就从新州（今广东新兴县）司马的任上被调往吉州（今江西吉安市）担任长史。

虽然在帝国辽阔的版图上，从新州到吉州就像是虫子蠕动了一小步，但是这一小步却是一个意味深长的信号。

卢杞敏锐地捕捉到了这个信号。

他知道，德宗很快就要重新起用他了，于是逢人便说：“我必定会再次入朝。”

果不其然，短短几天后，德宗就又命中书省起草一道诏书，准备把卢杞从吉州长史任上擢升为饶州（今江西波阳县）刺史。

很显然，这绝不是虫子在版图上蠕动，这是一个前宰相咸鱼翻身的三级跳——只要再一跳，他就能跳回帝国的心脏，重新当他那一人之下、万人之上的风光宰相！

负责起草诏书的给事中袁高意识到事情不太对头，立刻去找现任宰相卢翰和刘从一，说：“卢杞为相期间，导致銮驾播迁、海内疮痍，为何突然又获升迁？请两位宰相向皇上反映。”

向皇上反映？

说得倒轻巧！

面对这个不自量力、多管闲事的袁高，卢翰和刘从一不约而同地在心里苦笑。

在这两位现任宰相看来，卢杞这家伙固然不是什么好东西，可问题是人家跟皇上感情好啊，你能拿他怎么办？再说了，你一个小小的给事中，只管认真写你的诏书就好了，何必操那份闲心呢？而且皇上也不是那么好劝的人，他亲自下的命令，别说是你袁高，就是我们哥俩，也万万不敢跟他讨价还价。

毫无疑问，卢翰和刘从一都是明哲保身的人，他们信奉的是“多一事不如少一事”的处世哲学，要他们冒着得罪皇帝、丢掉乌纱的危险去谏诤，那是绝对不可能的。所以，他们很快就绕开袁高，另外找人替德宗草拟了诏书。

正月十九日，诏书发下，袁高却愤然扣下诏书，硬是不让中书省颁布，并亲自去找德宗，痛心疾首地说：“卢杞是大奸大恶之人，文武百官都视他为仇敌，六军将士恨不得生吞其肉，这样的人岂能复用？”

尽管袁高敢于犯颜直谏，但他毕竟人微言轻，所以根本改变不了德宗的想法。

同日，左补阙陈京、赵需等人又联名上疏，说：“卢杞三年擅权，朝纲一片紊乱，此乃天地神祇所共知，若皇上定要宠任此巨奸，必失天下万民之心。”

正月二十一日，袁高又在朝会上公开谏诤。德宗强忍怒火，说：“卢杞不是已经经过两次大赦了吗？”言下之意，有再大的罪也可以赦免了。

袁高说：“大赦只是赦免他的刑责，并不表示他就能当刺史！”

陈京等人也群起而谏，说：“卢杞当权时，百官常感刀在颈上，一旦复用，奸党必将得势逞凶！”

“放肆！”忍无可忍的德宗终于发出一声狂怒的咆哮。

左右侍者从没见过天子发这么大的火，顿时吓退了好几步。刚才还群言汹汹的谏诤者们也不由自主地低下头去，脸上都是一片惊惶之色。

所有谏诤者中，只有陈京一个人依然梗着脖子，对袁高、赵需等人大声说：“你们不要退缩，此乃国家大事，我等当以死相争！”

以死相争？

德宗李适万万没想到，复用卢杞竟然会招来如此浩大的反对声浪，而且闹到了“以死相争”的地步！虽然出面反对者都是些芝麻绿豆大的小官，但谁敢断言他们背后没有宰相或大臣的支持呢？

在一阵难挨的沉默过后，德宗无奈地摆了摆手，示意朝会解散。

细心者不难发现，天子脸上的怒气已经自动消解了许多。

也许，意识到众怒难犯的天子准备要作出让步了。

第二天，德宗召见了卢翰、刘从一、李勉三位宰相，想试探一下他们的态度。德宗看了看他们，小心翼翼地问：“让卢杞去小一点的州当刺史，你们认为如何？”

卢翰和刘从一面无表情，沉默不答，只有李勉开了口。他淡淡地说：“陛下要用卢杞，就算是大州亦无不可，但结果必然是天下失望！”

天下失望！

没有什么比这四个字更能代表宰相的态度了。

德宗感到了深深的无奈。数日后，朝廷终于颁下一道诏书，将卢杞调任澧州（今湖南澧县）别驾。同时，德宗派人给袁高送去了一句话：“朕慢慢思考贤卿的话，觉得你说得很有道理。”过后，德宗又不无失落地跟李泌表示，他已经接受袁高等人的谏言。李泌说："这些日子外人议论纷纷，都把陛下比做东汉末年的桓帝和灵帝，今日听到陛下的决定，才知道连尧舜也不一定比得上陛下！"

一个灿烂的笑容在德宗脸上绽放开来，许久不舍得凋谢。

在这个世界上，有两种人最喜欢被人哄：一种是孩子，还有一种就是领导。孩子的年龄越小，领导的级别越高，对此的依赖程度越大。从这个意义上说，像皇帝这么高级别的领导，当然更应该获得跟小孩一样的待遇：需要人们对他们进行"拇指教育"。尤其是当他们感觉自己很辛苦才做对一件事的时候，更需要人们用有形和无形的糖果奖励他们。

李泌很清楚这一点，所以他并不吝啬自己的赞美之辞。

接到朝廷的诏书时，卢杞傻眼了。

他没想到结果会是这样。虽然从地图上看，卢杞向长安又靠近了一步，但他的官位却莫名其妙地往下掉了一级。

这意味着什么呢？

卢杞比谁都清楚，这不是德宗的无心之失，而是借此向他传达另一个信息——对不起，你已经没有机会回朝了。

卢杞知道，德宗已经迫于舆论的压力抛弃了他，永远地抛弃了他！

意识到这一点后，卢杞万念俱灰。

没多久，抑郁和绝望的卢杞就在澧州别驾任上一命呜呼了。

贞元元年的春天，李怀光的处境比此前任何时候都更加窘迫和艰难。三月下旬，河中大将吕鸣岳秘密与马燧联络，准备率部投诚。不料事情泄露，李怀光旋即屠杀了吕鸣岳全家。虽然吕鸣岳的行动没有成功，但此事对原已四分五裂的河中人心显然又是一次沉重的打击。

不久，马燧进军宝鼎（今山西万荣县西），在陶城（今山西永济市西北）一带击败李怀光军，斩首万余级。四月中旬，马燧与浑瑊在长春宫会师，再次大破李怀光军。河中诸将眼看官军连战皆捷、兵势强盛，遂纷纷归降。

李怀光知道自己大势已去，但为了再撑一些时日，便向部众诈称：自己愿意归降朝廷，只是需要一些时间准备进贡的财帛。

李怀光采用的这个“拖”字诀，表面上看不过是在苟延残喘，实际上他的用意并没有这么简单。

因为他知道此时此刻，德宗朝廷的日子也不见得比他好过多少。

虽然朝廷军在战场上节节胜利，但是日渐庞大的军费开支早已让帝国财政不堪重负，再加上自去年以来大范围的旱灾蝗灾，更是让帝国财政雪上加霜。所以，德宗朝廷究竟有没有足够的财力继续进行这场旷日持久的战争，其实还是个未知数。

职是之故，李怀光就有理由跟朝廷穷耗。多耗一天，朝廷的财政就多一分压力，等到无力承受了，就有可能主动赦免李怀光。

而李怀光等的就是朝廷对他的赦免。

可想而知，如果是李怀光主动投降，那他的地盘和兵权就会被朝廷彻底剥夺，顶多只能得到一个有名无实的闲职，到头来还是逃脱不了温水煮青蛙的命运。可如果是朝廷主动赦免李怀光，那情形就完全不同了。朝廷不仅不能剥夺他的兵权，而且为了安抚他，还要把马燧等人打下的地盘还给他。到那时候，李怀光就仍然是个拥兵一方的封疆大吏。

所以，尽管此时的李怀光已经日暮途穷，可他并没有完全绝望。

他相信——最终妥协的人很可能不是他，而是德宗李适。

正如李怀光所预料的那样，到了这一年六月，帝国财政就再次拉响了警报。负责向军队提供粮饷的财政官员们纷纷请求德宗赦免李怀光，因为国库马上就要见底了！

时任凤翔节度使的李晟得知情况后，立刻上疏德宗，提出了五条不可赦免李怀光的理由，并主动要求“发兵二万，自备资粮，独讨怀光”。七月初一，马燧也从前线赶回朝中，向德宗奏称：“李怀光的悖逆之罪，较之其他叛乱者更为严重，倘若赦免，将无以令天下。请朝廷再拨一个月的粮食，臣定为陛下讨平李怀光。”

一个月的粮食？

朝廷再穷，这一个月的粮食总还拿得出来吧？

德宗咬了咬牙，同意了马燧的要求。

就在德宗朝廷勒紧裤腰带，准备对李怀光发起最后一击的当口，又一场近在咫尺的兵变爆发了。

七月初，陕虢（治所陕州，今河南三门峡市）都知兵马使达奚抱晖鸩杀节度使张劝，夺取了兵权，并要求朝廷授予他节度使旌节。

同时，达奚抱晖还暗中联络李怀光的麾下骁将达奚小俊，请其率部进入陕州协防。

德宗得到消息，差点瘫软在地。

此时此刻，无论哪个地方叛乱都不会给德宗造成这么大的打击。

因为，陕州具有十分独特的地理位置。

首先，陕州、长安、河中三个地方大致处于一个三角形的三个角上，陕州在东，长安在西，河中在北。也就是说，一旦达奚抱晖与李怀光联手，那不仅意味着朝廷征讨李怀光的战争将功亏一篑，而且这两支叛乱力量必将形成掎角之势，对长安构成严重威胁。

更要命的是，陕州是水陆交通的重要枢纽，是江淮粮运进入关中的必经之地，一旦达奚抱晖扼住这个咽喉，就等于掐断了朝廷的生命线。如今朝廷已经穷得快揭不开锅了，陕州又偏偏在这个节骨眼上出事，这不是把德宗朝廷往死路上逼吗？

怎么办？

在这种形势下，朝廷是不可能两面开战的，唯一的办法就是找个能人赶赴陕州，用最小的代价平定陕州的叛乱。

可是，什么人才能担此重任呢？

德宗忙不迭地找来李泌，说：“陕州的重要性你也知道，眼下这种情况，只能麻烦你跑一趟了。”

七月初八，德宗任命李泌为陕虢都防御使兼水陆转运使，准备派神策军随同李泌前往。他问李泌：“你需要多少人？”

李泌答：“我一个人就够了。”

德宗大惊：“单枪匹马怎么进得去？”

李泌说：“陕州之人，历来很少抗拒中央，如今作乱者，实际上只有一个达奚抱晖。如果我们大兵压境，陕州必定闭门抵抗。我现在单人匹马前往，他若出动大军，只能被人当成笑柄；若派一两个小将来杀我，未必不会被我策反，反而为我所用。要是陛下实在担心臣的安全，只需做一件事：现在马燧还在朝中，陛下可让他跟我同日离京，一起走一段路，陕州方面畏惧马燧的河东军，担心日后被其讨伐，肯定不敢随便加害于我，这也是一种造势。”

德宗还是放心不下：“话虽如此，可朕正准备重用你，宁可失去陕州，不可失去你。算了，朕还是派别人去吧。”

李泌摇头：“他人必定进不了陕州。如今事变刚起，众心未定，还可出其不意，挫败达奚抱晖的阴谋。若派别人去，一旦犹豫迁延，让达奚抱晖控制了局面，事情就不好办了。”

见李泌一再坚持，德宗只好同意。

当然，李泌是不打无准备之仗的。在单枪匹马去闯那个龙潭虎穴之前，他必须先做一件事。

第二天，李泌召见了陕州驻京办的官员，说：“皇上知道陕州最近在闹饥荒，所以任命我为转运使，目的是想调度一部分江淮粮食用以赈灾，没有别的意思。至于达奚抱晖，朝廷将考察他的表现，要是没什么问题，很快就会授予他节度使旌节。”

达奚抱晖安插在京城的间谍马上把朝廷的意思传了回去。达奚抱晖听了，惴惴不安的一颗心总算放了下来。

放出消息后，李泌对德宗说：“如此一来，陕州军民渴望赈灾粮，达奚抱晖渴望节度使旌节，他们尊重我还来不及，怎么会杀我？”

德宗闻言，对李泌的智慧大为佩服，连连称善。

七月十五日，李泌和马燧同日离京。

东出潼关后，李泌发现，达奚抱晖始终没有派出一个将领来迎接他。相反，一路上倒是看见了不少乔装打扮、形迹可疑的人。李泌知道，那是达奚抱晖派来打探情况的间谍。

抵达陕州的前一晚，李泌入宿曲沃（今三门峡市西南曲沃镇）。当天晚上，李泌住宿的驿馆突然来了一大帮人。李泌开门一看，原来是陕州的文武官员，他们不等达奚抱晖下令，便忙不迭地跑来向天子特使示好了。

李泌在心里对自己说：“吾事济矣！”

次日，在距陕州十五里处，达奚抱晖终于前来迎接。李泌对他的保境安民之功称赞了一番，说：“目前军中有一些风言风语，你不必介意。皇上说了，你们的官位和职务都不会变动。”

达奚抱晖闻言，又吃了一颗定心丸。

进入陕州后，当地的文武官员纷纷请求与李泌私下面谈，都被他婉言拒绝。李泌放出话说：“更换统帅之际，军中难免有些不实的传言，这很正常。既然我奉天子之命前来，那些传言也就毫无意义了。所以，有些话你们没必要说，我也没必要听。”

李泌很清楚，之所以有那么多陕州官员主动去迎接他，现在又有这么多人想私下会面，无非就是想通过他向朝廷表达忠心，同时与达奚抱晖撇清干系，洗脱叛乱的嫌疑。换句话说，自从他李泌进入陕州的这一刻起，陕州的文武官员就已经不看达奚抱晖的脸色，而是通通看他李泌的脸色了。

既然如此，李泌就有理由得出结论——达奚抱晖的兵变完全不得人心。说白了，现在的达奚抱晖基本上就是个光杆司令，要拿掉他可谓易如反掌！

到达陕州的第二天，李泌就毫不犹豫地跟达奚抱晖摊牌了。

他单独接见了达奚抱晖，一开口就说："你知道吗？我现在就可以杀了你！"

达奚抱晖大惊失色，额头瞬间爆出冷汗。

"不过，我不会杀你。"李泌慢条斯理地说，"我不杀你，并不是爱惜你这个人，而是担心以后凡是出现类似事件的地方，朝廷派遣的将帅都无法顺利赴任。所以，我今天饶你一命，但你必须替我准备酒菜、纸钱，出城去祭奠前任节度使。祭奠完后，随你去哪里都行，可千万别入关，等你找到了安身之处，再暗中回来接你的家眷。你若按我说的话做，我可以保证你没有任何麻烦。"

这一席话听完，达奚抱晖的全身已经被冷汗浸透了。

其实他也知道，李泌是有把握说这些话的。从这两天陕州绝大多数官员的表现来看，不难证明这一点。当然，他也未尝不可以豁出去，跟李泌拼一个鱼死网破，但是胜算显然很小。所以，除了按李泌所说的话做，他已别无选择。

达奚抱晖当天就潜逃了。

李泌离京之前，德宗曾经交给他一份七十五人的名单，里头是根据情报确认的参与兵变的文武官员。李泌驱逐达奚抱晖、顺利接管陕州后，德宗马上要求他把这七十五人都杀了。然而李泌坚持没有这么做。数日后，德宗又派遣宦官前来催促。李泌无奈，只好把兵马使林滔等五个参与兵变的主要将领押解入京，并恳请德宗赦免他们的死罪。

德宗给了李泌面子，把林滔等人流放到天德军去戍边。但是一年多后，德宗还是命人把他们杀了。

达奚抱晖亡命天涯后，从此没有人知道他的去向。当李怀光麾下骁将达奚小俊按照前约，领兵来到蒲、陕边界时，得知李泌已经接管陕州，只好悻悻然引兵而回。

李泌就这样凭着他的智慧和胆识，成功化解了一场拥兵割据的潜在叛乱。他单枪匹马平定陕州的故事，堪称孤胆英雄的传奇。

贞元元年七月下旬，关中大旱，灞水和浐水几近干涸，长安的所有水井都汲不出一滴水。与此同时，早已不堪重负的帝国财政也走到了最后关头，财政总监哭丧着脸向德宗奏报——宫中和朝廷的经费，总共只够维持七十天了。

七十天？

德宗的脸色在一瞬间苍白如纸。

难道堂堂的大唐朝廷，七十天后就要宣告破产了？

八月初二，德宗紧急下诏，宣布自即日起，但凡不是紧急和必要的开支，必须全部停止；同时，朝廷内外的所有冗员，也要一并裁撤。

德宗不得不再次勒紧了裤腰带。

此时此刻，作为大唐立国一百六十多年来最穷的一个天子，李适只能默默向天祈祷——希望朝廷能够在这七十天内彻底平定李怀光，希望自己能够在破产之前看到来自四方的贡赋和财帛……

## 胜利：一种“否极泰来”的假象

马燧回到前线的时候，心情是很不轻松的。

因为朝廷按照他自己主动立下的军令状，只给了他最后一个月的粮食。如果不能在这最后的期限内平定李怀光，不仅他本人要入朝向天子请罪，而且天子也将不得不向李怀光妥协。倘若如此，那他马燧的前程就彻底毁了。

所以，他现在必须和时间赛跑。

当时，官军正面最顽固的据点就是河中骁将徐庭光据守的长春宫

（今陕西大荔县东），“长春宫不下，则怀光不可得”（《资治通鉴》卷二三二）。此地守备甚严，浑瑊、骆元光部已对其围攻半年多，却始终未能前进半步，若继续强攻，恐怕也是旷日持久，别说一个月，再过半年也不见得能打下来。

如果绕开长春宫直取河中，倒也不是不可行，但就怕被徐庭光抄了后路，到时候非但不能速战速决，反而会落入腹背受敌的险境。

因此，目前最好的办法，就是与徐庭光达成协议，让他按兵不动，然后官军绕过他直取河中。李怀光一完蛋，长春宫自可不战而下。

可是，要怎么才能跟徐庭光达成协议呢？

马燧决定亲自去和他谈。

不入虎穴，焉得虎子！

随后，马燧单枪匹马来到长春宫城下，向城上喊话。徐庭光素来敬重马燧，旋即带着麾下诸将来到城头上，向马燧遥拜。

马燧知道，徐庭光为人忠义，却被迫处于朝廷和李怀光的夹缝之中，虽然跟着李怀光造反，但心里并不好受。凭着这一点，马燧相信自己一定能说服徐庭光。

为了证实自己的判断，马燧发出试探，向城上喊道：“我从朝廷来，可全权代表天子，你们可西向受命。”徐庭光等人一听，立刻以觐见天子之礼向西遥拜。

马燧一看，心里就有数了，接着大声喊道：“自安禄山叛乱以来，朔方军转战南北，为国建功，迄今已三十年，为何一朝与朝廷为敌，自取灭族之祸？你们今日听我一言，不仅可以免祸，还可得到富贵。”

徐庭光等人默然不语。

马燧突然拉开胸前的衣襟，厉声高喊：“你们既然不信我的话，为何不拔箭射我！”

徐庭光悚然动容，他身边的将士已经有人跪伏在地，低声发出啜泣。见此情景，马燧意识到自己的目的已经达到，最后说了一句：“这场祸乱是李怀光一个人的责任，你们无罪。我今天要告诉你们的是，我将率部直趋河中，希望你们固守城池，不要出战。”

徐庭光听懂了。

马燧的这个计划，是尽快结束这场战争的最好办法，也是帮助他徐庭光摆脱两难处境的最佳策略。徐庭光和左右将士对视一眼，随即异口同声地大喊一声：“诺！”

李怀光的末日就这样降临了。

八月初十，马燧与浑瑊、韩游环等部绕过长春宫，进抵焦篱堡（今陕西合阳县南），该城守将尉珪当即率守军七百人望风而降。当天夜里，李怀光得知官军已经到了眼皮底下，慌忙命人燃起烽火，可驻扎在河中附近的各部兵马却始终没有举火响应。

所有人都知道这意味着什么。

次日，徐庭光料定李怀光败亡在即，遂下定决心归降，其部众大声欢呼：“从今往后，我辈又是天子臣民了！”

八月十二日，马燧率领各军迅速进抵黄河西岸，河中大恐。城中将士早就厌倦了这场战争，遂惊惶奔走，继而谣言四起，一会儿说：“西城已经投降了！”一会儿又喊：“官军攻进东城了！”片刻后，河中城上就纷纷打出了写有“太平”字样的旗帜。

这是什么旗？

降旗。

最后的胜利竟然得来全不费工夫，让马燧等人颇有些喜出望外。

与此同时，一直心怀侥幸、苟延残喘的李怀光终于陷入了彻底的绝望。他现在唯一能做的事情，就是把一条白绢抛上房梁，打一个结，然后把脑袋伸进去……

李怀光自缢当天，一向反对他发动叛乱的长子李璀亲手杀了两个弟弟，随后自杀。河中大将牛名俊砍下李怀光的首级，率众出降。

马燧就这样兵不血刃地进入了河中城。

从他离京到现在，时间已经过去了二十七天。也就是说，只要再过三天，他的部队就断粮了。此时，河中城内尚有守军一万六千余人，假如他们拼死抵抗，马燧非但不会这么快取得胜利，而且还会因粮饷不继而被迫撤退。

倘若如此，这场战争的结局就全然不同了。

从这个意义上说，马燧最后入踞河中的军事行动虽然是一场兵不血刃的完胜，但同时也是一场不折不扣的险胜。

马燧进入河中后，将死心塌地追随李怀光造反的大将阎晏等七人全部斩首，其余将士一概不问。

至此，河中之乱宣告平定。

在李怀光败亡之前，亦即这一年六月，幽州的朱滔在惶惶不安中一病而死，其麾下大将刘怦在部众的拥戴下接过了军政大权；七月，朝廷任命刘怦为幽州、卢龙节度使；九月，刘怦又患病身亡，德宗随即下诏任命刘怦之子刘济代理节度使。也就是说，差不多与河中平定的同时，作为叛乱重灾区的河北也总算是消停了。

接下来，德宗朝廷要对付的最后一个敌人就是自称楚帝的李希烈了。其实，随着各方叛乱的相继平定，势穷力孤的李希烈分明已经预感到了自己的命运。

这一年岁末，让德宗李适望眼欲穿的四方贡赋（钱帛）总算陆续入京，濒临崩溃的帝国财政也终于度过了危险期。但是，粮食还是极度短缺，德宗李适还是要眼巴巴地等待着江淮漕米。

贞元二年（公元786年）春天，已成强弩之末的李希烈又对襄州、郑州采取了几次小规模的军事行动，但均被当地官军击败。自此，李希烈一蹶不振、兵势日蹙。

四月初，意志消沉的李希烈又感染重病，其麾下大将陈仙奇遂买通医生，在李希烈的药中下毒，将他毒死。随后，陈仙奇发动兵变，将李希烈的妻子、儿子、兄弟及其家属全部屠杀，最后宣布归顺朝廷。

四月末，德宗下诏，正式任命陈仙奇为淮西（原名淮宁）节度使。

虽然四方叛乱一一平定了，但是德宗李适却高兴不起来，因为禁军将士这些日子都只能喝稀粥了。而且据主管粮仓的官员奏报，过几天连稀粥也没得喝了，只能喝西北风。

禁军将士开始骚动了。一部分士兵甚至跑到了大街上，丢掉头盔，扯掉头巾，对着过往行人大声嚷嚷："朝廷把我们弄进了军营，却不发粮食，这不是把我们当罪犯了吗？"

眼看泾师之变又要在自己的眼皮底下重演，德宗李适急得如同热锅上的蚂蚁。每次上朝，他头一句话就是问百官们：江淮漕米到了没有？

遗憾的是，李适每次听到的都是死一般的沉默。

就在德宗君臣等得花儿都快谢了的时候，终于等到了李泌从陕州发来的一道加急奏章——韩滉发送的三万斛米已经运抵陕州，不日即可转运入京。

这一刻，李适激动得都快哭了。他拿着那道救命的奏章，情不自禁地跳了起来，踉踉跄跄地跑进东宫，对着太子李诵大喊："米已至陕，吾父子得生矣！"（《资治通鉴》卷二三二）

噩梦过去了。

所有的噩梦终于都过去了。

德宗李适感觉直到这一刻，"贞元"年号所象征的"否极泰来、浴火重生"的寓意才开始得到了应验。

是的，诸藩之乱平定了，财政危机也过去了，然而，大唐帝国真的已经"否极泰来、浴火重生"了吗？

要回答这个问题，也许首先需要追问的是：引发诸藩叛乱的那些根本因素是否已经消除？

似乎是为了给这个问题提供佐证，贞元二年七月，淮西兵马使吴少诚再次发动兵变，杀了毒死李希烈的主谋陈仙奇，夺取了兵权，自立为留后。据说，吴少诚生性狡猾阴险，却是李希烈生前最宠信的大将，他之所以发兵诛杀陈仙奇，是为了给李希烈报仇。

不管吴少诚起事的动机是什么，对于朝廷来讲，他的行为其实就是赤裸裸的兵变。这个性质是毋庸置疑的。然而，面对拥兵自立的吴少诚，德宗朝廷又会采取怎样的应对之策呢？

德宗李适很快就发布一道诏书，任命虔王李谅（德宗第四子）为淮西节度使，同时任命吴少诚为淮西留后。

这道诏书是什么意思？

意思明摆着——德宗妥协了。

所谓任命虔王李谅为淮西节度使，实际上就是朝廷的一面遮羞布而已。因为李谅并没有实际到任，仅仅是名义上的“遥领”。既然是遥领，那么淮西的军政大权当然就稳稳落在吴少诚手中了。

至此，我们终于发现——从建中二年（公元781年）五月开始，因德宗对成德李惟岳开刀而引发的这场诸藩大叛乱，在经历了五年的战火洗礼并席卷了大半个帝国之后，与其说是以李唐朝廷的胜利告终，还不如说是以德宗李适的妥协退让而草草收场！

我们都还记得，这场诸藩大叛乱之所以爆发，其因有二：一是诸藩的目无朝廷和自代自专，二是德宗的锐意中兴和志在削藩。

可是，这场叛乱又是如何终结的呢？

恰恰是朝廷重新承认了诸藩自代自专的合法性，恰恰是德宗放弃了他的中兴之志和强硬立场，这一切才宣告终结。

相对于这场大叛乱的起因，这种终结的方式真是一个绝妙的讽刺！

我们可以想象，倘若魏博的田绪刺杀田悦、拥兵自立之后，倘若幽州的朱滔病死、刘怦自立之后，倘若淮西的陈仙奇杀了李希烈、吴少诚又杀了陈仙奇之后，德宗仍然像当年拒绝李惟岳那样拒绝承认他们，那么，叛乱能就此终结吗？战争能就此平息吗？

答案是否定的。

所以，从这场战争的结果来看，我们完全可以得出这样的结论——帝国表面上是胜利了，可德宗企图维护的帝国纲纪、朝廷尊严，以及他本人试图树立的强势天子的形象，却在无形中一一丧失了；另一方面，那些起兵叛乱的藩镇首脑是兵败身死了，可诸藩“拥兵割地、一切自专”的这套规则本身，却毋庸置疑地取得了最终的胜利！

我们当然不会否认，德宗一朝的君臣在这场平叛战争中都付出了极大的努力——比如德宗李适的真诚罪己，比如谋臣李泌、陆贽审时度势的智慧和韬略，再如猛将李晟、浑瑊、马燧等人的舍生忘死和浴血奋战等等。我们也不会否认，在历经安史之乱和诸藩之乱的重创后，德宗的妥协退让毕竟为帝国换取了一个休养生息、重建家园的机会。

然而，我们却不得不承认：德宗初年的锐意削藩换来的只是帝国的生灵涂炭和满目疮痍；李唐朝廷不顾一切与诸藩大动干戈的结果，也无非是让帝国再次回到了代宗时代的原点。藩镇之乱的根源并没有被铲除，而诸藩废立自专、拥兵抗命的局面也并未得到一丝一毫的改善。换言之，此时的大唐帝国依旧是层层太阿倒持、遍地骄兵悍将！

在这种情况下，人们似乎有理由怀疑：所谓的“贞下起元”“否极泰来”只不过是一种假象。除非未来的德宗李适能够重拾即位之初的雄心壮志和中兴梦想，否则帝国的臣民又怎能真正享有睽违已久的太平？

| 第九章 |

# 四落四起，一代良相李泌

## 战争与和平

贞元二年（公元786年）秋天，历时五年的诸藩之乱终于尘埃落定，可德宗李适还来不及享受一下久违的安宁，西北边境就传来了令人心惊的战报。

战报中说，吐蕃宰相尚结赞悍然发兵，大举入寇泾州（今甘肃泾川县）、陇州（今陕西陇县）、邠州（今陕西彬县）、宁州（今甘肃宁县）等地，大肆掳掠人畜，强行收割庄稼，以致边境骚然，各州县莫之能御，纷纷闭城自保。

内忧方平，外患又起，这大唐帝国真的是永无宁日了！

接到战报后，德宗匆忙下诏，命浑瑊率一万人、骆元光率八千人，即日进驻咸阳，以防吐蕃趁势入侵关中。九月中旬，吐蕃前锋的游骑兵果然深入到了好畤（今陕西乾县西北）一带，距长安仅一百五十里路。

德宗大为震恐，慌忙下令京师戒严，又派左金吾将军张献甫开赴咸阳，加强防守。

虽然陆续派出了三个大将驻防长安门户，但是，二十多年前（代宗广德元年）吐蕃入寇长安的一幕还是不断在德宗眼前闪现。

当年的历史会重演吗？

德宗感到了恐惧。

几天后，长安坊间忽然谣言四起，说天子李适已经备好行装、带齐干粮，随时准备逃离长安。宰相齐映意识到这样的传言不会纯属捕风捉影，赶紧入宫去见德宗，说："皇上，坊间流言纷飞，都说您打算离开京城，现在整个京师已经人心惶惶！皇上啊，两年前您巡幸奉天，虽有幸得返长安，但这样的福气还会有第二次吗？万望皇上三思，凡事与臣等商议之后再作定夺。"

说完，齐映跪伏在地，涕泪交流。

俗话说：无风不起浪，坊间之所以流言汹汹，当然是因为德宗已经动了逃跑的心思，而且确实已经吩咐宦官着手准备了。其实德宗这么做，心里也是很矛盾的。如果唐军将士能够阻遏吐蕃人的兵锋，他怎么可能想去过那种丢弃京城、四处流亡的生活呢？

一想到流亡，两年前仓皇辞庙的酸楚不禁再度涌上李适的心头。

齐映说得没错，如果轻易放弃长安，谁也不敢保证自己什么时候才可以再回来。

思忖良久，李适终于听从齐映的劝谏，打消了逃跑的念头。

九月下旬，尚结赞亲率大军进抵汧城（今陕西陇县南），兵锋直指凤翔。时任凤翔节度使的李晟决定在汧城打一个伏击战，杀杀吐蕃人的威风。

李晟命麾下勇将王佖挑选了三千精锐士卒，让他在吐蕃大军的必经之路上埋伏。王佖出发前，李晟对他面授机宜："敌人进入伏击圈时，不要攻击他的先头部队，因为敌军主力紧跟着就会杀到，你肯定抵挡不住。所以，要让他的先头部队过去，等到举五色旗、穿虎豹衣的部队过来时，那才是他们的中军主力，你出其不意地发起攻击，定能大获全胜。"

随后，王佖遵照李晟的计划，果然把吐蕃人打了个措手不及。吐蕃中军被王佖的伏兵打得晕头转向，大败而逃。由于唐军将士都不认识尚结赞，他才得以在混乱中逃出一命。若非如此，这个堂堂的吐蕃宰相恐怕这一仗就挂掉了。

逃离险境后，尚结赞又惊又怒地对左右说："唐之良将，李晟、马燧、浑瑊而已，当以计去之！"（《资治通鉴》卷二三二）

数日之后，尚结赞重新集结了两万余人的军队，浩浩荡荡开进凤翔境内。

令凤翔军民大为诧异的是，此次吐蕃人居然一反常态，一路上军令严明，对唐朝百姓秋毫无犯。抵达凤翔城下后，尚结赞并不攻城，而是亲自跑到城门口，对着城头上的守军大喊："李令公（李晟的中央官职是中书令）既然以密信召我前来，为何不出来迎接犒劳？"

城上的唐军将士一个个丈二和尚摸不着头脑，不知道尚结赞葫芦里卖的什么药。他们随即把尚结赞的搞怪言行向李晟作了禀报。

李晟冷笑。

这是尚结赞玩的反间计，不过玩得有些拙劣。

李晟告诉将士们：大家坚守不出，看他还能玩什么！

尚结赞在凤翔城下扎营住了一宿，第二天一看，城上守军守备森严，显然对他这个略显小儿科的计策无动于衷。尚结赞很失望，可又不敢发动攻击，只好下令全军撤退，折往邠州、庆州（今甘肃庆阳县）一带继续游掠。

有来无往非礼也。尚结赞给李晟来了一次亲密问候，李晟当然也要有所表示。十月初，李晟再次派遣王佖等人率步骑五千，直插唐吐边境，目标是奇袭吐蕃人的军事重镇摧砂堡（今宁夏海原县）。

十月中旬，摧砂堡的吐蕃守军得到情报，立刻出动二万人迎击，与王佖的唐军展开遭遇战，却被王佖打得大败。王佖率部乘胜追击，一鼓作气攻克了摧砂堡，斩杀吐蕃大将扈屈律悉蒙，将堡内囤积的所有粮草和物资全部付之一炬，然后全身而退，凯旋回国。

尚结赞万万没料到，他在唐朝境内抢得热火朝天，李晟却趁其不备在背后狠狠捅了他一刀，还把他们几年来从唐朝掳掠的东西烧了个精光！

尚结赞知道后方战败，军心必然浮动，只好率部北撤。十月十七日，尚结赞撤到合水（庆阳县东），当晚在合水北面扎营。

此时的尚结赞当然不会知道，已经有一支唐军在夜色的掩护下逼近了他的大营。

这是邠宁节度使韩游环派遣的一支奇袭小分队。

就在吐蕃人呼呼大睡之际，唐军突然杀入营中，片刻之间就砍翻了数百人。等到吐蕃人回过神来，唐军又忽然撤退，一下子消失在了夜色里。尚结赞大怒，立刻集合部队，出营追击。

此刻，韩游环已经在不远处一个叫平川的地方摆好了阵势，而且命人携带大量战鼓藏在西面的山谷之中。尚结赞大军追到平川时，才发现唐军已在此严阵以待，而且西山又突然响起隆隆战鼓。尚结赞担心中了唐军的埋伏，慌忙掉转马头，带着部众连夜向北奔逃，把此次入寇所掳掠的粮食财帛全部丢弃在了大营里。

看来，吐蕃人并没有传说中的那么强大。

这是李晟和韩游环不约而同得出的结论。

贞元二年冬，韩游环奏请德宗，要求主动出击吐蕃，克复不久前被吐蕃人占领的盐州（今陕西定边县）、夏州（今陕西靖边县北）等地，同时要求马燧的河东军配合出兵，攻击吐蕃人的侧翼。德宗当即准奏，命韩游环、马燧、浑瑊、骆元光等人联合行动。

十二月中旬，马燧率部进至石州（今山西离石县）。河曲六胡州（统称宥州，今内蒙古鄂克托旗）素闻马燧威名，遂望风归降。

得知唐军数路出兵，尚结赞大惧。正所谓屋漏偏逢连阴雨，这一年冬春之交，吐蕃境内又爆发大规模的自然灾害，“羊马多死，粮运不继”，尚结赞万般无奈，只好屡屡派遣使臣向唐朝求和。

德宗当然知道这只是吐蕃人的缓兵之计，于是断然拒绝。

尚结赞一看此路不通，随即又派人携带一份厚礼和一封言辞极度谦卑的信去见马燧，承诺要将这几年侵占的唐朝城邑和土地拱手奉还。

马燧心动了。

既然出兵的目的就是要夺回被占领的城池，现在吐蕃人愿意主动归还，那又何必动刀动枪、劳师伤财呢?

马燧随即驻兵石州，不再向吐蕃境内推进，同时上奏德宗，极力主张与吐蕃议和。

朝中的文武大臣就此分成两派：主战派是李晟、韩游环，以及不久前入朝为相的韩滉；主和派是马燧和另一个宰相张延赏。

马燧和张延赏之所以极力主和，除了对时局的判断与主战派不同之外，还有一个很重要的原因是——他们都和李晟有过节，所以刻意和他唱反调。

尽管有主和派的掣肘，可刚开始，主战派还是占了上风。因为李晟和韩游环坚持认为：吐蕃人向来无信，“弱则求盟，强则入寇”，此时求和，必定有诈！德宗对此深以为然。而韩滉为了加强德宗的信心，更是主动提出——与吐蕃开战的军费和粮饷通通由他去筹措，不需要德宗劳心费神。

此时韩滉仍然兼任江淮转运使，有了他的财政支持，德宗自然是底气十足，于是否决了马燧的议和要求，并敦促他继续进兵。

贞元三年（公元787年）春，正当主战派摩拳擦掌、准备大举出击的时候，形势忽然发生重大逆转——朝廷的“钱袋子”、德宗时下最倚重的财政大臣韩滉于这一年二月染病身亡，主和派趁机发起反扑，开始从两个方面对德宗施加影响。

这两个方面，一个涉及外交，一个事关内政，也可以说是德宗身上的两个软肋。

外交方面，德宗与回纥有旧怨，主和派与吐蕃人当然要对此充分加以利用；内政方面，德宗对功高望重的李晟已日渐生出猜忌之心，打心眼里不希望李晟在此次对吐作战中再次建功，而主和派恰恰可以利用这一点扳倒李晟、促成和议。

马燧和张延赏相信，只要死死抓住这两个软肋，就不难改变德宗的想法。

关于德宗与回纥人的旧怨，时间要回溯到25年前。当时是代宗宝应元年，安史之乱尚未平定，史朝义仍然盘踞在东都洛阳，德宗李适的身份是雍王、天下兵马元帅。那一年，回纥的登里可汗亲率大军南下，本来是想劫掠关中，后来经过仆固怀恩斡旋，答应帮唐朝攻打史朝义。雍王李适当时驻兵陕州，出于地主之谊，亲自带人前往黄河对岸的回纥大营会见登里可汗。

双方见面时，雍王李适以平等之礼晋见登里可汗，不料登里可汗大怒，强调李适必须向他行“拜舞之礼”，也就是臣对君的礼仪。李适及其手下官员当然不从，于是据理力争。双方就此闹僵。回纥人随即将李适手下官员药子昂、魏琚、韦少华、李进四人拉出帐外，每人鞭打一百，并把李适逐出大营，遣回陕州。第二天，魏琚和韦少华便因伤重不治而双双毙命。这件事情对年轻的李适来讲，当然是难以忘怀的奇耻大辱，当时的李适便暗暗发誓，有朝一日即位登基，必定要雪洗前耻。

如今，吐蕃千方百计想要求和，当然要拿这件事来做文章了。韩滉去世不久，马燧便亲自陪同吐蕃使者入朝，强烈表示要与唐朝结盟，共同对付回纥人。

德宗内心的天平开始倾斜了。

与此同时，张延赏也利用德宗对李晟的猜忌之心，在朝中大造舆论，声称吐蕃人去年入寇时，大肆劫掠邠、宁等地，却唯独对李晟的辖区凤翔秋毫无犯，这足以证明李晟与吐蕃人之间，肯定有什么不可告人的秘密。

听到谣言后，李晟大感忧惧，他绝没想到尚结赞那个近似小儿科的反间计，竟然会在此刻发挥可怕的作用。尤其让他感到无奈的是，天子李适是个疑心病很重的人，对于这类谣言，他向来是宁信其有、不信其无的。

李晟为此寝食难安，随即派遣子侄入朝，上表请求削发为僧。德宗当然是好言劝慰，驳回了他的请求。然而，这并不意味着德宗对李晟的猜忌已经有所减轻。李晟很清楚这一点，随后便亲自入朝，以身患足疾为由，坚决要求辞去凤翔节度使的职务。

一开始，德宗并没有批准，但是禁不住张延赏一直在耳边吹风，说什么“李晟不宜久典兵”云云，便下定决心解除李晟的兵权，同时与吐蕃议和。

贞元三年三月，德宗召李晟入朝，和颜悦色地说：“朕为了西北地区的老百姓能够安居乐业，决定与吐蕃议和。你去年曾与吐蕃交兵，不适合再担任边境节度使，最好是留在朝廷，朝夕辅佐朕。至于凤翔的职务，你自己选一个人接替吧。”

该来的终于还是来了。

这一刻，李晟黯然神伤，同时也如释重负。

三月下旬，德宗加授李晟为太尉，仍兼中书令，保留原有的勋阶和爵位，其余兼职一概免除。

五月初一，德宗任命浑瑊为会盟使、兵部尚书崔汉衡为副使、宦官宋奉朝为都监，命其率步骑二万余人前往清水（今甘肃清水县），与吐蕃签订和平协定。

浑瑊出发前，李晟一再告诫他，一定要在会盟地加强戒备，千万不可轻信吐蕃人。张延赏听说后，马上去向德宗告状，说：“李晟企图阻挠此次会盟，所以才让浑瑊严加戒备。皇上，我方一旦露出怀疑形迹，对方必然也会怀疑我们。这样彼此怀疑，还谈什么会盟？”

德宗随即召见浑瑊，严厉要求他一定要对吐蕃人推心置腹、以诚相待，万不可心怀猜疑，破坏吐蕃人和解的诚意。

数日后，浑瑊奏称，已经和吐蕃商定，于这一年闰五月十九日会盟。德宗马上批复同意。张延赏随即召集文武百官，把浑瑊的奏章拿给众人传阅，得意洋洋地说："李太尉坚持他的成见，认为唐吐两国无法达成和议，可结果怎么样呢？这是浑侍中的奏章，会盟日期已定，皇上也已批复。不知李太尉作何感想？"

张延赏的话很快就传到了李晟耳中。李晟摇头苦笑，对亲信说："我生长在西北边陲，熟悉吐蕃的情况，也了解吐蕃人的心思，所以才会反对和议。我最担心的事情，就是朝廷被吐蕃诓骗，从而蒙受耻辱！"

此时此刻，上自德宗、下至百官，都认为唐吐会盟已经是铁板钉钉的事了，还有谁会去理会李晟的担忧呢？

五月初六，浑瑊等人按预定计划离开长安，前往会盟地点。

然而，令人奇怪的是，直到浑瑊走了半个多月之后，亦即五月二十二日，吐蕃才忽然派人来到长安，说："清水不是吉祥的地方，请改在原州的土梨树（今甘肃镇原县东）会盟，一旦盟约签订，我方即刻归还盐、夏二州。"

德宗没有多想，立刻派快马去追赶浑瑊，通知他地点已改变。

吐蕃人为什么突然改变会盟地点呢？

满朝文武几乎没人对此产生怀疑，只有神策军一个叫马有麟的将领向德宗提出："土梨树地势险恶，吐蕃人很容易在那里埋设伏兵，最好是改在原州的平凉川（今甘肃平凉市西北），那里地势平坦开阔，比较安全。"

德宗闻言，心里隐约生出了一丝不祥的预感，但他说不清这种预感是什么。

为了防备万一，德宗还是采纳了马有麟的建议，旋即派人告诉吐蕃使者，将会盟地点改在平凉川。

此时，在千里之外的原州（今宁夏固原县），吐蕃宰相尚结赞正用一种意味深长的目光遥望着东南方向的长安。

他的嘴角，悬挂着一个同样意味深长的笑容……

## 一石三鸟：危险的“平凉会盟”

闰五月初，德宗内心不祥的预感越来越强烈，赶紧命镇国节度使骆元光进驻潘原（今甘肃平凉市东），邠宁节度使韩游环进驻洛口（今甘肃庄浪县东南），以备随时援助浑瑊。

骆元光率部进抵潘原后，顾不上休息，马上又赶到平凉川，对浑瑊说：“潘原距此足足有七十里，万一发生紧急情况，我如何获知消息？请浑大人让我把部队调过来，与大人连营。”

浑瑊想起临行前天子对他的叮嘱，坚决不同意与骆元光连营。骆元光不听他的，执意把部队开到浑瑊大营的三十里处，并修筑了一座深沟高垒的营寨。相形之下，浑瑊的大营却修得十分草率，壕沟浅狭，栅栏也十分稀疏，根本挡不住骑兵的进攻。

骆元光扎营之后，想想还是不放心，又派出一支部队埋伏在浑瑊大营的西侧。与此同时，韩游环也派出了一支五百人的骑兵埋伏在浑瑊大营附近。韩游环叮嘱他们：“一旦有变，你们就向西攻击柏泉（平凉市西北），分散吐蕃的兵力。”

此时的浑瑊当然不会知道，这两支兄弟部队的秘密行动虽然不符合“推心置腹、以诚相待”的会盟宗旨，但马上就将挽救他的生命。

贞元三年闰五月十九日。平凉川。

按照事先约定，唐吐双方各派武装部队三千人，排列在盟坛的东西两侧，同时各派文职官员四百人，随同两国特使抵达盟坛之下。

就在会盟仪式开始之前，尚结赞又忽然派人通知浑瑊，建议双方各派数十名骑兵，互相搜索对方区域，以此表明自己的诚意，同时确保双方都能遵循“推心置腹、以诚相待”的会盟宗旨。

浑瑊觉得尚结赞的建议很有道理，所以想都没想就同意了。

当双方的侦察骑兵进入各自的区域后，吐蕃骑兵在唐军大营中穿梭自如，如同在自家的后院里溜达；而唐军骑兵刚一进入吐蕃军营，就全都被捆了起来，一个不漏地成了对方的俘虏。与此同时，吐蕃的数万精锐骑兵早已埋伏在盟坛西面的山谷中，就像一支拉满弓弦的箭，随时准备射进浑瑊的心窝。

浑瑊对此一无所知。

此时，他已率领文官们到达盟坛下，正在帐幕里更换礼服。

突然间，吐蕃大营的战鼓敲出三声巨响。紧接着，惊天动地的喊杀声就像潮水一样漫过平凉川，飞快地向盟坛冲来。

这突如其来的巨变顿时把唐朝官员们吓得魂飞魄散。还没等他们回过神来，吐蕃大军已经杀进帐幕。宦官宋奉朝等一大批官员立刻被砍倒在血泊中。浑瑊毕竟是武将，反应还算快一点，慌忙从帐幕后门逃出，随便抓过一匹马就跳了上去，身子紧贴在马背上，双手死死抓住马鬃，飞也似的朝自己的大营狂奔而去。吐蕃骑兵在后面拼命追赶，如蝗箭矢般纷纷从浑瑊的背上和耳旁擦过。

负责在盟坛警戒的唐军官兵猝不及防，一下子被砍杀了数百人，其他人慌忙向东逃窜。吐蕃骑兵紧紧追击，一路上擒获了一千多人，其中就包括唐会盟副使、兵部尚书崔汉衡。

浑瑊策马狂奔了十多里地，好不容易才逃回大营，可眼前的景象却令他目瞪口呆——整座大营空空荡荡，所有人都逃得无影无踪！

征战沙场数十年，浑瑊还是头一次感到如此狼狈和沮丧。

就在浑瑊近乎绝望的当口，骆元光已命原先那支伏兵在大营外集结，并摆开了阵势。片刻后，吐蕃追兵杀到，一看见严阵以待的唐军，不禁相顾愕然。此时，韩游环的那支伏兵也正按原计划朝柏泉方向运动，吐蕃追兵唯恐被截断后路，赶紧掉头撤退。

生死一线的浑瑊就这样捡回了一条命。

就在唐军惨遭吐蕃屠杀的同一天，德宗李适正在朝会上庆贺唐吐会盟的成功。他笑容满面地对文武百官说："今日和戎息兵，真乃社稷之福啊！"

马燧当即接腔："确是如此。"

群臣纷纷附和。

德宗的笑容顿时更加灿烂。

满朝文武中，只有两个月前刚刚拜相的柳浑一脸凝重。等同僚们阿谀奉承完了，他才冷冷地说："吐蕃人犹如豺狼，并不是一纸盟约就能约束的。对于今日会盟这件事，臣一直深感忧虑！"

百官愕然，唯独李晟向柳浑投来赞同的一瞥，说："柳浑说的是。"

德宗勃然变色，厉声道："柳浑一介书生，不知军国大计，你李晟乃当朝太尉，竟然也说出这种不识大体的话！"

一见皇帝动怒，满朝文武赶紧跪地叩首。李晟和柳浑无奈，也只好顿首谢罪。

退朝后，德宗余怒未消，一整天都闷闷不乐。可他绝对没想到，真正让他郁闷的消息紧跟着就到了——这天深夜，邠宁节度使韩游环的一道加急战报递进了大明宫：吐蕃劫盟，前锋已进抵本镇！

德宗犹如五雷轰顶，木立当场。

一切都被李晟和柳浑料中了！

这帮吐蕃人，为何如此言而无信、出尔反尔呢？

当天晚上，德宗就命人把战报送到了柳浑手上。第二天一早，德宗召柳浑入宫，不无尴尬地说："贤卿是个读书人，没想到却能对敌情判断得如此精确！"

会盟失败后，德宗的心情低落到了极点。吐蕃人再度入侵的消息让他惶惶不可终日，并且又让他动了逃跑的心思。李晟等人察觉后，极力劝阻，才勉强稳住了德宗的心神。

虽然德宗被劝住了，但是吐蕃人的威胁还是让他如坐针毡。闰五月二十一日，德宗匆忙派遣宦官王子恒，携带求和诏书前去原州晋见尚结赞。

这真是风水轮流转。几个月前是吐蕃人低声下气来求和，还被德宗屡屡拒绝，现在却轮到他向吐蕃人求和了，人家会买他的账吗？

很遗憾，王子恒刚刚走到唐吐边界，还没跨进吐蕃境内，就被人家给轰了回来，连尚结赞的面都没见着。

德宗百思不得其解——当初死乞白赖跑来求和的是吐蕃人，如今幡然背盟、刀兵相向的又是吐蕃人，他们到底想干什么？

尚结赞很快就给了德宗答案。

就在德宗惶惶不安、愁肠百结的同时，尚结赞正在原州对被俘的唐兵部尚书崔汉衡说："我用黄金打造了一副镣铐，本来打算铐住浑瑊，送给我们的赞普（国王），没想到却让他跑了，白费一场力气，只逮住你们这帮不痛不痒的人。"

随后，尚结赞又接见了几个俘虏。

其中一个是马燧的侄子马弇，另外还有宦官俱文珍，浑瑊部将马宁等人。

尚结赞和颜悦色地对马弇说："我们胡人把马当作生命，去年冬春之交，河曲一带寸草不生，马匹饿得不能动，那时候，如果侍中大人（马燧）渡河攻击，我军必定全军覆没！在那种艰难的局面下，我才不得不与贵国和谈。多亏了侍中大人全力相助，终于促成了这件事。如今我方将士得以保全，我岂能再扣押他的子侄！"

说完，尚结赞当场释放了马弇、俱文珍、马宁等人，将他们全都遣送回国，而崔汉衡等一批高阶官员，则被押到了吐蕃后方囚禁。

马弇等人回国后，德宗很快就从宦官俱文珍的嘴里听到了尚结赞跟马弇说的那番话。

德宗恍然大悟，同时也恨得咬牙切齿。

原来，所谓的会盟纯粹就是一场骗局！

而最可恨的是——马燧居然跟吐蕃人暗中勾结，把天子和朝廷通通给卖了！

是可忍，孰不可忍？

六月初五，也就是马弇等人回朝的第二天，德宗立刻下诏，加授马燧为司徒，仍兼侍中，但河东节度使、兵马副元帅等其他军职全部免除。马燧做梦也没想到，他处心积虑跟李晟唱反调的结果，竟然是和李晟一个下场——被德宗以“外示尊宠”的手法彻底剥夺了兵权！

得知马燧被德宗解除兵权的消息后，尚结赞心满意足地笑了。

事实上直到这一步，尚结赞的棋才算刚刚走完。

从去年九月遭遇李晟伏击、在汧城险些丧命的那一刻起，尚结赞就开始精心设计这盘棋了。他的第一步是亲自带兵到凤翔走了一趟，却对凤翔秋毫无犯，故意空手而回，以此陷害李晟。表面上看，这么做好像有些小儿科，但后来的事实证明，此举发挥了四两拨千斤之效。他的第二步棋，是利用马燧与李晟的嫌隙，让马燧选择主和的立场，然后通过他影响德宗、促成和议。第三步棋，是利用“平凉会盟”的机会抓住或杀死浑瑊，继而放风声给德宗，让德宗以为马燧和吐蕃之间有什么不可告人的阴谋，从而借德宗之手除掉马燧或至少解除他的兵权。

走完这三步，尚结赞就能把李晟、马燧、浑瑊这三个“唐之良将”全部摆平，让唐朝的大门从此为他彻底敞开！（《资治通鉴》卷二三二：“尚结赞恶李晟、马燧、浑瑊，曰：‘去此三人，唐可图也！’”）

毫无疑问，这是一个环环相扣、一石三鸟的完美计划。当然，这个计划要想顺利实施，不能没有德宗李适的配合。而从目前的结果来看，德宗确实跟尚结赞配合得相当默契——不仅让吐蕃人成功渡过了一场“羊马多死、粮运不继”的危机，而且还把尚结赞最憎恨、最顾忌的李晟和马燧从战场上拿掉了，为吐蕃日后的入寇打开了绿灯。

总的来看，除了浑瑊侥幸漏网之外，尚结赞的这盘棋走得可谓相当完美。

他足以为此感到自豪了。

然而，尽管尚结赞凭借他的谋略化解了危机，可自然灾害所带来的影响却不可能在短时间内完全消除。从去年冬天开始，一直到这一年六月，屯驻在盐州和夏州的吐蕃守军始终受到粮运不继、补给短缺的困扰，很多人都染上瘟疫，并且患上了严重的思乡病。

尚结赞很无奈，即便他很想趁唐军受挫之机杀进关中，在长安城内狠狠掳掠一把，可现实情况却不允许他这么做。最后，尚结赞只好选择撤兵。他命人焚毁了盐、夏二州的房子，拆除了城墙，然后裹挟当地的汉人百姓扬长而去。

马燧因力主和议失势后，同为主和派的宰相张延赏大为忧惧，遂一病不起，一个月后就呜呼哀哉、抑郁而终了。

在张延赏死前不久，宰相齐映、刘滋已先后被他排挤出朝。此时，朝中的宰相只剩下一个柳浑。德宗意识到，值此会盟失败、上下离心的艰难时刻，朝廷太需要一个有资历、有经验、有智慧、有魄力的宰相来掌舵了。

放眼天下，有谁能当此重任？

当然是李泌。

贞元三年六月，时任陕虢观察使的李泌被德宗征召回朝，旋即被任命为中书侍郎、同平章事。对于此次任命，李泌并未推辞，这一点着实让德宗甚感欣慰，同时也让满朝文武很有些意外——这个四朝元老兼三朝帝师，曾经在肃宗和代宗时代数次坚拒宰相职位，这次为什么答应得这么爽快呢？

答案很简单——德宗朝廷有麻烦了！

此时的德宗朝廷正面临一个巨大的潜在危险，要是李泌再不出手化解，帝国很可能又会爆发一场类似于建中年间的诸藩之乱。

因为，曾经在军队中享有极高威望的李晟和马燧，此时与德宗的关系正日益紧张。尽管他们都已被剥夺了兵权，但是为数众多的旧部对他们的拥戴之心仍然存在，更重要的是——德宗李适对他们的猜忌之心仍然存在。

换句话说，面对李晟和马燧这两个平叛功臣，德宗常常有一种“尾大不掉”之忧；而面对德宗的百般猜忌，李晟和马燧则常常有一种“功高不赏”之惧。用老百姓的话说，这就叫麻秆打狼两头怕！

如果任由这种局面发展下去，谁敢保证李晟和马燧不会迫于无奈、铤而走险呢？谁又敢保证他们不会步李怀光之后尘呢？

要想化解皇帝与功臣之间的紧张关系，避免灾难性的后果，李泌就必须以宰相的身份上场斡旋。

李泌知道，自己责无旁贷。

## 李泌：一身系天下安危

李晟自从回朝担任太尉之后，可谓如临深渊、如履薄冰，活得比谁都小心。但是，他不惹麻烦，麻烦却还是要来惹他。

贞元三年夏天，长安坊间忽然传出谣言，说李晟的宅子中有一座大安园，大安园里有一座大安亭，大安亭四周有一片茂密的竹林，而李晟就在这片竹林里面藏着一支伏兵，打算一有机会就发动兵变。

面对造谣者如此惊人的想象力，李晟实在是哭笑不得。很快，他就把大安亭周围的竹林砍了个精光，连只老鼠都藏不住。

可问题在于，世人的想象力总是无穷的。即便李晟砍掉了竹林，别有用心的人依然可以散布其他谣言，比如说——你李晟的宅子那么大、房子那么多，难道不会在每个房间里都藏上几个士兵？

要是再碰上这样的谣言，李晟该怎么办？

莫非他要把家里的房子全都拆了，才能证明自己的清白？

为了终止别有用心之人的无穷想象，李泌在拜相的几天后，就跟李晟和马燧一同入宫去见德宗。李泌直言不讳地对德宗说："陛下既然让我当这个宰相，我今天就跟陛下作个约定，可以吗？"

德宗说当然可以。

李泌说："希望陛下不要加害功臣！臣蒙受陛下厚恩，才敢放胆直言。李晟和马燧有大功于国，却有人不断散布谣言，虽然陛下一定不会信，但我今天仍要当着他们的面提出来，为的是让他们不再疑惧。假如陛下有朝一日容不下他们二人，恐怕宿卫禁军和四方将帅都会扼腕愤怒、恐惧难安，那么朝野之乱就随时可能发生。身为人臣，能得到天子的信任是最重要的，官位倒在其次。臣在灵武的时候，什么官都没有，可宰相和将帅却都听命于臣。而陛下当初加授李怀光太尉之职，反而引起他的恐惧猜疑，最终引发了叛乱。这些都是陛下亲眼看到的。而今，李晟和马燧无论财产还是官位都已臻于极致，只要陛下坦诚相待，让他们感到身家性命均无可忧，他们必然会全心全意效忠社稷。倘若国家有难，就让他们挂帅出征；一旦天下太平，就命他们入朝参奉。如此一来，君臣之间便能和睦安宁。所以，臣希望陛下不要因两位大臣功高业伟就有所猜忌，而两位大臣也不要因为自己地位太高而心怀疑虑，则天下自然太平无事！"

听完这一席话，德宗李适诚恳地表示接受。

李晟和马燧也当场泣下，起身拜谢。

当初，李怀光之所以对国家和个人前途丧失了信心，很大程度上是因为朝堂上有一个卢杞那样的宰相。而今天，李晟和马燧之所以没有成为李怀光第二，很大程度上则要归功于李泌这样的宰相。

自从李泌与德宗达成上述约定后，德宗和李晟、马燧的紧张关系就大为缓解了。

在后来的几年中，君臣之间基本上相安无事，李晟和马燧也总算保住了晚节，安然度过了富贵太平的晚年。贞元九年（公元793年），李晟去世，享年六十七岁，德宗为之辍朝五日，谥号“忠武”；贞元十一年（公元795年），马燧去世，享年七十岁，德宗为之辍朝四日，谥号“庄武”。

贞元三年八月，李泌刚刚化解了德宗与功臣之间的信任危机，一场新的危机就接踵而至了——德宗准备废黜太子李诵，另立舒王李谊。

太子李诵犯了什么错，居然要被废掉？

他没有犯错，犯错的人是他的丈母娘——郜国大长公主（肃宗之女）。

丈母娘犯错，却要女婿买单，这是什么道理？

没道理。可是郜国大长公主犯的错实在太令人愤怒、太不可原谅，所以德宗李适自然就迁怒到了太子李诵身上。

那么，郜国大长公主到底犯了什么错，以至天子如此震怒呢？

首先，这位公主人老心不老，存在严重的生活作风问题。说难听点，就是偷男人了。

有唐一朝，胡风兴盛、观念开放，无论男女，在性观念上都很前卫，尤其是皇室贵族，在法定夫妻之外偶尔偷一偷腥，也算是家常便饭，不值得大惊小怪。可问题是，太子的这位丈母娘胃口太好，别人不过就是偷一两个，她却偷了一堆！

更糟糕的是，她要是偷一些社会上的无业青年，影响倒也不至于太坏，可老公主的品位比较高，偷的居然都是朝廷命官，光职务和姓名数得着的就有这么些个：太子詹事李升、蜀州别驾萧鼎、彭州司马李万、丰阳县令韦恪，等等。

一群风华正茂、前程似锦的青年官员，成天出入公主宅邸，专干些蝇营狗苟的勾当，这个社会影响实在是太坏了！

既然郜国公主偷的都是朝廷命官，人们仔细一想，就发现不仅是生活作风问题了，而是有从事权色交易、腐蚀国家干部的嫌疑。要知道，这些官员家里都有贤妻美妾，凭什么来伺候你一个满脸皱纹的老太婆？说白了，还不就因为你身份特殊、手眼通天，人家想通过性贿赂换取仕途上的好处吗？

换句话说，如果是普通的贵族妇女，老百姓顶多把你的绯闻拿来当茶余饭后的笑料谈资而已，也不能把你怎么样，可你郜国大长公主毕竟是天子的姑母兼亲家，不仅做什么事都容易被人上纲上线，而且肯定会有无数双眼睛在背后盯着你。

由于天子李适对这个姑母兼亲家一直恩礼甚厚，别的皇亲国戚早就眼红死了，一直想抓她的小辫子。现在可好，郜国公主居然为老不尊，跟一帮家有妻室的朝廷命官勾搭成奸，严重败坏社会风气和朝廷纲纪，这不是往皇室和天子的脸上抹黑吗？大伙还能饶得了你？

为了一举扳倒郜国公主，皇亲国戚们不仅针对她的私生活问题整了一份黑材料，还派遣耳目打入公主府邸，千方百计搜集其他罪证，于是很快就抓住了一个比作风问题严重百倍的问题——厌胜。

这回，郜国大长公主死定了！

所谓厌胜，也称巫蛊，说穿了就是诅咒。通常是针对比自己年长或位尊的人，刻一个人形木头或把形象画在纸上，一天到晚画圈圈诅咒这个人，直到将其咒死为止。

郜国公主搞厌胜，对象会是什么人呢？她父亲肃宗早死了，所以“年长”这一项可以排除，剩下的，就是比她“位尊”的人物了。

那么，被公主诅咒的这位尊贵人物会是谁呢？

傻瓜也知道，就是当今天子李适。

郜国公主为什么要诅咒天子？

很简单，天子一死，太子就继位为帝，到那时候，郜国公主就是皇帝的丈母娘了，不就更能为所欲为了吗？别说找一堆情夫，就是一天换一个，估计也没人敢说三道四。

就这样，皇亲国戚们抓住郜国公主“性交易”和“搞厌胜”这两项罪名，立刻联名上表，向德宗告了御状。

德宗见表，不禁勃然大怒。

“妖妄莫甚于巫蛊，罪恶莫逾于奸乱！”（《全唐文》卷五十四《郜国大长公主别馆安置敕》）郜国公主一下就犯了两大死罪，岂能轻易饶恕！

德宗第一时间就把郜国公主抓到皇宫里面软禁了，而且把太子叫到跟前，不分青红皂白地臭骂了一通。

太子被骂得一愣一愣的，好一会儿才搞清楚状况。

本来，老丈母娘偷男人，根本不关他什么事，可要是被定性为“权色交易”，那就关他的事了——毕竟老公主手里没权，想要跟那些年轻帅哥搞交易，当然要让太子在官场上给这些人开绿灯了。

此外，丈母娘搞厌胜，虽然太子主观上并不知情，可这件事客观上却能帮太子早日夺取大位，这当然就触痛德宗最敏感的那根神经了，而且也把太子逼到了跳进黄河也洗不清的地步。

太子李诵想来想去，没有办法了，只好主动提出跟太子妃萧氏离婚，从此跟这对倒霉的母女划清界限。然而，德宗对太子的这个表态却远远不满意。他现在心里最强烈的一个念头就是——把这小子废了！

当然，废立太子是社稷大事，所以德宗不能说废就废，必须跟宰相李泌商量。

德宗把李泌找来，把事情跟他说了，然后说：“舒王现在已经长大了，孝顺友爱，温良仁厚，朕打算立他为太子。”

李泌大为惊愕：“何至于是！陛下只有一个儿子（德宗共有十一子，但只有李诵是嫡子），怎么可以一旦疑之，就废子立侄呢？这太欠考虑了！”

德宗一听“废子立侄”这四个字，顿时恼羞成怒：“放肆！你为何离间我们父子？谁告诉你舒王是朕的侄儿？”

“陛下息怒。”李泌不慌不忙地说，“是陛下您亲口告诉臣的。大历初年，陛下有一天曾对臣说：‘今日得数子。’臣问您怎么回事，您说：‘我弟弟李邈早逝，皇上让我抚养他那几个孩子。’陛下，您对亲生儿子尚且如此疑忌，更何况是侄子？舒王虽然仁孝，但若是立他，从现在开始陛下只有自己努力，恐怕不能指望他的孝顺了！”

李泌这话什么意思？

其实他的意思很明显：倘若皇上您猜忌刻薄的性格不加收敛，再孝顺的太子迟早也会被您废掉！

当臣子的敢这么跟皇帝说话，可以称得上是犯上忤逆了。然而李泌说这句话的时候，面不改色、心不跳，仿佛眼前根本不是九五之尊的皇帝，而是一个普通人。

德宗这次没有翻脸，而是阴森森地盯着李泌，一字一顿地说：“你难道不爱惜你的家族么？”

这显然是赤裸裸的恐吓了。

李泌平静地说：“臣正因为爱惜自己的家族，才不敢不尽言。倘若臣畏惧陛下的盛怒而屈从，陛下明天一后悔，肯定会怪臣说：‘我让你独任宰相（此时柳浑已罢相），你却不力谏，以致事情发展到这个地步，我不但要杀你，还要杀你的儿子！’臣老了，衰躯残年死不足惜，只怕臣的儿子蒙冤而死，让臣的侄儿继承香火，不知臣在九泉之下能否得享祭祀！”

说完，李泌情不自禁，泫然泣下。

李泌最后这一句，实际上还是拐着弯儿在劝谏。德宗当然听懂了。他凄然长叹，眼中也是泪光闪烁。许久，才有气无力地问：“事已如此，朕该当如何？”

“此乃社稷大事，希望陛下三思而后行！臣本以为陛下圣德广大，没想到陛下连自己的亲生儿子都不能信任。臣今日斗胆直言，不敢有丝毫避讳。自古以来，未有父子相猜而不亡国覆家者。陛下可曾记得，肃宗灵武时期，建宁王李倓（肃宗第三子）因何被诛？”

德宗怅然道："建宁叔实在是冤枉，只怪肃宗性情太过急躁，而且谗毁者的阴谋也太歹毒了！"

李泌诚恳地说："臣当初就是因为建宁王的缘故，坚决辞让宰相职位，并发誓不再侍奉天子左右，不幸今天又做了陛下的宰相，又碰见这样的事情。臣在灵武时期，承受肃宗的恩宠和信任最深，却不敢对建宁之冤提半个字，直到临走之前，才敢向肃宗谈起，肃宗也因之悔恨泣下。自建宁王冤死后，先帝（代宗）常怀危惧，臣曾向肃宗言及章怀太子（李贤）的《黄瓜台辞》，让肃宗借此警醒，以防奸人构害先帝。"

"这些事朕当然知道。"此时德宗的脸色已舒展许多，"你这些话固然有道理，可贞观、开元之世皆有更易太子之事，为何国家不亡？"

"贞观之世，太子承乾多次监国，大臣依附者众多，且东宫甲士的数量也很庞大，承乾遂与当时的宰相侯君集联手谋反。事发后，太宗命长孙无忌与朝臣数十人一同审讯，发现证据确凿，犯罪事实俱在，然后才召集百官讨论处置的办法。当时有人说：'愿陛下不失为慈父，使太子得终天年。'太宗采纳了这个建议，最后只把承乾废为庶人，保住了他的性命，同时还废黜了有夺嫡之心的魏王李泰。由此可见，太宗在这件事上的处理是极为审慎的。如今，陛下既然已经知道是肃宗性急才导致建宁枉死，臣倍感庆幸，希望陛下切记前车之鉴，静思三日，定能发现太子并无过错。即便真有谋反迹象，也当召集二十位深明义理的大臣，和臣一起审理，假如罪行属实，也希望陛下遵照太宗的做法，对太子废而不杀，同时把舒王一并废黜，另立太子之子为储君，则百代之后，君临天下者依然是陛下的子孙。"

德宗听着，不由陷入了沉思。

李泌知道天子已经听进去了，接着说："至于开元年间的废立事件，纯属武惠妃一手陷害，海内同感义愤，皆为太子李瑛三兄弟鸣冤。此事百代之下犹当引以为戒，岂可效法！此外，太子自贞元以来常居少阳院，此院就在陛下寝殿之侧，太子从未接触外人，也很少介入外面的事务，怎么可能有不轨之心？更何况，岳母有罪，岂能随便牵连到女婿身上？臣愿以阖家性命担保，太子必定没有参与任何阴谋。今日，倘若陛下商议的对象不是微臣，而是杨素、许敬宗、李林甫之流，恐怕他们早就跑到舒王那里邀取定策之功了！”

德宗沉默良久，说：“这只是朕的家事，本来与你无关，你为何要如此力争？”

李泌正色道：“天子以四海为家，家事即为国事。臣如今独任宰相，四海之内，一事处理不当，臣便须承担罪责。何况眼下太子蒙冤遇险，臣若坐视，其罪大矣！”

德宗再也无话可说，只好妥协：“为了你这番话，朕就等到明天再决断吧。”

李泌立刻跪地叩首，哽咽着说：“臣知道，陛下与太子父慈子孝，必定会和好如初！但臣还有一言，陛下回宫后，当独自思量，不要把想法透露给左右侍从，否则一定有人去向舒王邀功，如此太子必危！”

德宗颔首：“朕明白你的意思了。”

李泌虽然成功说服了德宗，但他毫无欣喜之情。出宫回家后，他不无悲凉地对子弟说：“我本来不想追求富贵，怎奈命与愿违，恐怕迟早要牵连你们啊！”

太子李诵得知李泌为他冒死进谏，赶紧派人去致谢，说：“如果事情实在无法挽救，我打算服毒自尽，不知先生以为如何？”

李泌道：“目前来看，绝不用走到这步。只要殿下谨言慎行，仍旧保持孝顺之心，事情当无可虑。唯一值得担忧的是——万一我不能见容于皇上，事情就不好说了。”

次日，德宗按照李泌的建议，关起门来冷静思考了一天，终于意识到自己险些犯下大错。第二天，德宗迫不及待地在延英殿单独召见李泌，涕泗横流地拍着他的肩背说：“要不是你恳切进言，朕今日后悔无及！诚如贤卿所言，太子仁孝，实无罪错。从今往后，无论军国大事还是朕的家事，在做决定之前，都要与卿细细谋议。”

李泌当即俯身拜贺，说：“陛下圣明，察太子无罪，臣报国之愿已毕。前日因惊恐过度，臣心魂散逸，已不宜为陛下所用，臣请求告老还乡。”

德宗愕然，连连摆手说：“朕父子因你而得保全，正想告谕子孙，让你的后人世世代代得享荣华富贵，以报贤卿大德。你今日何出此言？朕断断不允！”

贞元三年八月十四，郜国大长公主的案子有了结果：彭州司马李万因同宗淫乱之罪被乱棍打死，太子詹事李升等人以及公主的五个儿子全部被流放岭南和边地，郜国公主本人被长期软禁于别馆，太子夫妇则安然无恙。一场废立太子的风波就此消弭，逃过一劫的太子李诵对李泌感激涕零。

在历史上，总有这么一些时候，也总有这么一两个人，的确是当得起“一身系天下安危”这句话的。

李泌就是这样的人。

无论是李晟、马燧还是太子李诵，显然都要感谢李泌，而大唐天子李适和他的臣民们更要感谢李泌。假如没有他，德宗朝廷必定要面临更多的纷争，李唐天下也必定要遭逢更多的祸乱！

消除了内部的种种不安定因素后，李泌接下来要做的，就是全力对付外部的敌人了。

自从安史之乱以来，帝国最严重的外患，当非吐蕃莫属。

李泌的高明之处就在于，他并不是想对吐蕃发动一场劳师伤财的战争，而是试图不用一兵一卒就把这个凶悍的敌人摆平。用李泌的原话来说就是——“不用中国之兵，使吐蕃自困。”（《资治通鉴》卷二三二）

李泌做得到吗？

## 围堵吐蕃的战略

贞元三年八月末，吐蕃宰相尚结赞集结重兵，并联合羌族和吐谷浑部落的军队，大举入侵陇州（今陕西陇县）。据战报说，吐蕃的联合兵团“连营数十里”，兵力不可胜数。

京师震恐。

九月初五，德宗慌忙派遣大将石季章、唐良臣分别率部进驻武功（今陕西武功县西）和百里城（今甘肃灵台县西）。

九月初七，吐蕃军大掠汧阳（今陕西千阳县）、吴山（今陕西宝鸡县西）、华亭（今甘肃华亭县），把当地的老弱百姓屠杀大半，剩下的要么挖去双目，要么砍断双手，让他们自生自灭，然后掳掠青壮年一万多人，准备押到安华峡（今甘肃清水县西）一带，配发给羌人和吐谷浑部落当奴隶。

为了炫耀兵威、震慑唐朝军民，吐蕃将领十分嚣张地对所有俘虏说：“准许你们面朝东方，哭辞乡国！”

一万多人齐声恸哭，可以想见那情景是何等惨痛和凄凉。很多人不甘受辱，纷纷跳崖自杀，前后伤亡者共计一千多人。

吐蕃主力押着俘虏满意而归后，还有一支余部胃口尚未被填满，又折回来攻击陇州。当地刺史韩清沔会同神策军将领苏太平，趁夜袭击吐蕃军营，终于将这伙贪得无厌的强盗打了回去。

吐蕃人年年这么烧杀掳掠，而且动不动就深入关中、威胁长安，实在是令唐朝君臣和百姓不堪忍受。

李泌认为，必须有一个从根本上打击吐蕃人的办法，让唐朝彻底摆脱这种消极防守、被动挨打的局面。

如上所述，李泌的办法是“不用中国之兵，使吐蕃自困”。具体而言，就是通过一系列外交手段，跟回纥、南诏、大食、天竺等国家缔结同盟，充分利用这些国家跟吐蕃之间固有的争端，促使它们把矛头调转过来对准吐蕃人，让吐蕃陷入四面受敌、孤立无援的境地，逐步削弱它的实力，最终让它彻底消停！

当然，这是一个庞大的计划，需要高明的外交手腕和切实有效的行动，同时也需要耐心和时间。但是，这些都不是最重要的。要实现这个计划，最大的障碍其实并非来自于外，而是来自于内。

说白了，最大的障碍就是德宗本人。

因为德宗和回纥有宿怨。

李泌很清楚，要和南诏、大食、天竺这些国家结盟，德宗肯定都没意见。唯独回纥，是李适心中不可碰触的一块伤疤。要跟回纥人结盟，就无异于把这块伤疤狠狠揭开……

所以，这件事很难。

但是再难，李泌也必须去做。

事实上，从回朝拜相的那一天起，李泌就已经在考虑跟回纥结盟的事情了。有一次，德宗和李泌讨论边境部队屯田的问题，李泌就故意露出口风，说他有一个削弱吐蕃的计划，德宗连连追问，李泌却始终避而不答，因为时机不到，李泌不能贸然开口。

贞元三年秋，也就是吐蕃最近一次入寇的不久后，机会终于来了——现任回纥可汗合骨咄禄屡屡遣使入唐，要求与唐朝和亲。

可想而知，德宗毫不犹豫地拒绝了。

正巧这个时候，边防部队的一些将领纷纷上奏，说军队缺少马匹，要求朝廷拨给，可朝廷囊中羞涩，根本满足不了军队的需求。李泌顺势对德宗说：“陛下如果能用臣的计策，数年之后，马匹的价格必然会掉到现在的十分之一，到时候军队就不愁缺马了。”

德宗忙问他什么计策。

李泌说："陛下要保证开诚布公，并且愿意为了帝国和百姓委屈自己，一切都从社稷大计出发，臣才能说这个计划。"

德宗面露不悦："你尽管说，不必疑心。"

至此，李泌才和盘托出了他的计划："希望陛下能够北和回纥，南通云南（南诏），西结大食、天竺，如此一来，不仅能使吐蕃陷入困境，马匹也很容易得到。"

不出所料，德宗一听脸就黑了。他瓮声瓮气地说："其他三个国家，照你的话去办。至于回纥，绝对不行！"

李泌："臣早知道陛下会作此反应，所以一直不敢提出来。但是为了挽救帝国的危局，回纥反而应该优先考虑，其他国家可以暂缓。"

德宗："只有这个回纥，提都别提！"

李泌："臣身为宰相，所说的话陛下可以不听，但不能不让臣说。"

德宗急了："你什么话朕都可以听，唯独跟回纥结盟的事，只能留给子孙后代去考虑，只要朕活着，这事想都别想！"

李泌："莫不是当年的陕州之耻，让陛下难以释怀？"

德宗："对！韦少华他们因为朕的缘故受辱而死，朕岂能忘记？只可惜国家多难，没有机会报仇，但绝不能与回纥和解。这事到此为止，你别再说了！"

如果是别人，这时候必定会知难而退，但是李泌绝不会退。除非德宗砍了他的脑袋，或者罢了他的职位，否则别想让他住口。

李泌接着说："害韦少华的人是登里可汗，而登里可汗就是被现任可汗合骨咄禄杀的，可见合骨咄禄替陛下报了仇，有功于陛下，理应接受封赏，怎么会和陛下有仇呢？"

德宗再次变色："照你这么说，与回纥和解就是对的，朕肯定就是错的了？"

李泌："臣为了社稷，知无不言，言无不尽。倘若苟且偷安、一味迎合，有何面目去见肃宗、代宗的在天之灵！"

德宗盯着李泌的脸看了很久，最后软了下来，勉强说了一句：“容朕徐思之（你让朕好好想想吧）。”

李泌当然知道，所谓“容朕徐思之”只是德宗的搪塞之词，如果李泌从此不再坚持，就等于自动放弃这个计划了。

李泌会放弃吗？

当然不会。

接下来的日子，李泌一连十五次跟德宗提起这件事，却被否决了十五次。最后，李泌只好使出撒手锏，再次向德宗提出辞职。

德宗万般无奈，说：“朕不是拒谏，而是要和你讲道理，你何必动不动就要走人呢？”

李泌：“陛下愿意跟臣讲道理，诚乃天下之福！”

德宗：“朕可以委屈自己，但不能对不起韦少华他们。”

很显然，这是在找借口。李泌当然不会让这个借口成立。他说：“依臣看来，是韦少华他们对不起陛下，不是陛下对不起他们。”

德宗愣了：“怎么说？”

李泌：“当初，登里可汗还是王子（名为叶护）的时候，率部助我朝征讨安庆绪，肃宗只不过让臣在元帅府宴请而已，先帝（代宗）根本不出面。后来叶护几次邀请臣到他的军营做客，肃宗始终没有同意。直到回纥大军即将出征，先帝才跟他见面。之所以这么做，是因为回纥人如同豺狼，举兵深入中国腹地，我们不得不防。陛下在陕州之时，年纪尚轻，韦少华他们没有经过深思熟虑，竟让皇室嫡长子贸然进入回纥军营，而事先又没有和他们协商双方会晤时的礼仪，因此才让回纥人有了放肆逞凶的借口，这难道不是韦少华他们对不起陛下吗？纵然身死，也抵不过他们的失职之罪。”

德宗语塞，脸上的表情既无奈又尴尬。

李泌看在眼里，接着说：“当年克复长安时，叶护王子在香积寺大捷中立下大功，打算趁势劫掠长安，是先帝跪在他马前阻止，叶护才不敢纵兵入城。可见，受一时之屈辱而得以保全百姓，是完全值得的。后来叶护继位为登里可汗，再次举全国之兵南下，帮我朝平定祸乱，自然是趾高气扬、意态骄矜，所以才敢要求陛下向他行拜舞之礼，所幸陛下天资神武，不肯屈服。当时的情景，臣真是不敢想象，万一登里可汗强行把陛下留在军营，名为聚宴，实则软禁，只要十天，朝野必定震恐！所幸陛下天威所在，豺狼之辈才不敢过于放肆。随后，可汗之母斥退左右，亲自将一件貂裘披在陛下身上，并恭送陛下乘马而归。陛下，若将您的遭遇和先帝在香积寺的遭遇放在一起看，是谁受的屈辱更大呢？依陛下看来，是宁可忍受一时屈辱保全百姓呢？还是绝不忍受一己之辱，任由生灵涂炭、百姓遭殃呢？"

德宗彻底无语了。

在这个口吐莲花、辩才无碍的四朝元老面前，德宗觉得自己简直连话都不会说了。

当时，李晟和马燧也在场。德宗愣了片刻，转过头去问他们："朕素来厌恶回纥，但是听到香积寺的事情，也觉得自己有点理亏，你们二位认为如何？"

李晟和马燧对视一眼，又瞥了一眼李泌，小心翼翼地说："如果真的像李泌说的那样，回纥似乎可以原谅。"

德宗一声长叹："你们都不站在朕这边，朕还能怎么办？"

李泌知道德宗已经妥协了。不过，为了不让皇帝太没面子，李泌赶紧把过错推给以前的宰相，说："臣以为，回纥并不可恨，历来的宰相才可恨！譬如吐蕃，趁我国有难，出兵占据河西、陇右（今甘肃及青海东部）数千里之地，又悍然入寇京城，导致先帝蒙尘、銮驾播迁，此乃百代必报之仇！而过去的宰相不为陛下分析这些事情，却一味要跟吐蕃结盟，殊为可恨！"

德宗："朕和回纥结怨已久，之前刚刚遭遇吐蕃劫盟，其后又屡屡拒绝回纥和亲之请，现在主动提出和解，就不怕被他们拒绝，并且笑话我们吗？"

李泌胸有成竹："绝对不会。臣可以马上写信给回纥可汗，告诉他若想和亲，必须答应五个条件：一、向陛下称臣；二、向陛下称子；三、每次派来的使团，不得超过二百人；四、每次用马匹与我朝互市，不得超过一千匹[1]；五、不得以任何理由挟持汉人出塞。如果回纥可汗这五条全部答应，陛下才许以和亲。如此一来，我朝声望必可威震北荒、震慑吐蕃，足以使陛下一平胸中块垒。"

要让一贯骄横的回纥人称臣称子，德宗还是觉得没什么把握："自从至德年间以来，我们与回纥一直以兄弟之国相称，如今一旦让他们称臣，他们肯吗？"

李泌说："他们早就想与我国和亲，而且臣与他们的可汗、国相向来关系不错，如果一封信谈不妥，不过是再写一封而已。"

至此，德宗没有任何话好说了，答应让李泌着手和亲之事。李泌立刻发信，没多久，回纥便遣使上表，不但称臣称子，而且五个条件全部答应。德宗大喜过望，对李泌说："回纥人为何对你敬畏如此？"李泌一听，赶紧把高帽给德宗戴上："这都是因为陛下英明，臣有什么力量！"（《资治通鉴》卷二三三："此乃陛下威灵，臣何力焉！"）

德宗问："回纥既已和解，接下来，该如何结交南诏、大食和天竺？"

李泌答："跟回纥和解之后，吐蕃就不敢轻易犯边了。第二步，就是要招抚南诏。自汉朝以来，南诏一直臣属于中国。天宝末年，杨国忠政策失当，引起叛乱，南诏才投靠了吐蕃，可是吐蕃的赋税和劳役太重，南诏没有一日不想重为大唐的藩属国。陛下一旦将其招抚，便能切断吐蕃之右臂。此外就是大食，这个国家在西域的势力最强，其疆域东起葱岭（帕米尔高原），西至大海（地中海），国土近乎半个天下，但它和天竺历来仰慕中国，却世代与吐蕃为仇，臣自有办法同它们结盟。"

1　自肃宗年间起，回纥常常以数量庞大的羸马换取唐朝的丝绸，给唐朝财政造成了重大负担。

贞元三年九月中旬，德宗命人送回纥使者回国，同时承诺将咸安公主（德宗之女）嫁给回纥的合骨咄禄可汗，以结两国的秦晋之好。

从这一刻开始，李泌“联合四国、打击吐蕃”的战略终于拉开了序幕。吐蕃的噩运就此降临。

贞元四年（公元788年）十月，回纥合骨咄禄可汗派他妹妹骨咄禄毗伽公主、回纥国相以及其他高级官员共计一千多人，浩浩荡荡地来到长安，迎娶咸安公主。合骨咄禄可汗在给德宗的上疏中，用极为谦卑的语气说：“昔为兄弟，今为子婿，半子也。若吐蕃为患，子当为父除之！”（《资治通鉴》卷二三三）

随后，合骨咄禄可汗又驱逐了吐蕃使节，宣布与其断交。

为了表示自己亲附唐朝的诚意，并且希望两国关系有一个崭新的开端，合骨咄禄可汗还征得德宗的同意，把国名由“回纥”改成了“回鹘”。

后来的数年间，虽然吐蕃并未停止对唐朝的入侵，但有了回鹘的掣肘，其攻击势头已迅速减缓。同时，南诏也在唐朝的不断策反下，逐渐与吐蕃貌合神离，“归唐之志益坚”，最终于贞元九年（公元793年）五月遣使上表，正式归唐。

此后的吐蕃，在北方与回鹘不断交战，死伤惨重，在南面又受到南诏和唐西川节度使韦皋的威胁和牵制，其军事力量大为削弱。贞元十年（公元794年）正月，南诏国王异牟寻亲率大军攻入吐蕃，大破吐蕃军于神川（今云南丽江县境），并乘胜进军，连拔十六城，俘虏吐蕃亲王五人、军队十余万人。

吐蕃从此一蹶不振，国力日衰，自顾尚且不暇，更无余力大规模入侵唐朝了。后来的吐蕃即便偶尔在边境上还有些小动作，但均被西川节度使韦皋一一击退，再也无法对唐朝构成实质上的威胁。

事实证明，从李泌提出围堵吐蕃的战略后，曾经不可一世的吐蕃就无可挽回地走向衰弱了。然而，令人遗憾的是，李泌本人却没有来得及看到这个成功的结果。

早在贞元五年（公元789年）三月，历仕玄、肃、代、德四朝，并为肃、德两朝做出过杰出贡献的李泌与世长辞，享年六十八岁。

综观李泌的一生，堪称中国几千年政坛上罕见的传奇人物。

七岁时，李泌便以早慧的才华受到唐玄宗的召见和赏识，并与时任宰相张九龄结成忘年之交；二十出头，李泌奉诏进入翰林院，侍奉东宫，与太子李亨交厚，旋即遭杨国忠排挤，归隐山中；肃宗灵武时期，李泌出山全力辅佐，成为朝野瞩目的“布衣宰相”，在肃宗朝廷克复两京的过程中厥功至伟，却遭到权宦李辅国排挤，索性功成身退，归隐衡山；代宗即位后，潜心修道的李泌再次被召入朝，就任翰林学士，并被代宗强迫娶妻食肉，未久又遭权相元载排挤，第三次离朝；数年后元载被诛，李泌回朝，但没过多久，又不被当时宰相常衮所容，再一次被贬谪出朝；建中四年，李泌应德宗之召第五次入朝，但一直到贞元三年，这个六十六岁的四朝元老才最终答应德宗，出任大唐帝国的宰相。

李泌一生，四落四起，仕途多蹇，但始终不慕荣利，恬然自处，得亦不喜，失亦不忧。他最后担任宰相的时间虽然只有短短的一年八个月，却在政治、经济、军事、外交等多方面，为德宗朝廷作出了一系列贡献，从而在很大程度上保证了贞元年间帝国总体形势的和平与稳定，足以称得上是有唐一朝最杰出的政治家之一、也是功绩最著的宰相之一！然而，李泌在后世享有的声誉，跟他的历史功绩却完全不成正比。时至今日，很多人说起唐朝名相，一般就是“房谋杜断”，再来就是“姚崇宋璟”，顶多外加一个狄仁杰，至于李泌嘛，对不起，不认识。

这又是为什么呢？

翻检史籍，我们找到了这样的答案——

司马光在《资治通鉴》中说：“泌有谋略而好谈神仙诡诞，故为世所轻。”《旧唐书·李泌传》的说法与之大同小异：“泌颇有谠直之风，而谈神仙诡道……故为代所轻，虽诡道求容，不为时君所重。”《新唐书·李泌传》虽然也承认“两京复，泌谋居多”，并称李泌“出入中禁，事四君，数为权幸所疾，常以智免”，但同时还是强调，“（李泌）常持黄老鬼神说，故为人所讥切”。

说白了，李泌之所以不受当时的士大夫尊重，在后世又得不到公正的评价，并不是因为他才识不够、品德不好、能力不强、智慧不高、贡献不大，而仅仅是因为他个人的宗教信仰跟儒家正统的意识形态太不合拍，在立身处世方面显得太过另类了！

答案其实就这么简单。

在官场上，一个人要想混得好、吃得开，最重要的东西往往不是才识、品德、能力、智慧和贡献，而是看你能不能跟同僚们同声相应、同气相求。

如果你跟李泌一样，人家喜欢吃肉可你偏偏茹素，人家臭味相投就你孤芳自赏，那不管你工作再卖力，成绩再突出，也没人说你的好。不但不说你好，还要在生前排挤你，在死后埋汰你！谁叫你老是自命清高、独来独往呢？谁叫你不和“群众”打成一片呢？

所以，李泌活的时候仕途多蹇，死了以后千年寂寞，实在也是情理中事。

正所谓好高人愈妒，过洁世同嫌！

这个世界就是这样。

不过，话说回来，后世给不给李泌公正的评价，李泌肯定是不会稀罕的。理由很简单——一个把荣华富贵视若浮云、对功名利禄弃如敝屣的人，要什么死后的名声呢？

还是杜甫说得好：“尔曹身与名俱灭，不废江河万古流。”古罗马的哲人皇帝马可·奥勒留也说过：“每个人生存的时间都是短暂的，最长久的死后名声也是短暂的，甚至这名声也只是被可怜的一代代后人所持续，这些人也将很快死去，他们甚至不知道自己，更不必说早已死去的人了。”

总之，一个人来到世上，凭良心做人，凭良知做事，该出手时就出手，该放手时就放手，有所为亦有所不为，最后挥一挥衣袖，不带走一片云彩，这就够了。

是的，这就够了，没什么可遗憾的了。

马上扫二维码，关注“**熊猫君**”

和千万读者一起成长吧！